天津市哲学社会科学规划项目（青年项目）"'一带一路'视域下天津对外贸易潜力实现路径研究"（项目号：TJYJQN18-002）

中国同共建"一带一路"国家的
贸易影响因素及潜力研究

倪沙 著

南开大学出版社

天 津

图书在版编目(CIP)数据

中国同共建"一带一路"国家的贸易影响因素及潜力
研究 / 倪沙著. —天津：南开大学出版社，2023.9
ISBN 978-7-310-06477-9

Ⅰ.①中… Ⅱ.①倪… Ⅲ.①"一带一路"－国际贸
易－贸易合作－研究 Ⅳ.①F74

中国国家版本馆 CIP 数据核字(2023)第 194443 号

中国同共建"一带一路"国家的贸易影响因素及潜力研究
ZHONGGUO TONG GONGJIAN YIDAIYILU GUOJIA DE
MAOYI YINGXIANG YINSU JI QIANLI YANJIU

南开大学出版社出版发行
出版人：陈　敬
地址：天津市南开区卫津路 94 号　　邮政编码：300071
营销部电话：(022)23508339　营销部传真：(022)23508542
https://nkup.nankai.edu.cn

河北文曲印刷有限公司印刷　全国各地新华书店经销
2023 年 9 月第 1 版　　2023 年 9 月第 1 次印刷
240×170 毫米　16 开本　14.25 印张　2 插页　241 千字
定价：76.00 元

如遇图书印装质量问题，请与本社营销部联系调换，电话：(022)23508339

前言

2023 年是共建"一带一路"倡议提出 10 周年。10 年来,"一带一路"建设从"线"到"网",硕果累累,树立了全球国际合作新范式。"一带一路"倡议为相关国家创造了更多贸易机会,有效促进了区域贸易开放和全球经济繁荣。总结"一带一路"建设的经验,不断推进更高水平的对外开放,无疑对我国有着重要的理论和现实意义。

本书着眼于中国同共建"一带一路"国家的贸易发展问题,重点对贸易现状、影响因素和贸易潜力进行深入刻画。研究过程遵循层层递进的思路,从现实剖析到趋势预测、从国别层面到部门层面,对中国同共建"一带一路"国家的贸易现状和趋势进行了全景式展现。本书首先基于翔实的统计数据,借助于可靠的数理统计方法,详细考察中国同共建"一带一路"国家的贸易现状,发现各国存在着明显差异。其次,通过构建数理模型,对贸易影响因素进行实证分析。不仅如此,本书还从两个方向将研究进一步细化和深入。第一个方向,将共建"一带一路"国家分为"发达经济体""发展中经济体"和"转型经济体"三大类,并分别研究中国同不同类型经济体的贸易特征。第二个方向,将所有贸易产品按照技术附加值高低,划分为 5 个部门,并分别研究不同部门的贸易特征。在上述研究的基础上,本书进一步测算了中国同共建"一带一路"国家的贸易潜力。最后,从政府、市场、社会 3 个层面给出推动中国同共建"一带一路"国家贸易发展的政策建议。不同于以往研究停留在总量层面,本书从两个方向——分国家类型和分产品部门进行了细化和深入,使我们对问题的认识更加透彻和具体。

本书的研究除了在学术上对中国对外贸易、国际贸易理论有所贡献之外,对于国家的外贸政策、产业发展政策制定也有一定的指导意义。本书适合于高等院校高年级本科生、研究生及教师学习使用,亦可为相关政府部门的决策提供参考依据。

目　录

第一章　导论 …………………………………………………… 1
　　第一节　提出问题 ………………………………………… 1
　　第二节　研究思路与研究方法 …………………………… 12
　　第三节　研究内容和结构安排 …………………………… 14
　　第四节　主要创新和研究难点 …………………………… 18
第二章　国际贸易、贸易潜力与"一带一路" …………… 21
　　第一节　国际贸易和贸易潜力 …………………………… 21
　　第二节　引力模型在国际贸易问题中的应用 …………… 27
　　第三节　"一带一路"倡议和中国同共建"一带一路"国家贸易 …… 33
　　第四节　文献评述和研究切入 …………………………… 41
第三章　中国同共建"一带一路"国家贸易：事实描述 …… 45
　　第一节　中国对外贸易现状 ……………………………… 45
　　第二节　中国同共建"一带一路"国家贸易现状 ……… 59
　　第三节　贸易互补与贸易竞争 …………………………… 77
　　第四节　本章小结：中国同共建"一带一路"国家贸易的
　　　　　　现实刻画 ……………………………………… 83
第四章　中国同共建"一带一路"国家贸易影响因素 …… 84
　　第一节　贸易引力模型的构建 …………………………… 84
　　第二节　实证回归和模型修正 …………………………… 96
　　第三节　结果分析、内生性问题处理及稳健性检验 …… 117
　　第四节　本章小结：影响中国同共建"一带一路"国家贸易的
　　　　　　因素及说明 …………………………………… 128
第五章　进一步研究：分国家类型与分产品部门贸易 …… 130
　　第一节　研究起点和研究安排 …………………………… 131
　　第二节　按国家类型分别实证回归 ……………………… 134
　　第三节　按产品部门分别实证回归 ……………………… 144
　　第四节　本章小结：分国别及分部门影响因素研究 …… 161

第六章 中国同共建"一带一路"国家贸易潜力 …………………… 163

　　第一节 研究起点和研究安排 …………………………………… 163

　　第二节 贸易潜力测算方法 ……………………………………… 165

　　第三节 贸易潜力测算结果 ……………………………………… 167

　　第四节 本章小结：从贸易潜力到未来发展方向 …………… 173

第七章 主要结论和政策建议 ……………………………………… 175

　　第一节 本书的主要结论 ………………………………………… 175

　　第二节 本书的政策建议 ………………………………………… 179

参考文献 ……………………………………………………………… 185

附　　录 ……………………………………………………………… 201

　　附录 A：共建"一带一路"国家 GDP、人均 GDP、人口和

　　　　　　进出口额（发达经济体） …………………………… 201

　　附录 B：共建"一带一路"国家 GDP、人均 GDP、人口和

　　　　　　进出口额（发展中经济体） ………………………… 205

　　附录 C：共建"一带一路"国家 GDP、人均 GDP、人口和

　　　　　　进出口额（转型经济体） …………………………… 215

后记 …………………………………………………………………… 221

第一章　导论

第一节　提出问题

一、本书的研究背景

"一带一路"（the Belt and Road）是"丝绸之路经济带"和"21 世纪海上丝绸之路"的简称。2013 年 9 月，国家主席习近平在对哈萨克斯坦进行国事访问期间，发表了题为《弘扬人民友谊，共创美好未来》的演讲，首次提出了邀请中亚各国共同建设"丝绸之路经济带"的倡议[①]。同年 10 月，习近平主席出访东盟，在印度尼西亚国会发表了题为《携手建设中国-东盟命运共同体》的重要演讲，表达了中国愿同东盟各国加强海上合作，发展良好伙伴关系，共同建设"21 世纪海上丝绸之路"的美好愿望[②]。此后，"一带一路"倡议获得了国内外的广泛关注。党的十九大报告中指出："要以'一带一路'建设为重点，坚持引进来和走出去并重，遵循共商共建共享原则，加强创新能力开放合作，形成陆海内外联动、东西双向互济的开放格局。"[③]党的二十大报告对过去近 10 年的"一带一路"建设取得的成果给予了充分肯定，在部署我国迈上全面建设社会

[①] 习近平在哈萨克斯坦纳扎尔巴耶夫大学的演讲[EB/OL]. 中国政府网，2013-09-08，https://www.gov.cn/ldhd/2013-09/08/content_2483565.htm.

[②] 习近平在印度尼西亚国会的演讲（全文）[EB/OL]. 中国政府网，2013-10-03，https://www.gov.cn/ldhd/2013-10/03/content_2500118.htm.

[③] 习近平. 决胜全面建成小康社会 夺取新时代中国特色社会主义伟大胜利——在中国共产党第十九次全国代表大会上的报告[EB/OL]. 中国政府网，2017-10-27，https://www.gov.cn/zhuanti/2017-10/27/content_5234876.htm.

主义现代化国家新征程、向第二个百年奋斗目标进军过程中的重要工作时，提出要"推动共建'一带一路'高质量发展"。①

"一带一路"倡议是我国应对全球经济治理格局变化，践行人类命运共同体思想的重要举措。

（一）全球经济治理格局发生变化

随着经济全球化和逆全球化思潮碰撞不断加剧，原有的全球经济治理格局发生了深刻变化，导致欧美发达资本主义国家经济衰退，而中国等新兴经济体崛起。在此背景下，全球经济治理思想在不断创新和变革，并形成了一些有影响的思想。这一情况的发生，是源于下列条件的变化。

第一，世界经济格局重构。随着布雷顿森林体系的瓦解，美国在全球经济治理上的话语权相对削弱，世界经济向着多极化方向发展。20 世纪 70 年代，各国都将主要精力放在发展本国经济、降低失业率和通货膨胀率上面，进行国际经济政策协调的动机不足，也没有一个完善的治理体系维系国家间合作的开展。各国在经济高速发展、失业和通货膨胀率较低的情况下，对外部均衡的诉求相对减少。在此期间，西方七国集团（G7）成为重要的全球经济治理机构。后期发展形成的八国集团，更是作为全球重要的非正式会晤机制，在维护世界经济秩序方面做出了重大贡献。但是，2008 年国际金融危机爆发前，世界各国对国际经济政策协调的意愿长期低迷，直到危机爆发终结了各国经济稳定增长的局面。布雷顿森林体系瓦解之后，全球经济治理进入了"无序"的阶段，旧的治理体系随着美元的国际地位削弱和固定汇率制的暗淡而土崩瓦解，没有一个新的治理体系取而代之。治理体系的缺失，导致各国为了本国经济利益而再次实行以邻为壑的宏观经济政策，国家间的竞争又一次陷入混乱。最终，各国宏观经济政策的冲突导致了大萧条以来最为严重的经济危机。

在此期间，新兴经济体的快速发展引人瞩目。得益于经济全球化带来的贸易和投资增长，以中国为代表的新兴经济体，在 20 多年间迅速崛起，国际地位不断提升，在全球经济治理中的话语权持续增强。2008 年国际金融危机后，各国再次表现出寻求国际经济合作的强烈意愿，对构建国际新秩序的热情持续高涨。如何应对金融危机后全球经济低迷问题，如何在国际经济多元化、政治多极化趋势日益增强的今天，建立一个高效运

---

① 习近平. 高举中国特色社会主义伟大旗帜 为全面建设社会主义现代化国家而团结奋斗——在中国共产党第二十次全国代表大会上的报告[EB/OL].中国政府网，2022-10-25，https://www.gov.cn/xinwen/2022-10/25/content_5721685.htm.

行的国际新秩序，是当前各国参与全球经济治理共同考虑的问题。

第二，全球经济治理陷入困境。全球经济治理机制本身存在明显的内部结构问题，在金融危机爆发的背景下，该问题被不断放大。金融危机爆发后，各国之间由于缺乏必要的沟通协作，普遍缺乏信任，进而基于国家利益的考虑，世界范围内的竞争愈发激烈。全球经济治理机制的缺陷，导致世界经济发展陷入恶性循环，各国在激烈竞争的同时只顾自身发展，罔顾他国利益，进而推动竞争向着更高层级、更为严酷的程度转变。全球经济治理机制的缺陷，还体现在其缺乏灵活的自动调节能力。随着世界经济的不断发展，国与国之间的相对实力也不断发生变化，而实力的变化又使各国对国际问题话语权的诉求也随之改变。由于全球经济治理体系缺乏解决各国利益冲突的有效机制，发达国家和新兴经济体之间的较量表现得越来越激烈。治理机制的缺陷导致全球经济治理暂时出现"真空"，各国都谋求在新体系的构建中抢占先机。在全球经济治理领域，主要是三大国际机构——世界银行（WB）、国际货币基金组织（IMF）和世界贸易组织（WTO）发挥作用，前两个机构是联合国的下属机构。布雷顿森林体系下建立的三大国际机构，面临着代表性不足的问题。三大国际机构的诞生背景，决定了其受以美国为首的发达国家主导，在重大事务决策过程中更多地代表了发达国家的意志。2008 年国际金融危机爆发后，美国等发达国家的相对实力削弱，新兴经济体实力增强，国际组织代表性不足的问题进一步彰显。全球经济治理机制的不健全和主要国际组织代表性不足，直接导致了全球经济治理体系的"无效"表现。由于缺乏完善的协调机制，全球经济治理体系很难从全局掌握世界经济发展方向，更罔论使各国在宏观经济政策制定目标上达成一致。因此，我们可以观察到，金融危机爆发之时，各种治理制度都束手无策。

第三，"全球化"与"逆全球化"激烈碰撞。对于全球化的定义，学术界并未形成统一意见，但将贸易投资增长、经济合作密切、国家间一体化程度不断加深等作为"全球化"在世界经济领域的重要表现，基本得到普遍认可。经济全球化是社会生产力发展的必然结果，生产社会化程度的不断加深客观上要求加强国际分工协作，因此具有不可逆转性。然而，2016 年以来，以英国公投脱欧为起点，"逆全球化"风潮渐盛，"全球化"和"逆全球化"两种思潮出现史无前例的激烈碰撞，由此也引发了理论界的广泛争论。新冠肺炎（现称"新型冠状病毒感染"）疫情期间，各种"逆全球化"政策更是层出不穷。尽管从理论上看，"逆全球化"不符合生产力发展的客观要求，必然不可持续，但也必须重视其短期内可能产生的不利影响。不可否认，世界经济在经历了上一个快速发展的 20 年之后，出现了一些较为突出的问题，特别是 2008 年的国际金融危机对世界经济发展产生了巨大影响，危机之后世界经济整体表现"疲乏"，国际贸易增长率出现断崖式下跌，以外商直接投资（FDI）为主要形式的跨国要素流动也受到较大冲击。显然，世界经济已经走到一个"拐点"，"拐点"之后进入长期的"平庸"阶段，这是"逆全球化"在贸易和投资领域的重要体现。2016 年之后，以英国脱欧、意大利修宪公投失败、美国退出《巴黎协定》及同中国等国家发生贸易摩擦等事件为代表，全球经济治理领域的"黑天鹅"事件频频显现，国际经济环境的不确定性显著增加。另外，WTO 框架内磋商和谈判进展缓慢也证明了传统贸易体系已不适应国际经济新形势的变化。与此相对，各国纷纷谋求区域和跨区域贸易安排，组织"小圈子"进行贸易谈判，建立自由贸易区，"逆全球化"思潮已对各国的对外政策产生了实质性的影响。"全球化"和"逆全球化"思潮的激烈碰撞也为理论上的突破提供了某种契机，人们开始质疑当前全球经济治理思想的适用性，既然在传统治理思想指导下运行的治理体系不能很好地解决和应对全球经济治理的新挑战，那么自然就需要一种新的全球经济治理思想来阐释和化解这一困境。

（二）人类命运共同体思想的提出和时代价值

2012 年 11 月，党的十八大报告提出要倡导"人类命运共同体意识"，"人类命运共同体"理念首次被载入中国共产党的重要文件。2016 年 9 月，中国国家主席习近平在杭州举办的二十国集团（G20）峰会上的发言指出，二十国集团成员应"共同构建合作共赢的全球伙伴关系""携手构建人类命运共同体""共同完善全球经济治理"①。党的十九大报告将推动构建人类命运共同体纳入新时代中国特色社会主义必须长期坚持的基本方略。近年来，习近平主席曾多次在国内国际重要场合谈及人类命运共同体，并就共同构建人类命运共同体的理念与实践问题同国际社会交流沟通。人类命运共同体是新时代中国全球经济治理思想的重要体现。

人类命运共同体思想是在反思西方全球经济治理思想的基础上，吸收中华民族传统文化，立足于中国国家治理需求形成的，是对马克思主义

---

① 习近平. 中国发展新起点 全球增长新蓝图——在二十国集团工商峰会开幕式上的主旨演讲[N]. 人民日报，2016-09-04.

"共同体"思想的继承与发展。首先，人类命运共同思想是对西方全球经济治理思想的深刻反思。西方全球经济治理思想体现的是一元主义价值观，强调自身治理思想的优越性和独特性，在此基础上形成的全球经济治理体系也是服务于发达国家的意志，任何反对或质疑都被视为对国际秩序的公然挑衅。因此，西方国家在全球强制推行其自身制度的行为被披上了合法外衣。与此相对，中国提出的人类命运共同体思想构建在多元价值观上，即"全球治理体系应是由全球共建共享的，不可能由哪一个国家独自掌握"①。其次，中华民族传统文化对人类命运共同体思想影响深远。习近平主席曾指出，历史是最好的老师，并在多次重要讲话中引经据典，从传统文化中汲取智慧，分析现实问题。中华民族传统文化博大精深，对全球经济治理思想有诸多启迪。例如，《礼记·礼运篇》记载："大道之行也，天下为公。""天下为公"即将个人利益融入集体利益，倡导"先天下之忧而忧，后天下之乐而乐"的道德理想。而人类命运共同体思想也倡导构建和平发展、合作共赢的新型全球经济治理体系，实现全人类的共同价值。再次，人类命运共同体思想是新时代中国国家治理思想的国际体现。新时代中国国家治理思想的核心是以实现中华民族伟大复兴为奋斗目标，坚持协调推进"五位一体"整体布局和"四个全面"战略布局，坚持以人民为中心的发展思想，坚定不移贯彻创新、协调、绿色、开放、共享的新发展理念，推进国家治理体系和治理能力现代化。在外部环境上，要构建"合作共赢"的新型国际关系，建设"创新型""开放型""联动型""包容型"世界经济②。中国国家治理体系完善和治理能力提升离不开和平稳定的外部环境，同时现代化的国家治理也为中国更好地参与全球经济治理奠定了基础。最后，人类命运共同体思想是马克思主义"共同体"思想的继承发展。马克思的"共同体"思想立足于人类社会发展的形态和规律，是马克思主义思想的重要组成部分。马克思指出，机器大工业引起了广泛的社会分工与商品交换，形成了世界市场，把各国联系为一个整体。他认为，人类社会的目标是建立自由人的联合体，并揭示了不同历史形态下的共同体的本质，强调资本主义及以前的共同体是"完全虚幻的共同体"，

---

① 习近平. 中美应共同推动完善全球治理体系[EB/OL]. 人民网，http://world.people.com.cn/n/2015/0922/c1002-27621133.html，2015-09-22.

② 习近平. 中国发展新起点 全球增长新蓝图——在二十国集团工商峰会开幕式上的主旨演讲[N]. 人民日报，2016-09-04.

均不能代表人类共同利益，提出要建立人类社会"真正的共同体"①。人类命运共同体思想，体现的正是全人类共同利益的集合与实现，是马克思"真正的共同体"思想的继承发展。

2015 年 10 月，习近平总书记主持中央政治局第二十七次集体学习时强调，"要推动全球治理理念创新发展，积极发掘中华文化中积极的处世之道和治理理念同当今时代的共鸣点，继续丰富打造人类命运共同体等主张，弘扬共商共建共享的全球治理理念"②。人类命运共同体的核心理念，就是"共商、共建、共享"。

"共商"是构建人类命运共同体的基本前提。"共商"指各治理主体对全球经济治理的原则、机制、措施、方向等重要议题开展广泛磋商，深化交流，增强互信，达成共识。首先，"共商"要有广泛性。世界不是某几个国家的世界，而是全人类的世界，全球经济治理也不应由几个大国垄断，而应是世界各国共同参与，共同商议。其次，"共商"要有平等性。世界各国，不论人口多少、地域大小、国力强弱，均应在全球经济治理问题上享有平等的话语权，特别是发展中国家的声音应该得到平等对待。最后，"共商"要有包容性。世界经济变化莫测，治理问题层出不穷，各国基于自身价值理念和利益考量，在相关问题上必然会产生不同意见。面对不同意见，不应盛气凌人、盲目排他，而应吸纳包容、和平协商。只有在"共商"的基础上达成共识，才能推进"共建"并实现"共享"。

"共建"是构建人类命运共同体的关键环节。"共建"指治理主体在国际规则制定、国际体系建立、国际秩序维护等过程中，发挥自身优势，共同合作，共担责任。首先，"共建"意味着共同参与。全球经济治理是全人类共同的伟大事业，也是一项艰巨复杂的系统工程。全球经济治理涉及改革国际规则、建立国际体系、维持国际秩序等诸多方面的具体工作，需要构建一个庞大的行之有效的运行机制，这不是几个国家的力量可以达到的，而应该世界各国通力合作。其次，"共建"意味着主动治理。在传统的西方资本主义国家主导的全球经济治理体系中，只有少数国家享有治理的主动权，大部分国家都被排斥在治理边缘，只能被动接受主导国家的治理规则和治理效果。但人类命运共同体是所有国家的共同体，是全人类的共同体，因此全球经济治理也应该由世界各国主动参与、主动治理。最

---

① 马克思恩格斯文集（第 1 卷）[M]. 北京：人民出版社，2009：571.

② 习近平. 推动全球治理体制更加公正更加合理，为我国发展和世界和平创造有利条件[N]. 人民日报，2015-10-14.

后，"共建"意味着共同担责。人类命运共同体思想下构建的全球经济治理体系，可以为世界各国带来发展机遇，创造经济利益。既然享受治理的利益，那也应承担治理的责任。因此，在面对全球经济低迷、贸易保护主义抬头等治理难题，以及恐怖主义、跨国犯罪、生态失衡等全球性问题时，世界各国均应积极主动应对，而不能敷衍搪塞、祸水他引。

"共享"是构建人类命运共同体的最终目标。"共享"指全球经济治理的成果由世界各国共同享有。"共享"的理念要求全球经济治理成果的分配更加平衡，目标是达到"共赢"。随着全球化的不断发展和持续深入，国家之间的联系日益紧密，共同利益逐渐扩大，已形成"一荣俱荣、一损俱损"的命运共同体。单纯强调个体利益最大化而损害他人利益的行为，从长远看最终会损害共同体的整体利益，没有人能独善其身。因此，全球经济治理应"超越经济人的个体理性，寻找利益的兼容性，避免损害他国利益，尽可能多地增加整体利益"①，要更多关注全球共同利益。只有世界各国共同享有开放包容的国际环境、安全稳定的国际秩序、繁荣发展的国际经济、和谐的国际关系等全球经济治理福利，才能进一步推进各国积极参与全球经济治理，构建人类命运共同体。

人类命运共同体思想丰富和发展了全球经济治理思想，是全球经济治理的中国贡献，具有重要的理论意义和实践价值。

人类命运共同体思想有着重要的理论意义。首先，全球经济治理思想是一系列思想的总称，不同的意识形态会产生不同的全球经济治理思想，人类命运共同体思想是中国全球经济治理思想的具体体现。全球经济治理是伴随着资本的全球扩张而产生的重要议题，是资本主义生产力发展的结果。因此，相对于其他思想，真正意义上的全球经济治理思想形成较晚，且构成较为单一，全球经济治理思想只有在思辨和争鸣中才能更好地发展。人类命运共同体思想，就是对全球经济治理思想的丰富和发展。其次，任何一种思想都不是凭空产生的，人类命运共同体思想的形成也并非偶然，而是有着深厚的理论来源和现实基础。人类命运共同体思想不是对西方全球经济治理思想的全面否定，而是在深刻批判和反思西方思想的基础上，结合现实世界经济的新形势、新变化提出的思想，是全球经济治理思想的新发展。最后，人类命运共同体思想滋养于博大精深的中华文化，

---

① 陈伟光，刘彬. 全球经济治理的困境与出路：基于构建人类命运共同体的分析视阈[J]. 天津社会科学，2019（2）：74-80.

是科学社会主义的最新成果，还站在超越国家中心主义的更高层次寻求不同价值观的最大公约数，因此相较其他治理思想，其更具包容性、适应性、灵活性。

人类命运共同体思想指导着全球经济治理的重大实践。首先，人类命运共同体思想使国与国之间的联系更为紧密。人类命运共同体反映了中华文明崇尚和平的鲜明特征，我国始终坚持同世界各国和平共处，决不推行霸权主义和强权政治，因此获得了众多国家支持。我国积极发展同周边国家关系，着力打造以中巴命运共同体、亚太命运共同体为代表的双边和地区组织命运共同体。同时，我国也重视同发展中国家之间的往来，努力打造中非、中拉、中阿等发展中国家命运共同体。在中国带动下，世界其他国家之间也在加强联系，共同推动人类命运共同体的构建。其次，人类命运共同体思想使全世界共享发展红利。改革开放 40 多年来，中国的发展与世界的发展相互成就，取得了巨大的成绩，如今已成为世界第二大经济体①。"一带一路"倡议是人类命运共同体思想的伟大实践，推动了共建"一带一路"国家的基础设施建设和经济发展，从长远看必将成为一条造福全人类的幸福之路。最后，人类命运共同体思想推动国际新秩序构建。在全球治理出现严重危机，传统治理体系遭受越来越多质疑时，我国在人类命运共同体思想指导下，进一步促进金砖国家等新兴经济体间交流合作，主张在多边机制下商讨全球经济问题，主动维护发展中国家利益，积极构建更加平等、包容、开放的国际新秩序。

（三）"一带一路"倡议的提出

"一带一路"倡议的提出有着悠久深厚的历史和文化基础。两千多年前的西汉时期，张骞奉命出使西域，开辟出一条连接亚欧大陆、绵延数千公里的"丝绸之路"。六百多年前的明代，郑和下西洋，繁荣了古已有之的"海上丝绸之路"。"丝绸之路"和"海上丝绸之路"的开辟和繁荣，极大地方便了沿线各个国家和地区相互之间的贸易沟通，加速了当地的经济发展。这两条道路将古老的中华文明、印度文明、阿拉伯文明、波斯文明等世界几大文明贯穿在一起，促进了各文明之间的交流融合，增进了各地区各民族之间的情感与友谊。时至今日，"一带一路"倡议的提出再一次将历史上的传奇之路、辉煌之路展现在世界眼前，在共建"一带一路"国家的竭诚合作之下，海陆两条"丝绸之路"必将重现昔日光彩。

---

① 钟经文. 塑造大变局中的"中国角色"［N］. 经济日报，2019-09-29.

共建"一带一路"国家在经贸合作上有着独特的地理优势。亚欧大陆幅员辽阔，资源丰富，各国之间紧密接壤，沟通便利。"丝绸之路经济带"的主要方向是中亚、西亚和中东欧大部分国家；"21 世纪海上丝绸之路"的主要方向是东南亚、南亚、西亚及北非地区。两条路线方向明确，涵盖范围涉及亚欧大陆大部分及非洲小部分地区。

"一带一路"是中国进行国际贸易的"通路"，具有重要的战略意义。随着多哈回合陷入僵局，WTO 框架下的多边贸易谈判进展缓慢，各国纷纷采取其他办法寻求贸易合作，区域贸易安排逐渐兴起。据 WTO 官方统计，在 1948—1994 年，关税及贸易总协定（GATT）共收到 123 项区域贸易协定的通知，而自 1995 年 WTO 成立以来，又增加了 300 多个区域贸易安排。从 20 世纪 90 年代开始，各国开展区域合作的速度明显加快，1990 年，向 WTO 通告的各种贸易互惠协定数量为 40 个，短短 30 年间，该数值增长了数十倍之多。截至 2023 年 5 月 16 日，生效的区域贸易协定有 356 个。中国作为亚太区域的重要经济体，多年来一直致力于推进同世界各国的区域贸易合作。中国的区域贸易合作虽然起步较晚，但发展非常迅速。目前，中国已签署和在谈区域贸易安排所涉及的经济体遍及亚洲、非洲、拉丁美洲、欧洲和大洋洲五大洲，但是中国周边地区数量占大多数。"一带一路"倡议不是一个区域贸易安排，而是将若干区域贸易安排进行整合、贯通。中国一直秉承着平等、公平、和平共处、互利互惠的原则同世界各国开展区域贸易合作，走的是一条"共赢"之路，并未谋求在某一地区拥有绝对的领导权，因此获得了大多数国家的支持与认可。然而，有些国家为了争夺亚太地区的控制权或者出于其他目的，一直将中国的和平崛起视为极大威胁，想方设法对中国崛起加以阻挠。放眼世界版图，中国向西发展的道路最为通畅。因此，中国在未来的国际布局上要加强向西面内陆地区的倾斜，同时寻找向其他三面的突破点。而这正是"一带一路"倡议的着眼之处。

中国经济在面临"外患"的同时，也需要着力解决"内忧"问题。改革开放 40 多年来，中国经济建设取得了骄人的成果，国内生产总值排名世界第二，在国际经贸谈判中掌握着越来越重要的话语权。但是，随着经济转型的不断深入，各种社会矛盾日益显现。中国经济进入"新常态"后，面临着经济增长速度放缓、产业结构调整和前期刺激政策消化等问题，而地区之间发展不平衡、内需不足等问题也亟须解决。"一带一路"倡议的提出，一是可以扩大内需，带动沿线各省市的经济发展，缓解东西部经济发展不平衡；二是可以增加对外基础设施建设投资和产业转移，加快产业结构调整步伐；三是可以开放中国的制造业和服务业市场，吸引共建"一带一路"国家对华投资，达到互利共赢的结果。因此说，"一带一路"倡议是解决中国经济"内忧外患"的一剂良方。

"一带一路"涵盖亚欧非三大洲 65 个国家，是世界上地理跨度最大的经济通道。中国同共建"一带一路"国家开展贸易合作是顺应历史发展的必然结果，也是面临新时期新挑战的最佳选择。

二、本书的研究意义

本研究具有重要的理论意义、现实意义和政策意义。

首先，本研究的理论意义重大。"一带一路"倡议是中国新时期对外开放的重要举措，将对中国未来较长一段时间的经济、文化、外交等方面的政策措施制定产生重大影响。"一带一路"倡议从构想到提出再到具体措施的制定和完善，不是一蹴而就的过程，而是经历了无数专家学者、政府官员及其他相关人士的反复推演、深入探讨而最终形成的符合中国当前国情、适应国内外环境变化趋势的一项伟大的智慧结晶。"一带一路"倡议由不同领域、不同部门、不同地区的一系列复杂的政策措施集结而成，涉及的学科广泛，理论庞杂。例如，本书所研究的问题，涉及经济学、政治学、社会学等各学科，而每个学科又涉及众多理论。从跨学科角度看，现有文献对"一带一路"倡议的理论支持尚有较大欠缺，特别是对"一带一路"沿线贸易问题的研究，大多停留在政策分析层面，对其所反映的理论逻辑，论述甚少。本书在理论研究上力图有所改进。第一，本书在第二章的文献综述部分，对经典的国际贸易理论进行简要的回顾与总结，为"一带一路"倡议在国际贸易领域寻找理论支持。在统计研究和实证分析部分，也将进行必要的理论说明。例如，统计指标的制定、变量的选取等问题，本书将给出充分的理论依据。第二，本书采用较为严密的研究思路，从现实剖析到趋势判断、从国别层面到部门层面，层层深入地对中国同共建"一带一路"不同类型国家贸易问题进行细致分析，争取对现有相关研究的单一状况起到一定的改善作用。第三，本书的研究方法选取具有可靠性和前沿性。其中，在对贸易现状的刻画部分，构造了显性比较优势指数，该指数得到了学术界的普遍使用和广泛认可。建立在显性比较优势指数上面的贸易互补和竞争性分析，能够较好地刻画出中国同共建"一带一路"国家的贸易互补和竞争特征。在贸易影响因素研究部分，选取了国际贸易领域应用广泛的"引力模型"作为研究工具并贯穿整个实证研究始终，并根据实际情况对引力模型进行了修正和完善，更好地估计出了各解释变量对中国同共建"一带一路"国家贸易的影响程度。而在分部门贸易影响因素研究部分，选取了较为科学的部门分类方法，能够通过一国生产的产品真实地反映该国的技术结构，为探究中国同共建"一带一路"国家不同技术附加值产品的贸易影响因素提供了更为可靠的数据支持。总而言之，本书力争在"一带一路"贸易问题的理论研究上有所突破。

　　其次，本研究具有显著的现实意义。第一，本书立足于"一带一路"的大背景之下，着眼于解决中国经济，尤其是中国的对外贸易所面临的难题与困扰。众所周知，中国经济自进入"新常态"以来，增速明显放缓，结构性问题突出，一系列前所未有的问题和矛盾不断涌现出来，我们的经济发展思路也需要及时进行调整。而"一带一路"倡议，正是解决中国经济问题的一剂良药。在之前的一些资料中，或许对共建"一带一路"个别国家或部分地区有过深入研究，但作为整体的"一带一路"倡议，必然不是沿线各国情况的简单加总，也必然不能以点代面，管中窥豹。因此，我们必须将中国同共建"一带一路"国家作为一个整体加以研究，才能准确、深入地把握全局，更好地解决当前问题。自"一带一路"倡议提出以来，"一带一路"相关问题的研究成果如雨后春笋般不断涌现，涵盖政治、经济、文化等各个领域，而国际贸易问题是其中重要的组成部分。"一带一路"倡议是中国新时期对外开放重要举措，因此，该问题的研究有助于分析中国同共建"一带一路"国家的贸易现状和影响因素，估测贸易潜力，为"一带一路"倡议下贸易政策的制定和完善贡献力量。第二，放眼全球，随着世界各国经济发展日新月异和国际政治形势的不断变化，国际贸易格局也在持续变化中。本书以开放性视角研究中国同共建"一带一路"国家的贸易问题，将"一带一路"倡议下的贸易问题扩展到整个世界贸易格局下进行研究，具有重要的现实意义。多哈回合陷入僵局之后，WTO 对各国的吸引力已大不如从前，其约束力也日渐式微。各国为了寻求贸易合作，纷纷建立了不同类型的区域及跨区域贸易合作组织，区域贸易安排逐渐兴起。同时，由于整个世界经济的持续低迷，贸易保护主义在部分国家和地区日益盛行，且有愈演愈烈之势。在此背景下，中国提出的"一带一路"倡议既是沿线区域开展贸易合作的良好平台，也是对倒行逆施的贸易保护主义的有力回击。因此，本书所研究的内容现实意义突出。

　　最后，本研究内容具有重要的政策意义。"一带一路"倡议大框架下的各项对外贸易政策的制定与实施，促使研究者们将更多目光投向了中国同共建"一带一路"国家的贸易走向，本书的研究也着力于分析中国同共建"一带一路"国家的贸易现状、影响因素及发展趋势。随着越来越多相关研究成果的涌现，中国"一带一路"倡议下的对外贸易政策也将不断发展完善。因此，深入研究中国同共建"一带一路"国家的贸易问题，探寻其内在的作用机制和影响因素，总结中国对外贸易发展的经验和教训，对于中国更好地在"一带一路"倡议下发展同共建"一带一路"国家的国际贸易，实现互利共赢的既定目标，具有重大的政策指导意义。

第二节　研究思路与研究方法

一、研究思路

本书的研究思路主要遵循以下两条逻辑线索：

第一，从时间维度上，本书遵循"现在—未来"的时间线，主要进行两部分内容的研究。其一，对中国同共建"一带一路"不同类型国家的贸易现状进行分析，对影响贸易的因素进行挖掘。其二，基于对现实的分析，探索发展国际贸易的潜力，对国际贸易发展方向进行指导。以上两部分内容，以第一部分内容为主，通过"现实刻画—实证分析"的顺序，对问题进行逐层深入的研究。但是，需要注意的是，第二部分内容所占篇幅虽然不大，但是由于其研究分析的基础是第一部分所得出的结论，因此两个部分不是相互独立的，而是逐层递进、紧密相连的。

第二，从研究主体的层次划分上，遵循"国别层面—部门层面"的分析主线，先从整体上对中国同共建"一带一路"国家的贸易问题进行研究，再细化到各技术附加值不同的部门分别探究，使研究层层深入，不流于表面。其中，需要特别说明的是，本书不仅将共建"一带一路"国家作为一个整体进行考量，还按照国家类型将上述国家划分为发达国家、发展中国家和转型国家分别进行研究，以期得到中国同共建"一带一路"不同类型国家贸易问题的异同之处。

二、研究方法

本书在行文过程中，根据研究内容的需要，应用了多种规范的研究方法，并将各种方法巧妙地融合与贯通。

（一）文献研究法

笔者在本书构思之初，即阅读了大量相关领域的文献资料，力求对书稿的架构和行文思路有一个整体的方向性把握，夯实了问题研究的基础。在本书的第二章中，首先对已掌握的文献进行筛选与综合，得到与所研究问题最为密切相关的基础资料；接着对核心资料进行细致研究和深入思考，并在深思后进行凝练和总结，以期全面了解学术界对该问题的研究现状。该部分文献主要涉及以下三个方面：国际贸易和贸易潜力、引力模型在国际贸易问题中的应用及"一带一路"倡议和中国对外贸易，这样就在"问题的一般性分析—研究工具的选择—研究视野的划定及问题宏观鸟瞰"层层深入的逻辑分析思路中，使问题抽丝剥茧般逐渐清晰。此外，在本书的行文过程中，也就某一特定问题进行过文献的搜集和查阅，具体体现在后续各章节之中。因此，文献研究法虽然主要应用于研究初期，但仍是贯穿全书的一个重要研究方法。

（二）定性分析与定量分析相结合

本书采取定性分析与定量分析相结合的方法。例如，在研究中国同共建"一带一路"国家贸易现状的部分，先应用定性分析的方法将各国及其相互之间的贸易状况进行详细描述，然后运用定量分析的方法，通过查阅和搜集相关数据资料，对已归纳出的事实特征用数字和图表等形式予以佐证，使得该研究更为充实和可信。并且，本书通过构造贸易结合度指数、显性比较优势指数、贸易互补和竞争性指数等统计指数，对中国同共建"一带一路"国家间的贸易现状进行更为细致的刻画，将定量分析与定性分析紧密结合。在后面的实证研究部分，估计了各因素影响程度及各国贸易潜力，并进一步对所得数据进行分析与评价，这也是定性分析与定量分析相结合的具体表现。

（三）实证分析与规范分析相结合

本书在行文中始终坚持实证分析与规范分析相结合的方法，既回答了"是什么"的问题，也回答了"应该是什么"的问题。从本书架构上看，第三章到第六章主要进行实证分析，通过描述性统计、指数分析等方法刻画了中国同共建"一带一路"国家的贸易现状；通过建立引力模型并进行回归、稳健性检验等，对贸易影响因素及贸易潜力进行了深入研究。第一、二、七三章主要是进行规范分析，介绍了研究背景、意义等内容，对已有文献进行归纳总结和评述，对中国同共建"一带一路"国家贸易往来提出了相应的政策建议。当然，尽管各章节有不同侧重，但将实证分析与规范分析相结合的方法融入整个行文过程，即对事实和数据进行呈现的同时，也加入以一定价值判断为基础的评价和建议。

（四）比较分析法

比较分析法在全书多处使用。文献综述部分，通过国内和国外的研究情况比较、不同流派理论比较、不同历史阶段研究成果比较，从多个维度对已有文献进行了全面深入的分析。实证部分，比较分析法主要应用于三个层面：第一个层面是空间层面的比较，即按地域划分的国与国之间的比较；第二个层面是国家类型之间的比较；第三个层面是按技术密集度划分的不同部门之间的比较。以上三个层面的比较并非完全独立的，而是彼此交错的。

此外，本书还运用了归纳演绎法、跨学科研究法、历史研究法等多个研究方法，在此不一一介绍。

第三节　研究内容和结构安排

一、研究内容

（一）主要问题

按照上述两条逻辑线索，本书着力解决以下几个问题：

（1）中国同共建"一带一路"国家贸易现状刻画

在改革开放后的 40 多年时间里，中国的国际贸易长期保持着迅猛的发展态势，中国同共建"一带一路"大多数国家的贸易往来也非常频繁和深入。共建"一带一路"国家个体差异非常大，从经济体量上看，既有排名前列的俄罗斯、印度等大国，也有排名落后的一些小国；从距离远近上看，既有同中国疆域接壤或隔海相望的"近邻"，也有距离中国较远的"远朋"；从同中国的贸易合作密切程度上看，既有签订区域贸易安排的东盟、巴基斯坦等亲密伙伴，也有尚未建立合作关系的潜在伙伴。正因为共建"一带一路"国家的巨大差别,我们有必要对中国同各国的贸易现状进行较为细致的刻画。得益于可获得的各类翔实的统计数据,本书将采用研究领域内公认可靠的统计方法,详细考察中国同共建"一带一路"各个国家的贸易现状,具体回答下列问题:第一,中国同共建"一带一路"国家的贸易现状总体情况如何?第二,中国同共建"一带一路"各国的贸易互补性和贸易竞争性呈现什么样的特点?

（2）中国同共建"一带一路"国家贸易影响因素

中国同共建"一带一路"国家的贸易现状不尽相同,主要体现在中国同这些国家的贸易量上。众所周知,共建"一带一路"国家在经济体量、经济发达程度、同中国的距离、制度、贸易安排等诸多方面都有较大差异,那么究竟哪些因素会影响到中国同共建"一带一路"国家的贸易量?不同因素又分别产生了多大的影响?这是我们重点关注的问题。鉴于此,本书将构造包含各影响因素的引力模型,通过恰当的计量方法进行回归,并对模型进行修正和稳健性检验。

对于贸易影响因素的分析,本书将分两个层次深入研究:

第一层次,本书通过构建引力模型,分析中国同共建"一带一路"国家贸易量受到哪些因素的影响?影响程度有多大?此时的分析尚在总体贸易范围,未对具体的技术附加值部分进行区分。其后,本书将对共建"一带一路"国家按照国家类型进行划分,然后分别通过引力模型进行回归,考察中国同沿线不同类型国家贸易的影响因素。

第二层次,本书按照技术附加值将贸易产品分为五个部门,分别是低附加值产品、中低附加值产品、中等附加值产品、中高附加值产品和高附加值产品,分别考察中国同沿线各国在上述五个部门贸易上的影响因素。这也是之前研究较少涉及的。

（3）中国同共建"一带一路"国家的贸易潜力

在前面两个问题研究中,本书通过描述性统计和计量回归,解决了中国同共建"一带一路"国家贸易现状和贸易影响因素两个问题,并得出了相应的结论,那么对于该问题的"现实剖析"就告一段落。接下来,本书以前面两个问题的结论为基础,通过构造贸易潜力指数,分析中国同共建"一带一路"国家的贸易潜力的大小,进而对未来开展国际贸易的方向做出判断。基于前面分析问题的逻辑,在贸易潜力的估计上,本书也将对中国同共建"一带一路"国家之间不同技术附加值产品的贸易潜力,特别是出口潜力做出详细分析。

（二）结构安排

遵循上述研究思路并采取适当研究方法，本书各章节的内容安排如下。

第一章，导论。本章是全书的统领，共分为四节。第一节提出问题，介绍了本书的选题背景和选题意义；第二节梳理了文章的研究思路，介绍了主要运用的研究方法；第三节是对本书各章节内容的一个简要概括，并展现了本书的逻辑架构图；第四节对本书的主要创新点和研究中的难点进行了说明。

第二章，文献综述和研究切入。本章对现有文献资料进行了梳理归纳及总结评述，并以现有研究成果为基础，提出了本研究的切入点，共分为四节。第一节是对国际贸易及贸易潜力相关理论的梳理，是对问题一般性分析的理论基础，主要包括经典贸易理论对贸易动因的解释、国际贸易影响因素分析，以及贸易潜力的界定和研究现状；第二节是对引力模型及其在国际贸易问题中应用的相关文献进行归纳，主要是对本书所选择的研究工具进行详细说明，其中包括引力模型的理论及计量方法研究进程的回顾、引力模型在国际贸易问题研究中的应用等；第三节梳理了"一带一路"倡议下的中国对外贸易相关文献，为文章所划定的研究视野及对问题的宏观鸟瞰提供了理论支持，主要包括"一带一路"倡议的意义和发展方向、"一带一路"倡议面临的主要问题，以及中国同共建"一带一路"国家贸易三个部分。

第三章，中国同共建"一带一路"国家的贸易现状。本章主要是对中国同共建"一带一路"国家贸易现状的事实特征进行描述，主要回答了以下两个问题：第一，中国同共建"一带一路"国家贸易的整体情况如何？第二，中国同共建"一带一路"国家贸易的竞争性和互补性如何？为解决以上两个问题，本章设置了四节内容。第一节是对中国对外贸易现状进行一般性描述，主要包括对外贸易总量、主要贸易伙伴、贸易产品结构、对外贸易依存度和对外经贸合作五个部分；第二节是对共建"一带一路"国家贸易现状的一般性描述，包括共建"一带一路"国家贸易现状、贸易依存度及中国同共建"一带一路"国家贸易现状三个部分；第三节通过构造统计指数，对贸易现状进行进一步刻画，主要包括以下三个指数：贸易结合度指数、显性比较优势指数、贸易互补和竞争性指数；第四节是本章小结，综合分析了中国同共建"一带一路"国家贸易现状的事实特征。

第四章，中国同共建"一带一路"国家贸易影响因素研究。本章通过构建计量模型并进行实证回归，分析了中国同共建"一带一路"国家贸易影响因素及其影响程度，共有四节内容。第一节是引力模型的构建，主要是对基本引力模型进行介绍，并根据实际情况确定了纳入模型的影响因素，形成扩展的引力模型；第二节实证结果和模型修正，包括计量方法的选取、模型初步回归结果和根据结果对模型的修正；第三节是结果分析、内生性问题处理及稳健性检验；第四节是本章小结，是对本章结论的综合概括。

第五章，分国家类型和分产品部门进行进一步研究。本章将在上一章的研究基础上，继续深入考察两个问题：第一，中国同共建"一带一路"不同类型国家的贸易影响因素；第二，中国同共建"一带一路"国家不同产品部门贸易影响因素。本章分为四节。第一节是研究起点和研究安排；第二节按国家类型对"一带一路"国家进行分类，并分别估计中国同各类型国家贸易的影响因素；第三节对按技术附加值进行分类的部门分类方法进行介绍，并给出变量的描述性统计，以及按部门分析贸易影响因素；第四节是本章小结。

第六章，中国同共建"一带一路"国家贸易潜力研究。本章是第四、五章研究的继续，共分为四节。第一节介绍了研究起点和研究安排，指出测算贸易潜力的意义及重要作用，并对本章内容做出详细安排；第二节是贸易潜力测算方法，包括基准模型的选择和测算方法的选取；第三节是对贸易潜力测算结果的总结及分析，主要包括总体贸易潜力和分部门贸易潜力结果及分析；第四节是本章小结。

第七章，主要结论及政策建议。本章是对全书结论的总结和政策建议，共分为两节。第一节是本书主要结论，主要是对各章结论的汇总；第二节是政策建议，在现代化国家治理模式下从政府、市场和社会三个层面提出了针对性的政策建议。

二、结构安排

本书以问题为导向，遵循"从现实剖析到趋势判断、从国别层面到部门层面"的研究思路谋篇布局，其逻辑架构如图1.1所示。

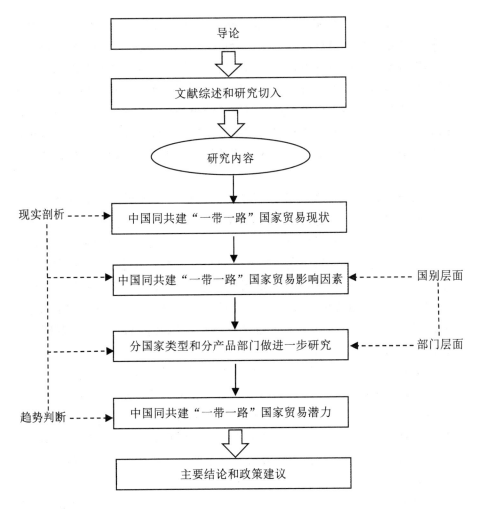

图 1.1 本书逻辑架构

第四节　主要创新和研究难点

一、主要创新

本书主要有以下几点创新之处。

第一，本书是基于引力模型来研究中国同共建"一带一路"国家贸易关系的，具有方法论的科学性与前沿性。诚然，近年来研究"一带一路"贸易问题的文献比较多，但是大多数都是以定性分析为主、以规范分析为主、以政策建议为主，而涉及贸易竞争性与互补性、贸易影响因素及贸易潜力的研究较少。本书在"一带一路"倡议大背景下，研究中国同共建"一带一路"国家的贸易关系，并引入了研究贸易问题的较为成熟的工具——引力模型，作为实证分析的基础模型，这就避免了对问题的片面认识，从而能够更加宏观、系统、全面地对中国同共建"一带一路"国家贸易关系进行深入研究。另外，本书不论从样本的选取、方法的应用还是理论和实证分析上看，都较之前的文献更加丰富、充实。

第二，在研究内容上，本书有两条逻辑线索，遵循层层递进的研究思路，从现实剖析到趋势预测、从国别层面到部门层面，对中国同共建"一带一路"国家贸易关系呈现了全景式的展示，相比现有研究"一带一路"贸易问题的文献，这种研究思路较为新颖。由于现有的文献大多集中在政策建议上，而本书采用的层层递进的研究思路使得我们对问题的认识"既见森林也见树木"，达到多层次、多角度的全方位理解。本书在研究国别层面的数据时，将共建"一带一路"国家按照经济发展程度不同划分为发达国家、发展中国家和转型国家三大类，并对三种类型的国家分别进行研究，这在同类研究中比较少见，即使脱离"一带一路"倡议的大背景，扩大到研究国际贸易问题的既有成果来看，这种划分方法也不常见。一般文献通常按经济发展程度将国家划分为发达国家和发展中国家两大类，而单独将转型国家归为一类进行分析的较少，但是基于"一带一路"倡议涉及国家的特殊性，笔者认为转型国家较发达国家和发展中国家呈现出其独有的特点，故本书对国家类型的划分有其必要之处。

第三，本书的政策建议部分也有所创新。本书将针对"一带一路"贸易问题的政策建议置于整个现代化国家治理模式的大框架下进行考虑，运用国家治理现代化的逻辑解决"一带一路"贸易中出现的问题，这在对该问题的既有研究中是少见的。国家治理现代化是全面深化改革的总目标，是新时期社会主义建设的重要任务，而"一带一路"倡议是在总目标的指导下实施的一项具体措施，因此，在国家治理现代化大背景下研究推动中国同共建"一带一路"国家贸易的政策建议，有助于对问题的宏观把控和全面认识，也可使问题的解决更有方向性和针对性。

二、研究难点

本书的研究难点主要有以下几个方面。

第一，在理论基础构建方面，由于"一带一路"贸易问题涉及政治学、经济学、社会学、法学等诸多学科，而每一个学科又有数量众多且观点不一的理论与此相关，即使单纯从经济学角度分析，所涵盖的理论也不胜枚举，何况本研究具有跨学科的性质。因此，本书对相关理论的归纳总结可能有遗漏之处，对理论基础的阐述可能不够全面。

第二，本研究即使细化到部门，所涉及的数据量也较为庞大，何况继续深入行业层面，甚至企业层面。因此，数据还有进一步收集与整理的空间。

第三，本书实证研究部分可预见的问题较多，如计量方法选择、内生性问题等，笔者认为，要使结果更具说服力，还有可提升的空间。

第二章　国际贸易、贸易潜力与"一带一路"

第一节　国际贸易和贸易潜力

一、经典国际贸易理论对贸易动因的解释

在梳理国际贸易影响因素的相关文献之前，我们首先应该对经典的国际贸易理论对贸易动因的解释有一个宏观把握。

国际贸易理论源起于 18 世纪，以亚当·斯密的《国民财富的性质和原因的研究》为标志。自斯密的绝对优势理论被提出后，国际贸易理论在其 200 多年的发展过程中，经历了 5 个阶段，依次为古典贸易理论、新古典贸易理论、新贸易理论、新兴古典贸易理论和新新贸易理论①。每一种贸易理论的确立，都必须对开展国际贸易的动因有一个明确清晰的阐述。

古典贸易理论主要包括两个经典理论——1776 年斯密提出的绝对优势理论和 1817 年大卫·李嘉图提出的相对优势理论。绝对优势理论认为，一国只生产其具有绝对优势的产品，并对其他国家出口，以换取对方具有绝对优势的产品；相对优势理论认为，一国生产其具有相对优势的产品并出口，进口他国具有相对优势的产品。古典贸易理论的假设包括：国际贸易市场为完全竞争的，只投入了劳动一种要素，规模收益不变，不存在失业及技术进步，等等。在这种对国际贸易环境进行简化处理的严格假

---

① 彭徽. 国际贸易理论的演进逻辑、贸易动因、贸易结构和贸易结果[J]. 国际贸易问题，2012（2）：169-176.

设下，古典贸易理论认为国际贸易发生的动因为各国之间劳动率水平的差异。

新古典贸易理论主要是指赫克歇尔和俄林提出的要素禀赋理论。要素禀赋理论认为，一国出口使用其丰裕要素生产的产品，进口使用其稀缺要素生产的产品。该理论的假设同古典贸易理论类似，也是在完全竞争市场、规模收益不变、没有失业和技术进步的前提下，各国基于其要素禀赋的相对差异进行专业化分工并进行国际贸易。新古典贸易理论在劳动力之外，引入了另外一个生产要素——资本，并将国际贸易发生的动因归结为各国之间要素禀赋的差异。

新贸易理论主要关注的是对产业内贸易问题的解释。1977 年，迪克西特和斯蒂格利茨在国际贸易理论中引入了产品多样化的分析框架，建立了 DS 模型，为新贸易理论奠定了基础。克鲁格曼（Krugman，1980）[1]在不完全竞争和规模报酬递减的前提下，分析了产业内贸易发生的机制。布兰德和克鲁格曼（Brander 和 Krugman，1983）[2]建立的相互倾销模型解释了古诺模型框架内产业内贸易的动因。新贸易理论假定市场不完全竞争且存在规模经济，国际贸易发生的动因为规模经济带来的内生性技术进步。

新兴古典贸易理论以杨小凯的内生贸易理论为代表。该理论继承了古典贸易理论的思想，但在研究工具方面，运用了严谨的数学推论。新兴古典贸易理论认为新贸易理论将国际国内市场二分来看的观点是错误的，应将所有国际贸易问题放在一个统一框架下进行内生性的解释。新兴古典贸易理论认为，国际贸易发生的动因是交易费用的减少带来的交易效率提高，从而带来了专业化水平提升和技术进步（杨小凯和张永生，2001[3]）。

新新贸易理论从微观视角解释了企业为何开展国际贸易。梅利兹（Melitz，2003）[4]将企业生产效率的差异引入不完全竞争市场分析框架，创建了企业异质性贸易理论。该理论认为，生产效率高的企业更倾向于进

① Krugman P. Scale Economies, Product Differentiation, and the Pattern of Trade[J]. American Economic Review, 1980, 70(5): 950-959.

② Brander J, Krugman P. A Reciprocal Dumping Model of International Trade[J]. Journal of International Economics, 1983(15): 313-321.

③ 杨小凯，张永生. 新兴古典经济学与超边际分析[M]. 北京：社会科学文献出版社，2003.

④ Melitz M J. The Impact of Trade on Intra-Industry Reallocations and Aggregate Industry Productivity[J]. Econometrica, 2003, 71(6): 1695-1725.

行国际贸易，生产效率低的企业则只能进行国内贸易。新新贸易理论认为，企业国际贸易发生的动因是企业的异质性。

二、国际贸易影响因素

在梳理了经典的国际贸易理论对贸易动因的不同解释之后，我们继续梳理以往研究对于国际贸易影响因素的分析。

哈森和丁伯根（Hasson 和 Tinbergen，1964）[①]，以及林纳曼（Linnemann，1967）[②]的早期研究认为，影响一国贸易的最主要因素是该国的经济规模。一国的经济规模能够反映出该国的进口需求和出口供给能力。进口国的经济规模越大，其国内市场规模越大，对国外产品的需求也越大，进口越多；出口国的经济规模越大，其各类出口产品的生产能力越大，对国际市场的出口产品供给能力越强，出口规模也越大。因此，一国经济规模越大，其进口和出口量越大，双边贸易总量也越大。艾布拉姆斯（Abrams，1980）[③]则提出用国民收入（NI）反映一个国家的经济规模（或贸易潜力）。他认为，一国的国民收入可以反映出该国的产品生产能力，而产品的生产能力又决定了一国的供给能力，因此，国民收入的多少可以反映出一国产品出口规模的大小。另一方面，国民收入越高的国家，其进口需求也更为强烈，进口规模更大。因此，国民收入从出口供给和进口需求两个方面都对国际贸易规模产生了正向的影响。他进一步研究表明，国民收入对进口需求的影响更为直接，也更显著。不论是国内生产总值、国民生产总值还是国民收入，均是反映一国经济规模的变量，其经济学的理论意义在于，一国的经济规模反映了该国的出口供给能力和进口需求，即一国的贸易潜力。

许多学者认为，人口规模对国际贸易有重要影响。安德森（Anderson，1979）[④]、瑟斯比（Thursby，1987）[⑤]、索洛加和温特斯（Soloaga 和

① Hasson J A, Tinbergen J. Shaping the World Economy: Suggestions for an International Economic Policy[J]. Economica, 1964, 31(123): 327.

② Linnemann H. An Econometric Study of International Trade Flows[J]. Journal of the Royal Statistical Society, 1967, 33(4): 633-634.

③ Abrams R K. International Trade Flows under Flexible Exchange Rates[J]. Economic Review, 1980, 65: 3-10.

④ Anderson J E. A Theoretical Foundation for the Gravity Equation[J]. American Economic Review, 1979, 69(1): 106-116.

⑤ Thursby J G. Bilateral Trade Flows, the Linder Hypothesis, and Exchange Risk [J]. The Review of Economics and Statistics, 1987, 69(3): 488-495.

Winters, 2001）[1]等诸多学者研究的结论显示：人口数量同贸易量呈负相关，即人口规模的扩大会使对外贸易量减少。但是也有相反的结论。布拉达和门德斯（Brada 和 Mendze，1985）[2]通过分析人口数量对出口和进口两方面的影响，得出结论：人口数量对一国的出口产生负效应，对一国的进口产生正效应，而对进口的正效应明显大于对出口的负效应，因此，人口数量对双边贸易量的总体效应为正。

利默尔（Leamer，1974）[3]认为人均收入可以用来描述一国的经济增长，也是重要的国际贸易影响因素之一。戴尔（Dell，1999）[4]实证研究了一国的人均收入对对外贸易的影响。他指出，人均收入是一国产品生产专业化程度的体现，人均收入越高的国家，其专业化程度越高，越有动机参与到国际分工和国际贸易中。一些研究将人均收入用人均国内生产总值代替，其实质同样是反映一国的经济发展水平对国际贸易的影响。安德森（Anderson，1979）[5]的研究认为，人口规模的大小主要影响贸易的供给，人口规模扩大会使贸易的供给减少；而人均收入影响的是贸易的需求，人均收入的提高会使贸易的需求增加。因此，人口和人均收入对贸易量的影响是相反的两个方向。

距离也是国际贸易的重要影响因素之一。大部分学者研究认为，距离对贸易量具有负效应，如安德森和范（Anderson 和 Van，2004）[6]、卡雷尔和希夫（Carrere 和 Schiff，2004[7]，2005[8]）。也有部分研究表明，随着信息技术的发展和物流水平的提高，运输成本正在大幅下降，距离对贸

---

① Soloaga I, Winters L A. Regionalism in the Nineties: What Effect On Trade? [J]. North American Journal of Economics and Finance, 2001, 12(1): 1-29.

② Brada J C, Mendze J A. Economic Integration Among Developed, Developing and Centrally Planned Economies: A Comparative Analysis [J]. The Review of Economics and Statistics, 1985, 67(4): 549-556.

③ Leamer E E. The Commodity Composition of International Trade in Manufactures: an Empirical Analysis[J]. Oxford Economic Papers, 1974, 26(3): 350-374.

④ Dell Ariccia G. Exchange Rate Fluctuations and Trade Flows: Evidence from the European Union [J]. IMF Staff Papers, 1999, 46(3): 315-334.

⑤ Anderson J E. A Theoretical Foundation for the Gravity Equation[J]. American Economic Review, 1979, 69(1): 106-116.

⑥ Anderson J E, Van Wincoop E. Trade Costs [J]. Journal of Economic Literature, 2004, 42(3): 691-751.

⑦ Carrere C, Schiff M. On the Geography of Trade: Distance is Alive and Well[R]. The World Bank, 2004.

⑧ Carrere C, Schiff M. On the Geography of Trade: Distance is Alive and Well [J]. Revue Economique, 2005, 56(6): 1249-1274.

易量的影响正在逐渐消失，如凯恩克罗斯（Cairncross，2001）[1]。

此外，还有一些学者研究了其他贸易影响因素。林德（Linder，1962）[2]的需求相似理论认为，国际贸易开展的必要条件是两国具有重叠需求，而重叠需求越大，贸易的基础就越雄厚。因此，赫尔普曼（Helpman，1987）[3]强调国家规模差异的重要性，通过实证研究证明了在由两个国家组成的区域经济体中，规模差别较大的国家间贸易流量比相似规模国家间的贸易流量要小得多。德格鲁特和林德斯等（De Groot 和 Linders 等，2004）[4]建立的包含制度因素的贸易引力模型，揭示了制度环境的改善对发展中国家贸易的正效应。弗兰克尔（Frankel，1998）[5]通过对贸易各国语言相似性的研究，证明了共同语言对国际贸易具有显著的促进作用。

三、贸易潜力的界定和研究现状

贸易潜力，包括双边贸易潜力、出口潜力和进口潜力三部分。有时在没有特别说明的情况下，贸易潜力也特指双边贸易潜力。贸易潜力是反映两国贸易合作提升空间的重要指标，通常指实际贸易规模和理论贸易规模的差距。

国外对贸易潜力的研究有很多。鲍德温（Baldwin，1994）[6]参照西欧国家的贸易影响因素平均水平，得到了中东欧国家的双边贸易理论值，并通过实际值与理论值的比较进一步分析了欧洲一体化水平的高低。此后的诸多研究均与上述研究大同小异，如尼尔森（Nilsson，2000）[7]、巴特拉

---

① Cairncross F. The Death of Distance 2.0: How the Communications Revolution Will Change Our Lives [M]. London: Texere, 2001.

② Linder S B. An Essay on Trade and Transformation.[J]. Journal of Political Economy, 1962(Volume 70, Number 5, Part 1): 171-172.

③ Helpman E. Imperfect Competition and International Trade: Evidence From Fourteen Industrial Countries [J]. Journal of the Japanese and International Economies, 1987, 1(1): 62-81.

④ De Groot H L F, Linders G J, et al. The Institutional Determinants of Bilateral Trade Patterns [J]. Kyklos, 2004, 57(1): 103-123.

⑤ Frankel J A. The Regionalization of the World Economy, National Bureau of Economic Research[M]. Chicago: The University of Chicago Press, 1998.

⑥ Baldwin R E. Towards an Integrated Europe[J]. International Affairs, 1994, 70(4): 806.

⑦ Nilsson L. Trade Integration and the EU Economic Membership Criteria[J]. European Journal of Political Economy, 2000, 16(4): 807-827.

（Batra，2004）[①]、普拉比尔（Prabir De，2010）[②]。拉赫曼和阿拉姆（Rahman 和 Alam，2003）[③]则运用贸易引力模型预测了孟加拉国的贸易潜力。孙赞炫（Sohn C，2005）[④]对韩国的贸易潜力进行研究，检验了韩国贸易流动的影响因素，并指出韩国同中、日之间的贸易尚有很大的拓展空间。

国内也有许多学者对贸易潜力进行测算，其中最基本的方法就是用实际值和理论值的比值表示贸易潜力。例如，刘青峰和姜书竹（2002）[⑤]利用贸易引力模型测算了中国 2000 年双边贸易影响因素，并提出了用贸易实际值与理论值比值作为贸易潜力的测度值。盛斌和廖明中（2004）[⑥]对中国同 40 个主要贸易伙伴的出口潜力进行了测算，结果显示中国总体上表现为"贸易过度"，但同日本等 7 个国家的出口潜力则表现为"贸易不足"。毕艳茹和师博（2010）[⑦]对中国同中亚五国的贸易潜力进行了测算。楚建英（2022）[⑧]利用扩展的贸易引力模型分析了中国与西亚各国的贸易潜力，测算了双边贸易效率。李玉举（2005）[⑨]通过对中国出口潜力的测算，得出区域贸易安排对不同产品类别产生不同效果的结论。李秀敏和李淑艳（2006）[⑩]运用贸易引力模型预测了中国同东北亚各国间的贸易潜力。赵雨霖和林光华（2008）[⑪]测算了中国对东盟农产品的出口潜力，得出中国对东盟农产品出口总体表现为"贸易过度"，但仍有较大的增长

① Amita Batra. India's Global Trade Potential: The Gravity Model Approach[J]. Global Economic Review, 2006, 35(3): 327-361.

② Prabir De. Global Economic and Financial Crisis: India's Trade Potential and Prospects, and Implications for Asian Regional Integration[J]. Journal of Economic Integration, 2010, 25(1): 32-68.

③ Rahman A, Alam M. Mainstreaming Adaptation to Climate Change in Least Developed Countries (LDCS): Bangladesh Country Case Study[J]. IIED Working Paper, 2003(2).

④ Sohn C. Does the Gravity Model Explain South Korea's Trade Flows?[J]. The Japanese Economic Review, 2005, 56(4): 417-430.

⑤ 刘青峰，姜书竹. 从贸易引力模型看中国双边贸易安排[J]. 浙江社会科学，2002（6）：17-20.

⑥ 盛斌，廖明中. 中国的贸易流量与出口潜力：引力模型的研究[J]. 世界经济，2004（2）：3-12.

⑦ 毕燕茹，师博. 中国与中亚五国贸易潜力测算及分析——贸易互补性指数与引力模型研究[J]. 亚太经济，2010（3）：47-51.

⑧ 楚建英. "一带一路"倡议下中国与西亚贸易潜力研究——基于引力模型的实证分析[J]. 工业技术经济，2022，41（3）：19-24.

⑨ 李玉举. 区域贸易安排与出口潜力：引力模型结论的调适[J]. 财经研究，2005（6）：86-95.

⑩ 李秀敏，李淑艳. 东北亚国家贸易引力模型实证检验及潜力分析[J]. 东北亚论坛，2006（2）：28-32.

⑪ 赵雨霖，林光华. 中国与东盟 10 国双边农产品贸易流量与贸易潜力的分析——基于贸易引力模型的研究[J]. 国际贸易问题，2008（12）：69-77.

空间的结论。鲁晓东和赵奇伟（2010）[①]运用前沿贸易引力模型测算了中国"前沿"出口潜力，并对自然和人文两大出口影响因素的影响程度进行了分析。汤春玲等（2018）[②]利用扩展的引力模型实证分析了中国对共建"一带一路"61 个国家货物出口贸易的贸易潜力。王领和陈珊（2019）[③]采用随机前沿引力模型估计孟加拉国、中国、印度、缅甸的贸易效率和贸易潜力，并用一步法对影响贸易效率的主要因素进行分析。

第二节　引力模型在国际贸易问题中的应用

一、引力模型的提出及应用

物理学中的万有引力定律可表述为，两物体之间的相互作用力与两物体的质量成正比，与两物体之间的距离成反比。哈森和丁伯根（Hasson 和 Tinbergen，1964）[④]，以及波伊霍宁（Pöyhönen，1963）[⑤]将该物理学的思想与概念引入国际贸易领域。[⑥]其实早在哈森、丁伯根和波伊霍宁之前，艾萨德和佩克（Isard 和 Peck，1954）[⑦]、贝克尔曼（Beckerman，1956）[⑧]就发现了两个国家的地理位置相距较近，相互之间的贸易量也有较大的规律，但对于该规律的发现在很大程度上是依靠直觉。20 世纪 60

① 鲁晓东，赵奇伟. 中国的出口潜力及其影响因素——基于随机前沿引力模型的估计[J]. 数量经济技术经济研究，2010，（10）：21-35.

② 汤春玲，邵敬岚，李若昕，等.中国对"一带一路"沿线国家货物出口贸易潜力[J]. 经济地理，2018，38（9）：30-37.

③ 王领，陈珊. 孟中印缅经济走廊的贸易效率及潜力研究——基于随机前沿引力模型分析[J]. 亚太经济，2019，215（4）：47-54，150-151.

④ Hasson J A, Tinbergen J. Shaping the World Economy: Suggestions for an International Economic Policy[J]. Economica, 1964, 31 (123): 327.

⑤ Pöyhönen P. A Tentative Model for the Volume of Trade between Countries[J]. Wel Irtschaf Tliches Archiv, 1963, 90: 93-100.

⑥ Grunfeld L, Moxnes A. The Intangible Globalisation: Explaining Patterns of International Trade in Services[J]. Norwegian Institute of International Affairs Paper, 2003, 657: 7.

⑦ Isard W, Peck M J. Location Theory and International and Interregional Trade Theory[J]. Quarterly Journal of Economics, 1954, 68(1): 97-114.

⑧ Beckerman W. Distance and the Pattern of Intra-European Trade[J]. The Review of Economics and Statistics, 1956, 38(1): 31-40.

年代以后，对国际贸易领域中引力模型的研究不胜枚举，影响巨大。该类研究主要分为两个方面：一方面是在基本引力模型的基础上加入各种解释变量，另一方面是在特定的假设下重新推导和修正引力模型。

　　林纳曼（Linnemann，1967）[1]对引力模型做了进一步扩展，他将人口变量和贸易政策加入引力模型，认为人口数量和两个国家的贸易规模呈正相关关系。维克多和格雷格（Victor 和 Graig，1994）[2]用人口数量衡量国家大小。伯格斯特兰德（Bergstrand，1989）[3]将人口数量的指标用人均收入代替，并且增加了汇率等多个变量，进而扩充模型所包含的影响贸易量的因素。另外，还有不少学者将区域贸易安排、一体化组织等虚拟变量引入贸易引力模型。哈森和丁伯根（Hasson 和 Tinbergen，1964）[4]首次在模型中增加了优惠性贸易协定的虚拟变量，并发现特定形式的优惠性贸易协定对双边贸易的开展有积极的促进作用。巴尤米和艾肯格林（Bayoumi 和 Eichengreen，1995）[5]在模型中引入两个虚拟变量，分别测算了区域贸易安排对成员国双方开展国际贸易的促进作用及对第三国的贸易转移效应。而索洛加和温特斯（Soloaga 和 Winters，2001）[6]则通过增加和修改部分虚拟变量，进一步测算了区域贸易安排对出口国和进口国的不同影响。罗斯（Rose，2000）[7]则将是否属于同一货币联盟作为虚拟变量引入贸易引力模型。制度指标也被学者引入了贸易引力模型。安德森和马库勒（Anderson 和 Marcouiller，2006）[8]通过引入经济制度变量来考察制度对贸易规模的影响，结果显示，制度缺陷会形成严重的贸易壁垒。德格鲁特和

　　① Linnemann H. An Econometric Study of International Trade Flows[J]. Journal of the Royal Statistical Society, 1967, 33(4): 633-634.

　　② Victor Oguledo, Craig R Macphee. Gravity Models: a Reformulation and an Application to Discriminatory Trade Arrangements[J]. Applied Economics, 1994, 26(2): 107-120.

　　③ Bergstrand J H. The Generalized Gravity Equation, Monopolistic Competition, and the Factor-Proportions Theory in International Trade[J]. Review of Economics & Statistics, 1989, 71(1): 143-153.

　　④ Hasson J A, Tinbergen J. Shaping the World Economy: Suggestions for an International Economic Policy[J]. Economica, 1964, 31 (123): 327.

　　⑤ Bayoumi T, Eichengreen B. Restraining Yourself: The Implications of Fiscal Rules for Economic Stabilization[J]. IMF Economic Review, 1995, 42(1): 32-48.

　　⑥ Soloaga I, Winters L A. Regionalism in the Nineties: What Effect on Trade?[J]. North American Journal of Economics & Finance, 2001, 12(1): 1-29.

　　⑦ Rose A K. One Money, one Market: the Effect of Common Currencies on Trade[J]. Economic Policy, 2000, 15(30): 7-46.

　　⑧ Anderson J E, Marcouiller D. Insecurity and the Pattern of Trade: An Empirical Investigation[J]. Review of Economics & Statistics, 2006, 84(2): 342-352.

林德斯等（De Groot 和 Linders 等，2004）[1]在贸易引力模型中引进了包括管制、政府效率、制度相似性等六个方面的虚拟变量，研究结果显示，管制质量每提高一个标准差，双边贸易流量提高 20%～24%，而腐败程度每减少一个标准差，双边贸易流量提高 17%～27%。另外，两个国家的制度相似性对双边贸易流量也有正向作用。黄（Huang，2005）[2]还解释了距离和贸易流量呈负相关的原因是运输成本和对情况的掌握程度较低。安东努奇等（Antonuccia 等，2006）[3]应用贸易引力模型考察了土耳其的对外贸易，得出关税贸易协定的签署并不能改善土耳其和欧盟之间的贸易。引力模型还被用来解释一些国际贸易现象或者预测国际贸易问题。例如，安德森和温库普（Anderson 和 Wincoop，2004）[4]在引力模型中添加了一个重要的解释变量——"多边排斥力"，从而可以解释麦卡勒姆（McCallum，1995）[5]提出的"边境效应"问题。

　　国内学者对于贸易引力模型的研究成果也比较丰富。金哲松（2000）[6]用最简化的贸易引力模型分析中国的出口流量及流向的影响因素。谷克鉴（2001）[7]认为，根据中国的特殊国情，应增加一个外向型贸易转移推动变量，考察过渡经济对中国贸易的影响。刘青峰和姜书竹（2002）[8]通过对 2000 年中国同前 30 位贸易伙伴的数据分析得出，亚太经合组织（APEC）的存在可以促进双边贸易流量提高。骆许蓓（2003）[9]主要比较了几种不同的距离衡量标准对引力模型的解释能力的强弱，发现在模型中加入"运输便利指数"后，"调整距离"的解释能力高于"直线距离"。姜书竹和张旭昆（2003）[10]研究了中国同东盟国家之间贸易流量的影响因素，发现东盟（ASEAN）和 APEC 显著促进了东盟国家的贸易流

　　① De Groot H L F, Linders G J, et al. The Institutional Determinants of Bilateral Trade Patterns [J]. Kyklos, 2004, 57(1): 103-123.

　　② Huang R R. Distance and Trade: Disentangling Unfamiliarity Effects and Transport Cost Effects[J]. European Economic Review, 2005, 51(1): 161-181.

　　③ Antonuccia D, Manzocchib S. Does Turkey Have a Special Trade Relation With the EU?: A Gravity Model Approach[J]. Economic Systems, 2006, 30(2): 157-169.

　　④ Anderson J E, Van Wincoop E. Trade Costs [J]. Journal of Economic Literature, 2004, 42(3): 691-751.

　　⑤ McCallum J. National Borders Matter: Canada-U.S. Regional Trade Patterns[J]. American Economic Review, 1995, 85(3): 615-623.

　　⑥ 金哲松. 国际贸易结构与流向[M]. 北京：中国计划出版社，2000.

　　⑦ 谷克鉴. 国际经济学对引力模型的开发与应用[J]. 世界经济，2001（2）：14-25.

　　⑧ 刘青峰，姜书竹. 从贸易引力模型看中国双边贸易安排[J]. 浙江社会科学，2002，(6)：16-19.

　　⑨ 骆许蓓. 论双边贸易研究中重力模型的距离因素[J]. 世界经济文汇，2003（2）：45-60

　　⑩ 姜书竹，张旭昆. 东盟贸易效应的引力模型[J]. 数量经济技术经济研究，2003（10）：53-57.

量提高。朱彤和王金凤（2004）①测算了 APEC 对区域贸易的促进作用。林玲和王炎（2004）②对中国的双边贸易进行考察，发现国内生产总值、距离和国土面积是中国双边贸易量的主要影响因素。史朝兴、顾海英（2005）③运用贸易引力模型分析了影响中国蔬菜出口贸易的因素。盛清（2007）④通过引入虚拟变量研究《内地与香港关于建立更紧密经贸关系安排》（CEPA）对中国香港同中国内地部分省市之间贸易流量的促进作用，结果显示"作用不明显"。庄丽娟、姜元武、刘娜（2007）⑤验证了广东省对东盟农产品出口量受到东盟国家 GDP、人均 GDP、距离和区域贸易安排的影响。马琳和李文强（2008）⑥对中国大陆水产品、农产品等产业内贸易进行研究，发现运输成本是阻碍出口的最显著因素。伍泽君（2008）⑦通过加入虚拟变量检验欧盟向东扩张对我国农产品的影响，结果显示为"呈显著正相关"。胡再勇等（2019）⑧运用引力模型和面板数据模型分析能源、交通、通信网络三类基础设施及其交互作用对共建"一带一路"国家进口、出口及域内双边贸易的影响。李金锴等（2020）⑨使用随机前沿贸易引力模型的研究方法，发现经济规模、人口规模等社会因素能够正向促进我国对共建"一带一路"国家的农产品出口规模，而地理距离增加在一定程度上阻碍我国农产品的出口贸易增长，制度性因素也在出口贸易效率方面发挥着重大作用。朱廷珺和刘子鹏（2019）⑩引入非常数

① 朱彤，王金凤. APEC 促进区内贸易作用的测量与分析[J]. 南开经济研究，2004（3）：54-58.

② 林玲，王炎. 贸易引力模型对中国双边贸易的实证检验和政策含义[J]. 世界经济研究，2004（7）：54-58.

③ 史朝兴，顾海英. 贸易引力模型研究新进展及其在中国的应用[J]. 财贸研究，2005（3）：27-32.

④ 盛清. CEPA 框架下我国中部六省与香港地区贸易的引力模型分析[J]. 企业技术开发，2007（11）：54-56.

⑤ 庄丽娟，姜元武，刘娜. 广东省与东盟农产品贸易流量与贸易潜力分析——基于引力模型的研究[J]. 国际贸易问题，2007（6）：81-86.

⑥ 马琳，李文强. 基于贸易引力模型的中国大陆水产品出口市场布局优化研究[J]. 安徽农业科学，2008（22）：9750-9752，9785.

⑦ 伍泽君. 中国对欧盟农产品出口贸易的引力模型——基于欧盟东扩前后的比较[J]. 现代经济信息，2008（10）：111-112.

⑧ 胡再勇，付韶军，张璐超. "一带一路"沿线国家基础设施的国际贸易效应研究[J]. 数量经济技术经济研究，2019，36（2）：24-44.

⑨ 李金锴，杨宗辉，韩晨雪，等. 我国对"一带一路"国家的农产品出口研究——基于随机前沿贸易引力模型的实证分析[J]. 中国农业资源与区划，2020，41（8）：135-144.

⑩ 朱廷珺，刘子鹏. 中国内陆运输距离与进出口贸易：引力模型拓展与实证[J]. 世界经济研究，2019，304（6）：58-70，135.

替代弹性效用函数推导一个涵盖国内与国际贸易的引力模型，将运输距离细分为出境、海运、入境三段，探究不同路段对进出口贸易的影响及运输成本的相对变化。

二、引力模型的理论研究进展

贸易引力模型的理论研究有很大的发展，许多学者将该模型置于特定的假设条件下进行重新推导和修正。哈森（Hasson）、丁伯根（Tinbergen）和波伊霍宁（Pöyhönen）提出贸易引力模型之初并未将其理论基础完全考虑充分，后来的学者在研究过程中不断予以补充和完善。安德森（Anderson，1979）[1]是最早为贸易引力模型寻找经济学理论基础的学者之一，他构造了一个"纯粹支出系统模型"，并在各国专业化生产特定产品且对同一产品偏好相同的假设下推导出了引力模型的简化形式，但是该研究只完成了部分引力模型的理论基础工作，并未把阻力因素纳入模型之中。伯格斯特兰德（Bergstrand，1985）[2]则建立了一个一般均衡模型，并在该模型基础上建立了局部均衡模型，进而推导出贸易引力模型。克鲁格曼（Krugman，1980）[3]将垄断竞争模型引入，为成功解释引力方程提供了新的框架。伯格斯特兰德（Bergstrand，1989）[4]、迪尔多夫（Deardorff，1995）[5]、伊文奈特和凯勒（Evenett 和 Keller，2002）[6]都是基于 H-O 模型对贸易引力方程进行推导。伯格斯特兰德（Bergstrand）基于林德（Linder）的假设，建立了一个双要素、双部门、多国的 HOCL 模型，并在此模型的基础上构造出了一个贸易引力模型。迪尔多夫（Deardorff）从有无摩擦两个方面推导引力模型，并指出引力模型不能用于检验其他模型。伊文奈特和凯勒（Evenett 和 Keller）指出引力模型可以

① Anderson J E. A Theoretical Foundation for the Gravity Equation[J]. American Economic Review, 1979, 69(1): 106-116.

② Bergstrand J H. The Gravity Equation in International Trade: Some Microeconomic Foundations and Empirical Evidence[J]. Review of Economics & Statistics, 1985, 67(3): 474-481.

③ Krugman P. Scale Economies, Product Differentiation, and the Pattern of Trade[J]. American Economic Review, 1980, 70(5): 950-959.

④ Bergstrand J H. The Generalized Gravity Equation, Monopolistic Competition, and the Factor-Proportions Theory in International Trade[J]. Review of Economics & Statistics, 1989, 71(1): 143-153.

⑤ Deardorff A V. Determinants of Bilateral Trade: Does Gravity Work in a Neoclassical, World?[J]. Social Science Electronic Publishing, 1995:7-32.

⑥ Simon J. Evenett, Keller W. On Theories Explaining the Success of the Gravity Equation[J]. Journal of Political Economy, 2002, 110(Volume 110, Number 2): 281-316.

从 H-O 模型、李嘉图模型和规模报酬递增模型中推导得出，但该研究未能将贸易成本纳入考察因素之中，因此没有推导出真正的贸易引力模型。伊顿和科尔图姆（Eaton 和 Kortum，2002）[①]将企业生产率假设为按照弗雷歇（Frechet）随机分布抽取的函数，进而推导出引力方程。钱尼（Chaney，2008）[②]将企业异质性引入了垄断竞争模型，假设企业生产率服从帕雷托（Pareto）分布，得出了与赫尔普曼（Helpman）和克鲁格曼（Krugman）相反的结论，即替代弹性较低的产品更容易受到贸易成本的影响。

三、引力模型的实证方法研究进展

引力模型的实证方法也在不断改进。西尔瓦和特雷诺（Silva 和 Tenreyro，2005）[③]建议采用泊松伪最大似然估计（PPML）代替传统的普通最小二乘法（OLS）估计，以减小试验中的偏差。鲍德温和塔里奥尼（Baldwin 和 Taglioni，2006）[④]通过对美国分行业贸易数据研究发现，超过九成的贸易数据是零贸易。赫尔普曼和梅利兹等（Helpman 和 Melitz，2008）[⑤]则指出，世界上半数以上国家间为单边贸易或者零贸易。对于在实证研究中对零贸易的处理方法，不少学者运用 Tobit 模型对零贸易流进行估计。林德斯（Linders，2006）[⑥]通过比较不同于零贸易流的处理方法，得出样本选择模型具有很强的参考价值的结论。赫尔普曼和梅利兹（Helpman 和 Melitz）建立了一个两步选择模型，首先得出国与国之间发生贸易的条件，然后才分析双边贸易流量的大小。该模型由于克服了传统模型忽略外边际的缺陷，使得引力模型对零贸易流的估计方法产生了新的突破。

---

① Eaton J, Kortum S. Technology, Geography, and Trade[J]. Econometrica, 2002, 70 (5): 1741-1779.

② Chaney T. Distorted Gravity: The Intensive and Extensive Margins of International Trade[J]. American Economic Review, 2008, 98(4): 1707-1721.

③ Silva J M C S, Tenreyro S. The Log of Gravity[J]. Review of Economics & Statistics, 2005, 88(4): 641-658.

④ Baldwin R E, Taglioni D. Gravity for Dummies and Dummies for Gravity Equations[J]. CEPR Discussion Papers, 2006.

⑤ Helpman E, Melitz M, Rubinstein Y. Estimating Trade Flows: Trading Partners and Trading Volumes[J]. Quarterly Journal of Economics, 2008, 123(2): 441-487.

⑥ Linders G J, De Groot H L F. Estimation of the Gravity Equation in the Presence of Zero Flows[J]. SSRN Electronic Journal, 2006, 82 (2): 283-299.

第三节　"一带一路"倡议和中国同共建"一带一路"国家贸易

本书将研究视野划定在"一带一路"倡议背景之下，因此有必要对"一带一路"相关问题的研究现状进行梳理。

一、"一带一路"倡议

"一带一路"倡议的提出是我国主动应对全球经济增长格局变化，扩大和深化对外开放程度的重大决策，是我国对国际合作和全球治理新模式的积极探索。

共建"一带一路"国家和地区在很多方面有着共同的利益诉求，构成了"一带一路"发展的基础。孙乾坤等（2016）[①]认为"一带一路"沿线多为新兴经济体和发展中国家，从发展经济、改善民生，进而应对金融危机、加快升级转型来看，我国与沿线各国都是命运共同体、利益共同体和责任共同体，因此，"一带一路"倡议在助推国际合作方面有着重要的作用。刘灿雷等（2022）[②]认为，在国际生产分工格局的结构升级方面，我国与共建"一带一路"国家并不存在消极的"低端锁定"，而是产生了共建"一带一路"国家产品结构升级的协同发展作用，具有较强的需求互补效应和供应链效应。闫强明（2023）[③]等通过研究发现，"一带一路"倡议下的中国企业对外投资能够有效抵御当前逆全球化的趋势并弥补过往全球化生产模式对发展中国家的利益忽视，在推进区域合作、促进共建"一带一路"国家和地区共同繁荣中发挥了重要作用。于津平、顾威

---

① 孙乾坤，李大夜，寇埻."一带一路"国家的开放战略及对我国的启示[J]. 现代管理科学，2016（9）：45-47.

② 刘灿雷，张静，李计广."低端锁定"还是"协同发展"？——关于我国与共建"一带一路"国家产品结构升级的考察[J]. 南开经济研究，2022，234（12）：133-149.

③ 闫强明，李宁静，张辉."一带一路"倡议下中国对外投资对东道国价值链地位的影响效应[J]. 南开经济研究，2023，237（3）：39-57.

（2016）①则具体分析了建设"一带一路"的基础。其一，在区域经济合作加速发展的大背景下，中国与共建"一带一路"国家有着建立符合自身发展水平的区域经济合作的共同愿景。其二，中国与共建"一带一路"国家的贸易发展较为迅速，"一带一路"倡议将在改善贸易条件、提高通关效率等方面显著促进沿线各国经贸关系的发展。其三，"一带一路"倡议有利于中国发挥其基础设施供给端的优势，改善共建"一带一路"国家基础设施落后的现状。其四，"一带一路"贯穿我国西部，在推动我国与共建"一带一路"国家互联互通的同时，也促进我国西部地区的基础设施建设，进而促进我国西部大开发战略的发展。其五，在我国人口红利消失且传统制造业竞争力下降的背景下，"一带一路"将是促进我国企业实现"走出去"的重要策略。而且，我国企业的发展经验及先进技术将会促进沿线发展中国家的经济发展。余长林和孟祥旭（2022）②认为，"一带一路"倡议通过提高参与企业信贷可获得性和研发投入强度、促进国际人才流入、改善供应链环境，进一步促进参与企业的技术创新。赵蓓文和王跃（2023）③通过研究发现，"一带一路"倡议通过促进中国对外直接投资（OFDI）拉动了国内就业，并且显著促进了资源型城市的就业。总之，共建"一带一路"对于推动共建"一带一路"国家和地区的经济发展有着显著正向的推动作用。

李丹、崔日明（2015）④则肯定了"一带一路"倡议的实施具有广泛的国际基础。"一带一路"倡议的实施一方面有利于满足沿线各国对资源的需求，增加各国资源出口，另一方面有利于沿线各国人口及产品向世界市场转移，进而促进全球经济增长，即"一带一路"倡议对于加强沿线发展中国家的对外交流与合作、发挥自身的比较优势、促进区域内部的资源与要素流动、提高资源利用效率具有重要意义。田原和张滔（2019）⑤认

① 于津平，顾威. "一带一路"建设的利益、风险与策略[J]. 南开学报（哲学社会科学版），2016（1）：65-70.

② 余长林，孟祥旭. "一带一路"倡议如何促进中国企业创新[J]. 国际贸易问题，2022，480（12）：130-147.

③ 赵蓓文，王跃. "一带一路"倡议下中国 OFDI 的母国就业效应研究[J]. 世界经济研究，2023，351（5）：3-16，135.

④ 李丹，崔日明. "一带一路"战略与全球经贸格局重构[J]. 经济学家，2015，200（8）：62-70.

⑤ 田原，张滔. "一带一路"倡议下中国与中亚国家经贸合作现状及展望[J]. 国际贸易，2019，452（8）：72-78.

为在"一带一路"倡议的推进下，我国与中亚国家间经贸合作获得快速发展，与中亚各国关系不断向好，并且在"一带一路"倡议下，扩大双边经贸合作对于进一步推动我国与中亚各国经济共同发展具有重要现实意义。孟祺和朱雅雯（2023）①基于多期双重差分法（DID）和倾向得分匹配双重差分法（PSM-DID）实证检验了"一带一路"倡议对区域国家间和国家内共同富裕的影响效应及其影响机制，发现"一带一路"倡议对区域国家间收入差距和国内收入差距有明显的缩小作用，应持续推动建设高质量"一带一路"，积极签订贸易投资协定，深化对外直接投资的广度和深度。

同时，"一带一路"对于促进沿线各国广泛参与国际合作、提高产品竞争力具有重要的推动作用。

基础设施投资是"一带一路"的关键环节。陈虹和刘纪媛（2020）②通过研究发现，共建"一带一路"国家基础设施的完善可以促进中国对外贸易的增长，但其正向作用会随着基础设施水平和经济规模的变化而发生改变。张鹏飞（2018）③利用"一带一路"沿线 34 个亚洲国家在 2005—2015 年的数据研究发现，交通通信基础设施对共建"一带一路"国家双边贸易都具有促进作用，且促进作用会随出口国和进口国的收入水平不同而变化。徐俊和李金叶（2020）④通过分析得出东道国交通基础设施质量能够显著促进双边贸易合作的结论，并且质量水平每提升 1 个单位，双边贸易额增长约 3 个单位。韩宏钻和胡晓丹（2020）⑤通过分析发现，"一带一路"交通基建项目显著提高了沿线地区的出口率，并促进了出口产品种类、数量和金额的增加。袁佳（2016）⑥则对共建"一带一路"国家的基础设施投资需求进行了预测，结果表明 2016—2020 年间，包括中国在内的共建"一带一路"国家对基础设施投资需求额年均为 1.6 万亿至 2 万亿

① 孟祺，朱雅雯."一带一路"倡议赋能共同富裕——基于构建人类命运共同体的视角[J].经济学家，2023，290（2）：90-100.

② 陈虹，刘纪媛."一带一路"沿线国家基础设施建设对中国对外贸易的非线性影响——基于面板门槛模型的研究[J].国际商务（对外经济贸易大学学报），2020，195（4）：48-63.

③ 张鹏飞.基础设施建设对"一带一路"亚洲国家双边贸易影响研究：基于引力模型扩展的分析[J].世界经济研究，2018，292（6）：70-82，136.

④ 徐俊，李金叶.东道国交通基础设施质量对双边贸易合作的影响——基于"一带一路"沿线国家的实证分析[J].国际商务研究，2020，41（5）：5-14.

⑤ 韩宏钻，胡晓丹."一带一路"交通基建项目带来了沿线地区出口贸易增长吗？——基于三元边际视角[J].投资研究，2020，39（12）：102-119.

⑥ 袁佳."一带一路"基础设施资金需求与投融资模式探究[J].国际贸易，2016（5）：52-56.

元，因此，多层次的全方位融资体系是构建"一带一路"的重要一环。

　　"一带一路"倡议将会促进我国与沿线各国在粮食、能源等方面的广泛合作。赵予新（2016）[1]认为区域粮食合作是"一带一路"的最佳结合点之一，"一带一路"将为区域粮食合作提供良好的物质、技术基础。同时，由于沿线各国在粮食产业上拥有巨大的互补性，因此合作空间较大。余燕等（2021）[2]通过分析得出小麦的重点合作国主要分布在中东欧、独联体、西亚、南亚和中亚，稻谷的重点合作国主要分布在东南亚和南亚，玉米的重点合作国主要分布在中东欧、独联体、东南亚和西亚，大豆的重点合作国主要分布在独联体和南亚。倪中新等（2016）[3]则在运用 TVP-VAR-DMA 模型预测我国钢铁需求量的基础上，分析"一带一路"倡议对我国过剩钢铁产能的影响，研究结果表明，"一带一路"倡议对化解我国过剩的钢铁产能具有显著正向的作用。另外，姜安印和刘博（2020）[4]认为加强石油、天然气等传统能源终端产品合作和电力互联互通合作是未来提升"一带一路"中国-中亚能源合作的重要路径。面对全球气候环境和减碳目标的现实困境，发展绿色低碳化能源是各国可持续发展的必然选择，绿色低碳化能源合作是未来"一带一路"能源合作的主要方向。余晓钟等（2021）[5]认为以"一带一路"倡议为重要平台，共同汲取先进国家在新能源和化石能源低碳化领域的发展经验与先进技术，持续改进和优化清洁能源合作机制，拓宽清洁能源项目的融资渠道，以绿色发展新理念开展高标准绿色能源项目合作，能够共同促进"一带一路"沿线地区的能源合作向绿色低碳化发展。郭孟珂（2016）[6]提到"一带一路"倡议促进了我国的基础设施产业链、交通运输、物流、能源与金融行业的发展，有力

　　① 赵予新. "一带一路"框架下中国参与区域粮食合作的机遇与对策[J]. 农村经济，2016（1）：14-19.

　　② 余燕，赵明正，赵翠萍.中国与"一带一路"沿线国家粮食生产合作潜力研究[J]. 区域经济评论，2021，54（6）：115-124.

　　③ 倪中新，卢星，薛文骏. "一带一路"战略能够化解我国过剩的钢铁产能吗——基于时变参数向量自回归模型平均的预测[J]. 国际贸易问题，2016（3）：161-174.

　　④ 姜安印，刘博."一带一路"中亚地区能源消费与经济增长关系研究——基于中亚五国数据PVAR 模型的实证测度[J]. 河北经贸大学学报，2020，41（4）：80-88.

　　⑤ 余晓钟，白龙，罗霞. "一带一路"绿色低碳化能源合作内涵、困境与路径[J]. 亚太经济，2021，226（3）：17-24.

　　⑥ 郭孟珂. "一带一路"战略下四大领域发展机遇研究[J]. 现代管理科学，2016（6）：45-47.

地促进了相关产业"走出去"。张方波（2016）[1]则提到"一带一路"倡议对国内的商品输出，以及货币和资本输出具有重大的推动作用。周建军等（2020）[2]利用得分倾向匹配双重差分法评估"一带一路"倡议对中国与共建"一带一路"国家双边贸易发展的政策效果，结果表明"一带一路"倡议提高了中国对共建"一带一路"国家的出口总额，使得共建"一带一路"国家在中国贸易结构中的占比上升、贸易地位和重要性提升、政策红利持续释放。文化产品也是中国与共建"一带一路"国家经贸合作的重要内容，田晖和孟彩霞（2019）[3]运用国际市场占有率、显示性比较优势指数（RCA）和出口增长优势指数（DT）测算了中国对六大经济走廊文化产品出口的贸易竞争力，认为中国对六大经济走廊整体的文化产品出口持续增长，并且增长态势由大幅波动趋于稳定。方英和马芮（2018）[4]通过研究发现，中国与共建"一带一路"国家具有较大的文化贸易潜力，这种潜力在不同国家和地区之间呈现出较大的不均衡性，潜力最大的国家是老挝，潜力最大的区域是中东欧地区。

二、中国同共建"一带一路"国家贸易

关于中国同共建"一带一路"国家贸易的相关问题的研究有很多，一些研究尽管不是以贸易为主，但也涉及了许多贸易相关问题。关于中国同共建"一带一路"国家贸易问题的研究，主要分为两个方面。部分研究着眼于国别层面。韩永辉和邹建华（2014）[5]研究了"一带一路"背景下中国与西亚国家的贸易合作现状，并对合作前景进行了展望。刁莉等（2019）[6]运用随机前沿引力模型测算了我国对西亚六国的贸易潜力和贸易效率，认为我国与西亚地区贸易潜力较大。姚铃（2015）[7]研究了"一

① 张方波. "一带一路"战略助力"中国式"输出[J]. 金融与经济, 2016（1）: 28-33.

② 周建军, 于爱芝, 李一丁. "一带一路"倡议对中国双边贸易发展的影响[J]. 中国流通经济, 2020, 34（7）: 97-109.

③ 田晖, 孟彩霞. 中国文化产品在六大经济走廊的贸易竞争力研究[J]. 亚太经济, 2019, 213（2）: 51-60.

④ 方英, 马芮. 中国与"一带一路"沿线国家文化贸易潜力及影响因素: 基于随机前沿引力模型的实证研究[J]. 世界经济研究, 2018, 287（1）: 112-121, 136.

⑤ 韩永辉, 邹建华. "一带一路"背景下的中国与西亚国家贸易合作现状和前景展望[J]. 国际贸易, 2014（8）: 21-28.

⑥ 刁莉, 邓春慧, 李利宇. "一带一路"背景下中国对西亚贸易潜力研究[J]. 亚太经济, 2019, 213（2）: 61-67, 150-151.

⑦ 姚铃. "一带一路"战略下的中国与中东欧经贸合作[J]. 国际商务财会, 2015（2）: 13-15.

带一路"倡议下中国与中东欧的经贸合作。白洁等（2020）[1]研究了中国
与中东欧国家的贸易互补关系，认为其贸易互补关系明显强于竞争关系。
孙玉琴和卫慧妮（2022）[2]认为，"一带一路"背景下中国与中东欧国家
的数字贸易具有良好的发展前景。宗会明和郑丽丽（2017）[3]则分析了
"一带一路"背景下中国与东南亚国家的贸易格局。侯梦薇等（2019）[4]
分析了我国在对外贸易中的贸易摩擦特点，并提出未来中国在"一带一
路"区域经济合作中规划与实践调整的方向。此类研究非常多，不胜枚
举。另一类的研究着眼于产业层面。袁培（2014）[5]研究了"一带一路"
背景下中亚国家能源合作与发展问题。黄晓勇（2015）[6]也对"一带一
路"倡议对亚洲能源安全的促进作用进行了分析。张曦等（2015）[7]分析
了广西与东盟矿业合作面临的问题及前景。丛海彬等（2021）[8]则分析了
共建"一带一路"国家的新能源汽车贸易网络结构特征。张丹蕾（2023）[9]
研究了"一带一路"背景下国际能源合作机制的构建问题。此外，关于农
产品、机电产品等各主要贸易产品的研究都非常多。杨玉文等（2021）[10]
分析了中国与共建"一带一路"国家农产品贸易特征的演变。金缀桥等
（2020）[11]研究了共建"一带一路"国家食品安全标准对我国果蔬产品出

---

① 白洁，梁丹旎，王悦. 中国与中东欧国家贸易的竞争互补关系及动态变化[J]. 财经科学，
2020，388（7）：92-105.

② 孙玉琴，卫慧妮. "一带一路"背景下中国与中东欧国家开展数字贸易的思考[J]. 国际贸易，
2022，481（1）：76-87.

③ 宗会明，郑丽丽. "一带一路"背景下中国与东南亚国家贸易格局分析[J]. 经济地理，2017，
37（8）：1-9.

④ 侯梦薇，万月，孙铭壕. "一带一路"倡议下中国区域经济合作研究——基于贸易摩擦视角[J].
商业经济研究，2019，768（5）：122-125.

⑤ 袁培. "丝绸之路经济带"框架下中亚国家能源合作深化发展问题研究[J]. 开发研究，2014
（1）：51-54.

⑥ 黄晓勇. 以"一带一路"促进亚洲共同能源安全[J]. 人民论坛，2015（22）：65-67.

⑦ 张曦，王根厚，肖楠. "一带一路"战略构想下广西与东盟矿业合作分析[J]. 中国矿业，
2015，24（A2）：55-59.

⑧ 丛海彬，邹德玲，高博，等. "一带一路"沿线国家新能源汽车贸易网络格局及其影响因素[J].
经济地理，2021，41（7）：109-118.

⑨ 张丹蕾. 全球能源治理变局下"一带一路"能源合作机制构建的探讨[J]. 国际经贸探索，2023，
39（2）：106-120.

⑩ 杨玉文，董婉璐，杨军. 中国与"一带一路"沿线国家农产品贸易特征演变[J]. 云南社会科学，
2021，239（1）：67-73.

⑪ 金缀桥，杨逢珉，郑旗. "一带一路"合作框架下食品安全标准对我国果蔬产品出口影响的研
究[J]. 国际经济合作，2020，403（1）：104-116.

口的影响。樊增强等（2021）[1]对中国与共建"一带一路"国家制造业的比较优势进行了研究。王方和胡求光（2019）[2]利用社会网络结构分析方法测算网络密度、中心性、聚集系数及核心-边缘结构等指标，对共建"一带一路"国家机电产品贸易网络结构进行分析。

"一带一路"倡议的提出为我国经贸发展创造了重大机遇，但在实施中也面临着一系列的问题和挑战。共建"一带一路"国家数量众多，各国在政治、经济、文化和宗教上存在较大差异性，地缘政治错综复杂。良好的政治环境是经济稳定发展的重要前提。刘文革和黄玉（2020）[3]运用经典引力模型考察了地缘政治风险对全球 196 个国家和地区双边贸易流动的影响，研究发现地缘政治风险对全球贸易流动具有显著负面影响。于津平、顾威（2016）[4]认为，由于近年来中亚的吉尔吉斯斯坦，南亚的阿富汗，西亚的叙利亚、伊拉克、伊朗等国都有着不等程度的社会冲突及政治不稳定因素，政治不稳定因素的增多会导致对经济发展重视程度的下降。同时，社会冲突也会减弱其对中国企业的吸引力，从而增加各国互联互通的难度。此外，共建"一带一路"国家的金融体系相对脆弱，银行体系的不良贷款率偏高，汇率波动幅度较大，缺乏稳定性，因而基础投资对外贸的带动作用则相对较弱。张晓磊、张二震（2016）[5]也提到了在共建"一带一路"国家，恐怖活动频发，对于"一带一路"倡议的顺利推动也提出了很大的挑战。李燕云等（2019）[6]对"一带一路"倡议面临的挑战进行分析，认为部分共建"一带一路"国家对共建"一带一路"心存疑虑，且政局动荡会阻碍贸易协调有序推进。

孙乾坤等（2016）[7]认为美国、日本、俄罗斯、印度是共建"一带一

① 樊增强，尚涛，陈静. 中国与"一带一路"沿线国家制造业比较优势研究[J]. 亚太经济，2021，229（6）：60-70.

② 王方，胡求光."一带一路"沿线国家机电产品贸易网络结构分析[J]. 亚太经济，2019，216（5）：49-58，150.

③ 刘文革，黄玉. 地缘政治风险与贸易流动：理论机理与实证研究[J]. 国际经贸探索，2020，36（3）：46-59.

④ 于津平，顾威."一带一路"建设的利益、风险与策略[J]. 南开学报（哲学社会科学版），2016，249（1）：65-70.

⑤ 张晓磊，张二震."一带一路"战略的恐怖活动风险及中国对策[J]. 国际贸易，2016（3）：27-32.

⑥ 李燕云，林发勤，纪珽. 合作与争端：中国与"一带一路"国家间贸易政策协调[J]. 国际贸易，2019，448（4）：18-27.

⑦ 孙乾坤，李大夜，寇墫."一带一路"国家的开放战略及对我国的启示[J]. 现代管理科学，2016，282（9）：45-47.

路"的重要外部力量，受地缘政治影响，这些国家的开放战略与我国的区域合作倡议存在一定程度的竞争甚至矛盾。从政治视角来看，美国"新丝绸之路"的构建意在限制我国对亚太地区的地缘经济影响，如果"一带一路"倡议受到美国的反对或阻碍，那么必将给这一倡议的推进带来较大难度。日本和我国之间存在诸多摩擦，其能源开放战略对我国"一带一路"倡议的推进形成牵制。袁波等（2021）[①]认为美国采取的"印太战略""蓝点网络""经济繁荣网络"和"重建美好世界"倡议等措施和新型冠状病毒感染疫情叠加，也会进一步加剧"一带一路"沿线的地缘政治矛盾。另外，在不同大国的领导下，"一带一路"沿线各小国的立场需进一步观察和确定（于津平，顾威，2016）。郗笃刚等（2018）[②]详细分析了"一带一路"在印度洋地区面临的地缘风险，认为美国"印太战略"和印度的"印度洋控制战略"给"一带一路"带来较大的地缘风险，巴基斯坦、缅甸、伊朗等在共建"一带一路"中是具有重要意义的地缘支点国家，它们在大国渗透、拉拢下对"一带一路"倡议的态度发生转变，也是"一带一路"倡议面临的一个重要的地缘风险。随着恐怖主义势力等非国家行为体活动和影响的增强，非传统安全问题也成为印度洋地区"一带一路"倡议面临的重要地缘风险。

翟崑（2015）[③]则分析了国内"认知差异"对"一带一路"倡议推进的影响。首先，国内不同群体对"一带一路"倡议的认知存在着严重的信息不对称现象。其次，国内对"一带一路"倡议是否经过严谨的论证持怀疑态度，同时国外对"一带一路"性质是经济性还是战略性的没有达成共识。最后，"一带一路"倡议在宣传上存在落后及表达不匹配的现象。因此，如何完成国内外各方面的对接，减少行动上的差异对"一带一路"倡议的实施有着较高的要求。李卓然（2019）[④]提出西方形成了"中国机遇""实现理想目标的通道""东方引领模式""全球性样本"等积极认知，但由于受"刻板印象""镜像思维""零和思维"等思维局限，西方有部分人仍对"一带一路"倡议存在认知误区，因此要从认知理论出发，分

---

① 袁波，王蕊，朱思翘，等. 新形势下推动"一带一路"经济走廊高质量发展的思考建议[J]. 国际贸易，2021，478（10）：4-12.

② 郗笃刚，刘建忠，周桥，等."一带一路"建设在印度洋地区面临的地缘风险分析[J]. 世界地理研究，2018，27（6）：14-23.

③ 翟崑."一带一路"建设的战略思考[J]. 国际观察，2015（4）：49-60.

④ 李卓然. 西方对"一带一路"认知改变与我国引导策略[J]. 湖南社会科学，2019，196（6）：163-168.

析认知表现及其成因，并采取相应的策略和方法。

胡俊超、王丹丹（2016）①对共建"一带一路"国家进行了国别风险研究，其中中高风险国家占沿线各国的 2/3，国别风险中，政治经济社会融合因子是最主要的影响因素，因此，对各国风险进行识别意义重大。王镝和杨娟（2018）②也对共建"一带一路"的 66 个国家进行连续 5 年的出口信用保险的国家风险评级，其中新加坡是共建"一带一路"国家中信用评级最高的，获得 A 信用的国家有 36 个，并且他们建议在共建"一带一路"国家信用评级过程中考虑政权变更、营商环境和经济发展可持续性等因素。

除了传统的政治风险，还有一些学者认为中国在共建"一带一路"国家投资面临的主要挑战还有精神层面上更为模糊、潜在的非传统政治风险。王发龙、和春红（2022）③认为，对外投资的非传统政治风险兼具鲜明的建构性、主体间性、难预测性，有着复杂的诱发机制、作用机制、传导路径、影响效应，引致中国在共建"一带一路"国家投资频遭物质层面和精神层面的双重损失。薛力（2019）④基于访谈发现，东亚八国的部分精英人士从战略视角看待中国推进"一带一路"倡议的动因，认为"一带一路"倡议将扩大中国地缘影响、推动中国强势崛起，进而产生警惕、怀疑、害怕等负面心理反应。

第四节　文献评述和研究切入

一、文献评述

前文对已有文献从三个层面进行了归纳和梳理。第一个层面，我们从国际贸易经典理论对贸易动因的解释入手，总结了国际贸易发展的 5 个

① 胡俊超，王丹丹. "一带一路"沿线国家国别风险研究[J]. 经济问题，2016（5）：1-6，43.

② 王镝，杨娟. "一带一路"沿线国家风险评级研究[J]. 北京工商大学学报（社会科学版），2018，33（4）：117-126.

③ 王发龙，和春红. 中国对外投资的非传统政治风险——基于"一带一路"建设的分析[J]. 经济问题探索，2022，479（6）：149-164.

④ 薛力. 东亚国家如何看待"一带一路"——基于对东亚八国精英的访谈[J]. 东南亚研究，2019（5）：124-137，157-158.

阶段，揭示了每个阶段的贸易理论形成逻辑，以及不同的贸易理论对贸易动因的阐述，从而对我们要研究的国际贸易影响因素的问题有一个一般性的理解。随后我们归纳了国际贸易影响因素分析的相关结论，总结了不同学者对国际贸易影响因素的分析及其背后的理论逻辑。在该部分的最后，我们对本书研究的一个重要问题——贸易潜力进行了界定，并列举了关于贸易潜力的国内外研究成果。该层面的文献梳理，是对本书所要研究的核心问题，即"贸易影响因素"和"贸易潜力"的一般性分析。

第二个层面，我们对贸易引力模型相关的文献进行了梳理。首先，我们对引力模型的建立和发展进行了回顾。其次，从国外和国内两个角度，归纳和总结了经典的运用引力模型解决国际贸易相关问题的研究成果。最后，从理论和实证两个方面，通过对相关研究成果的归纳，分析了引力模型的研究进展。对引力模型相关文献进行梳理，其重要意义在于为本书所研究的问题确定一个合适的研究工具。

第三个层面，我们对"一带一路"倡议的相关研究进行了梳理。首先，我们对"一带一路"倡议的提出和重大意义进行了全面和深入的介绍。然后，我们从国别层面和产业层面归纳了中国同共建"一带一路"国家贸易研究的相关成果，并对"一带一路"倡议实施过程中遇到的问题形成了一个比较清晰的认识。该层面的文献梳理，是为本书研究的问题划定研究视野，即本书的研究背景是"一带一路"倡议的实施，研究对象定位于共建"一带一路"国家。同时，本层面的文献梳理也形成了我们对问题的宏观鸟瞰。

通过上述三个层面的文献梳理，我们可以得出如下结论。

第一，国际贸易经典理论关于贸易动因的解释逻辑清晰、论证严谨，能够为贸易影响因素的寻找和确立提供坚实的理论支撑。国内外学者对于贸易影响因素的研究已有丰硕成果，可以为本书所借鉴。学术界关于贸易潜力的研究已相对比较成熟，对于贸易潜力的界定和潜力值的测度、评价，均有比较一致的观点和结论。

第二，引力模型是适用于本书所研究问题的研究工具。主要原因如下：首先，引力模型是国际贸易问题研究中的经典模型，其提出时间较早，在后续的研究中不断得到发展和完善，已有的大量文献也表明，引力模型对国际贸易相关问题有很强的解释能力；其次，尽管早期一些经济学家诟病引力模型缺乏理论基础，但是随着研究的不断深入，关于引力模型的理论研究也取得了较大进展；最后，引力模型的实证方法非常丰富，根据不同问题进行选择的空间较大，而且随着计量经济学的发展和计量方法的改进，引力模型的实证研究也硕果累累。

第三，本书将贸易问题置于"一带一路"倡议的背景下，具有重要的研究价值。"一带一路"是我国国际贸易的一条通路，对我国经济发展具有重大战略意义。本书的研究视野设定于"一带一路"倡议背景下，研究的问题为"一带一路"倡议的核心问题——贸易，力图通过对贸易影响因素和潜力的分析，为"一带一路"贸易政策制定提供支持，因此，研究价值重大。

但是，通过对文献的梳理，我们也发现了现有研究的一些不足之处。

第一，近年来研究"一带一路"贸易问题的文献比较多，但是大多数都是以定性分析、规范分析、政策建议为主，关于定量分析和实证研究的文献较少，而涉及贸易竞争性与互补性、贸易影响因素及贸易潜力的研究更是为数不多。

第二，现有研究对中国同"一带一路"贸易问题的分析，没有将总体分析和分国家、分部门的分析有机结合起来。现有研究大致可以分为两个类型：第一类是对中国同共建"一带一路"国家贸易问题的总体分析，该类研究以定性分析为主；第二类是针对个别国家或者个别产业的分析，该类分析往往只着眼于共建"一带一路"的部分国家，或者只关注国际贸易的特定产业，没有从整体上进行宏观把握，造成研究结果"只见树木不见森林"。

二、研究切入

本书的研究目的主要是为了弥补已有研究的不足之处，并为后续的研究提供借鉴和指引。因此，本书特从以下几个方面进行进一步研究。

第一，从选题上看，本书研究的是基于引力模型的中国同共建"一带一路"国家的贸易关系，具有很强的前沿性和政策指导性。本书在"一带一路"倡议的大背景下，研究中国同共建"一带一路"国家的贸易关系，并引入了研究贸易问题的较为成熟的工具——引力模型，作为实证分析的基础模型，这就避免了对问题的片面认识，从而能够更加宏观、系统、全面地对中国同共建"一带一路"国家的贸易关系进行深入研究。

第二，本书有两条逻辑线索，遵循层层递进的研究思路，从现实剖析到趋势预测、从国别层面到部门层面，对中国同共建"一带一路"国家的贸易关系呈现了全景式的展示，相比现有研究"一带一路"贸易问题的文献，这种研究思路较为新颖。由于现有的文献大多集中在政策建议上，缺乏对现状的细致分析，这种层层递进的研究思路使得我们对问题的认识"既见森林也见树木"，达到多层次、多角度的全方位理解。本书在研究国别层面的数据时，将共建"一带一路"国家按照经济发展程度不同划分为发达国家、发展中国家和转型国家三大类，并对三种类型的国家分别进行研究，这在同类研究中比较罕见，即使脱离"一带一路"倡议的大背景，扩大到研究国际贸易问题的既有成果中来看，这种划分方法也不常见。一般文献大多按经济发展程度将国家划分为发达国家和发展中国家两大类，而单独将转型国家归为一类分析的文献较少，但是基于"一带一路"倡议涉及国家的特殊性，笔者认为转型国家较发达国家和发展中国家呈现出其独有的特点，故本书对国家类型的划分有其必要之处。

第三，在实证研究方面，本书不论从样本的选取、方法的应用还是理论和实证分析上看，都较之前的文献更加丰富、充实。本书在实证回归阶段，综合运用了混合最小二乘法、固定效应和随机效应模型、豪斯曼-泰勒（Hausman-Taylor）模型等对数据进行回归，并通过 T 检验、豪斯曼（Hausman）检验、沃尔德（Wald）检验等确定最合适的计量方法。在内生性问题的处理上，通过对变量滞后一期、构建工具变量及构建双向固定效应模型等方法，很好地解决了内生性问题，通过不同计量方法结果的对比，实现对模型的稳健性检验。总之，本书的实证研究较之前文献更加严谨、丰富。

第三章　中国同共建"一带一路"
国家贸易：事实描述

第一节　中国对外贸易现状

一、中国对外贸易发展的历史回顾

改革开放前，中国由于特定的历史原因，经济上一直效仿苏联，执行高度集中的计划经济体制，对外贸易制度也坚持国家统一管理、统负盈亏。这种贸易制度在一定时期内适应了中国经济发展需要，并随着国内外形势发展不断强化。但是，对外贸易在国民经济中长期处于从属地位，使得我国贸易体量、贸易范围等受到较大限制，贸易制度缺点逐渐显现。1978 年，党的十一届三中全会拉开了中国改革开放的新篇章，经济体制从计划经济逐步向市场经济转变，对外贸易政策也发生了巨大变化。随着改革开放的不断深入，中国对外贸易取得了举世瞩目的成就。

改革开放 40 多年来，中国对外贸易发展主要经历了 5 个阶段。

（一）探索尝试阶段：1978—1991 年

改革开放初期，我国对外贸易发展处于探索尝试阶段，这一阶段的主旋律是"简政放权、出口导向、引进外资"。主要措施如下：第一，调整管理机构，加强对外贸易业务管理；实行外贸代理制和出口承包责任制，扩大外贸经营权；取消补贴，建立对外贸易企业自负盈亏制度，减少国家对外贸的直接干预。第二，实施出口导向战略，通过税收、利率优惠等措施扶植出口企业；改革外汇留成制度，扩大企业支配和利用外汇权力[1]；

---

[1] 王帅. 浅析我国对外贸易政策的变化及效果[J]. 经济论坛，2014（7）：154-158.

取消出口商品分类制度，减少国家对出口商品的管控；实行出口退税，限制外资企业内销；通过提高进口关税、配额限制、外汇管制等限制进口。第三，积极吸引外商投资，对外资实行"超国民待遇"；严格审批对外投资，防止资本外流；通过"两结合"方式，引进国外先进技术①。

通过这一阶段的改革，中国对外贸易取得了飞跃式发展。1978 年，我国出口总额仅为 97.5 亿美元，1991 年增长至 719.1 亿美元；贸易总额由 206.4 亿美元增长到 1357 亿美元；1978 年贸易逆差 11.4 亿美元，到 1992 年变为贸易顺差 43.5 亿美元；外汇储备增长近 130 倍。②尽管这一阶段对外贸易取得了巨大成就，但仍存在诸多问题：首先，由于经济长期封闭运行，难以迅速与世界接轨，出口商品缺乏；其次，开放意识不足，许多制度在推行中遇到较大阻碍；最后，市场经济体制尚未建立，投资环境对外资的吸引力较低。因此，对外贸易改革必须持续和深入。

（二）全面发展阶段：1992—2001 年

1992 年，中共十四大正式确立"我国经济体制改革的目标是建立社会主义市场经济体制"。在建立社会主义市场经济体制的过程中，我国对外贸易体制改革也在逐渐深化，对外贸易在推动国民经济发展中的作用愈发凸显。这一阶段的主要政策目标是将"走出去"和"引进来"相结合，采取的主要举措如下：进行汇率制度改革，建立以市场为基础的人民币汇率形成机制；取消外汇留成制度，放宽人民币兑换自由；降低关税总水平，取消大量进口限制措施；成立中国进出口银行，帮助企业出口；完善对外贸易法律法规，营造良好的外贸环境；加强中介机构对贸易活动的服务作用。

1992 年到加入世界贸易组织（WTO）之前，中国对外贸易在贸易总量和贸易结构上均有较大改善。2001 年，中国对外贸易总额达到 5097.6 亿美元，国际排名上升至第六位，其中出口总额 2661.5 亿美元，贸易顺差 225.4 亿美元。③在进口产品中，机械及运输设备占据主要地位，出口产品也从轻纺产品逐渐向机电产品转变。这一阶段的改革为中国对外贸易发展创造了良好的宏观环境，但对外贸易仍然在本国的规则和制度下进行，国际化程度有待提高，这种情况极大地限制了我国对外贸易的持续发展，限制了经济开放的程度。因此，中国对外贸易亟待与国际接轨。

---

① 苏科伍，马小利. 中国对外开放不断扩大的辉煌历程——基于对外贸易视角的思考[J]. 毛泽东邓小平理论研究，2018（7）：45-51.

② 数据来源于中国社会科学院金融统计数据库。

③ 数据来源于国家统计局相关统计数据。

（三）纵深发展阶段：2002—2007 年

2001 年中国加入 WTO，是中国对外贸易发展进程中的一座里程碑，中国对外贸易从自主推进的单边开放向着相互多边开放转变，在不断融入国际规则体系的过程中，享受着贸易自由化的成果[①]。加入 WTO 后，中国对外贸易的主要目标是融入世界规则体系，实现互利共赢。作为 WTO 的成员，中国积极进行组织机构改革，组建商务部，对外贸活动进行有序管理；完善涉外法律法规，修订新贸易法；继续降低关税，加大贸易政策透明度，规范出口退税制度；开放服务贸易；积极参与国际经济活动。

加入 WTO 后，中国经济融入世界经济体系的程度不断加深，中国对外贸易实现了突飞猛进的发展。中国企业积极探索国际化道路，企业活力增强，国际市场竞争力提升；中国制造业科技研发意愿增强，国际交流增多，创新能力提高；出口结构持续优化。在开放共赢的理念下，中国努力营造良好的贸易和投资环境，对外资吸引力显著增加，贸易规模持续扩大。加入 WTO 使中国经济与世界经济联系更加紧密，一方面拓宽了中国经济的发展空间，另一方面也加大了世界经济波动对中国的影响。

（四）危机应对阶段：2008—2011 年

2008 年美国爆发了次贷危机并引发了全球金融危机。金融危机对世界经济发展产生了极为不利的影响，在国际贸易领域表现得尤为明显。我国对外贸易受金融危机影响严重。由于许多国家对进口商品需求的持续减少，我国出口自 2008 年 11 月起，连续 7 个月大幅缩减，大量出口企业倒闭。为应对金融危机对贸易的冲击，我国采取了一系列措施。第一，扩大内需，缓解出口压力。增加居民收入，健全社保体系，转变消费观念。第二，稳定外需，保持出口产品国际竞争力。完善加工贸易政策，引导企业转型升级；改善融资环境，解决外贸企业融资困难；完善出口退税政策和出口信用保险政策，扶植优质出口企业。第三，鼓励企业对外投资，扩展国际市场。对"走出去"企业进行必要的资金和政策支持，创造良好的发展环境。

在国际金融危机的影响下，我国对外贸易发展受到了严重冲击，但经过一系列应对措施的实施，对外贸易总量恢复了持续增长态势。

（五）对外贸易发展新时期：2012 年至今

2012 年后，中国经济结束了长达近 20 年的高速增长，步入了"新常

---

① 杨艳红，卢现祥. 中国对外开放与对外贸易制度的变迁[J]. 中南财经政法大学学报，2018（5）：12-20，162.

态",国内产能过剩,资源供应紧缺。与此同时,国际社会上,贸易保护主义风头又起,国际市场竞争愈发激烈。在此背景下,中国对外贸易政策也发生了变化。在保持传统贸易优势的同时,积极培育新的国际竞争优势,不断调整和优化国际贸易结构,重视进口贸易;加大创新投入力度,扶植高新技术产业;扩大合作范围,促进世界经济共同发展。2013 年,习近平总书记提出了国际社会共同建设"一带一路"的倡议。"一带一路"涵盖亚、欧、非三个大洲 65 个国家,是世界上地理跨度最大的经济通道。"一带一路"是中国对外贸易的通路,是解决中国经济内忧外患的一剂良方。国家大幅度放宽市场准入,扩大服务业对外开放,保护外商投资合法权益;探索建设自由贸易港;创新对外投资方式。一系列政策措施的出台使中国对外贸易迈上新台阶。

二、中国对外贸易总量

中国对外贸易自改革开放之后一直保持着较为迅速的增长态势,这同中国经济总量和在全球经济中地位的提升有着直接的关系。过去 40 多年时间里,中国经济总量以较高速度增长,即使遭遇过几次大规模的全球性金融危机,其增速较大多数国家同期水平也有明显的优势。中国经济在体量增长的同时,经济发展水平也相应地稳步上升。据联合国贸易和发展会议(UNCTAD)的统计数据显示,2021 年中国的人均 GDP 已达到12437.21 美元,尽管同欧美发达国家仍有明显的差距,但纵向来看,人均GDP 的迅速提高反映出了中国经济发展水平整体上稳步提升。如表 3.1 所示,2012—2021 年,中国 GDP 总量由 85 321.9 亿美元跃升至 177 341.3 亿美元,10 年间增幅超过 100%;相应的,人均 GDP 也由 2012 年的 6243.55美元增长至 12 437.21 美元,增长幅度也远超世界大多数国家。

表 3.1　2012—2021 年中国 GDP、人均 GDP 情况

年份	GDP（十亿美元）	人均 GDP（美元/人）
2012	8532.19	6243.55
2013	9570.47	6954.77
2014	10 475.62	7562.59
2015	11 061.57	7936.75
2016	11 233.31	8012.98
2017	12 310.49	8729.14
2018	13 894.91	9805.38

年份	GDP（十亿美元）	人均 GDP（美元/人）
2019	14 279.97	10 043.13
2020	14 687.74	10 307.70
2021	17 734.13	12 437.21

资料来源：联合国贸易和发展会议（UNCTAD）数据库。

与经济体量迅速扩大相伴随的是中国对外贸易的飞速发展。改革开放后，中国经济同世界经济的联系日益紧密，中国的对外贸易也得益于各项鼓励政策的实施，开展得如火如荼。如表 3.2 所示，2012 年中国对外贸易总额为 38 671.2 亿美元，其中进口总额为 18 184.1 亿美元，出口总额为 20 487.1 亿美元，贸易顺差为 2303.0 亿美元；到 2021 年，中国对外贸易的整体规模已经达到 60 449.1 亿美元，较 2012 年增长 56.3%，其中进口总额为 26 867.5 亿美元，出口总额为 33 581.6 亿美元，贸易顺差 6714.1 亿美元。

表 3.2　2012—2021 年中国对外贸易情况　　　单位：十亿美元

年份	进口总额	出口总额	总贸易额	贸易顺差
2012	1818.41	2048.71	3867.12	230.30
2013	1949.99	2209.01	4159.00	259.02
2014	1959.23	2342.29	4301.52	383.06
2015	1679.57	2273.47	3953.04	593.90
2016	1587.93	2097.63	3685.56	509.70
2017	1843.79	2263.35	4107.14	419.56
2018	2135.75	2486.70	4622.45	350.95
2019	2078.39	2499.46	4577.85	421.07
2020	2065.96	2589.95	4655.91	523.99
2021	2686.75	3358.16	6044.91	671.41

资料来源：联合国贸易和发展会议（UNCTAD）数据库。

从图 3.1 中可以很明显地看出中国进出口额近 10 年来的变化趋势。总体来看，2012—2021 年，中国进出口额呈现缓慢增长态势。其中，2015—2016 年和 2019—2020 年有两个进出口额双下降的阶段。第一个阶段，随着全球经济低迷及中国经济步入"新常态"，中国对外贸易受到国内外大环境冲击，特别是进口总额降低得非常明显。第二个阶段，受新冠疫情全球蔓延的影响，中国对外贸易有短暂下行时期，但 2021 年随着国内疫情防控取得阶段性重大成果，进出口贸易额均逆势反弹。

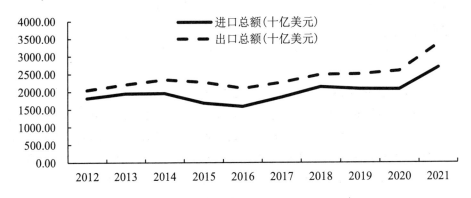

图 3.1 2012—2021 年中国进出口总额

资料来源：联合国贸易和发展会议（UNCTAD）数据库。

图 3.2 显示了中国对外贸易差额走势。中国对外贸易长期处于顺差，顺差额在 2016—2018 年有较大幅度的下降，2019 年之后呈现较快的增长趋势。

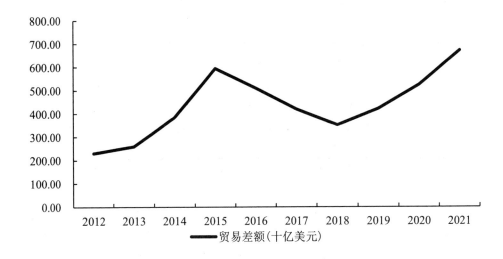

图 3.2 2012—2021 年中国对外贸易差额

资料来源：联合国贸易和发展会议（UNCTAD）数据库。

三、中国主要贸易伙伴

中国自加入 WTO 之后，贸易伙伴逐渐增多，贸易范围遍及全球各地。图 3.3 和图 3.4 分别为 2021 年中国在世界各地区出口额所占比重和中国在世界各地区进口额所占比重。从两张图中可以看出，中国进口额和出口额在世界各地所占比重较为一致，亚洲地区是中国对外贸易额比重最大的地区，占据总体的一半以上，这主要是基于地理位置的原因，使得物流、管理成本相对较低，语言、文化较为相似，沟通交流更加便利。中国出口额排名第二的地区是欧洲，由于欧洲发达国家数量众多，对中国商品有较强的进口能力。出口额排名第三的地区是北美洲，美国和加拿大经济实力雄厚，人口众多，同样有较强的进口能力。进口方面，进口额排名第二的地区是欧洲，同样也是因为该地区的商品同中国互补性强，经济体量大。北美洲、拉丁美洲、大洋洲紧随其后，非洲同中国的贸易额占比较低，这是基于该地区总体经济发展水平较低或经济体量小，贸易需求不足，以及距离中国较远等各种原因。

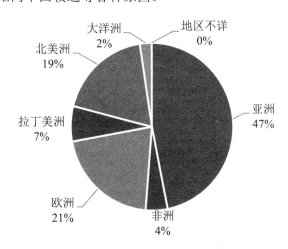

图 3.3　2021 年中国出口份额地区占比

资料来源：国家统计局统计数据。

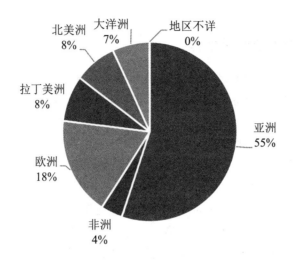

图 3.4　2021 年中国进口份额地区占比

资料来源：国家统计局统计数据。

　　从国别（地区）上看，中国对外贸易伙伴众多，但贸易额相差较大。以 2021 年中国对世界所有国家（地区）进出口额数据为例（见表 3.3 和表 3.4），中国出口额最大的国家（地区）为美国，占据中国出口总额的 17.16%；其次为中国香港，占 10.39%。中国出口产品的三成销往上述两个国家（地区）。进口额最大的国家（地区）为中国台湾，占进口总额的 9.31%，其后依次为韩国、日本、美国等。观察中国进出口额排名前十的国家（地区），存在一些异同。美国、日本、韩国、越南、德国和马来西亚六个国家在中国商品出口目的地和进口商品来源地中都排在前十。从国家类别上看，中国的主要贸易伙伴中，以发达国家（地区）居多。从地理位置上看，中国的主要贸易伙伴以亚洲国家居多。

表 3.3　2021 年中国出口额排名前十的国家（地区）

国家（地区）名称	出口额（十亿美元）	出口占比（%）
美国	577.13	17.16
中国香港	349.44	10.39
日本	165.82	4.93
韩国	148.85	4.43
越南	137.90	4.10
德国	115.18	3.43

国家（地区）名称	出口额（十亿美元）	出口占比（%）
荷兰	102.43	3.05
印度	97.51	2.90
英国	87.03	2.59
马来西亚	78.70	2.34
合计	1860.00	55.32

资料来源：联合国贸易和发展会议（UNCTAD）数据库。

注：出口额指中国对该国的出口金额。出口占比=中国对该国出口额/中国出口总额。

表3.4　2021年中国进口额排名前十国家（地区）

国家（地区）名称	进口额（十亿美元）	进口占比（%）
中国台湾	249.88	9.31
韩国	213.45	7.95
日本	205.52	7.66
美国	180.97	6.74
澳大利亚	163.73	6.10
德国	119.92	4.47
巴西	109.88	4.09
马来西亚	98.19	3.66
越南	92.32	3.44
俄罗斯	78.97	2.94
合计	1512.83	56.36

资料来源：联合国贸易和发展会议（UNCTAD）数据库。

注：进口额指中国从该国的进口金额。进口占比=中国从该国进口额/中国进口总额。

四、中国贸易产品结构

《国际贸易标准分类》（SITC）是一种用于国际贸易商品统计和对比的标准分类方法，根据2006年第四次修订版本，该方法将商品按编号0～9分为十大类，分别如下：SITC0为食品和活畜，SITC1为饮料和烟草，SITC2为非食用原料（燃料除外），SITC3为矿物燃料、润滑剂和原料，SITC4为动物和植物油、油脂和蜡，SITC5为化学成品及有关产品，SITC6为按原料分类的制成品，SITC7为机械和运输设备，SITC8为杂项制品，SITC9 为未分类的商品。其中，笼统地看，第 0~4 类为资源密集型产品，第 5 类和第 7 类为资本密集型产品，第 6 类和第 8 类为劳动密集型产品。

2021 年中国对各类商品的贸易额如表 3.5 所示。可以看出，中国进口额最大的是第 7 类产品，其次为第 2 类、第 3 类、第 5 类产品；出口额最大的也为第 7 类产品，其次为第 8 类、第 6 类和第 5 类产品。中国进口产品主要集中在资本密集型产品和初级产品中的原材料类别，出口产品主要集中在劳动密集型产品和资本密集型产品，按《国际贸易标准分类》一分位划分类别的第 5 类和第 7 类产品，产业内贸易数额巨大。

表 3.5　2021 年中国各类商品进出口额　　　　　单位：十亿美元

产品分类	进口额	出口额	贸易差额
SITC0	123.02	70.79	−52.24
SITC1	7.63	2.75	−4.88
SITC2	424.96	21.35	−403.61
SITC3	402.52	41.68	−360.84
SITC4	16.83	2.40	−14.43
SITC5	261.82	264.17	2.35
SITC6	212.04	543.37	331.33
SITC7	1007.81	1621.65	613.84
SITC8	167.32	753.71	586.39
SITC9	60.41	40.43	−19.98

资料来源：联合国贸易和发展会议（UNCTAD）数据库。

下面考察《国际贸易标准分类》三分位产品进出口情况。由表 3.6 可知，2021 年中国进口排名前十的产品类型在第 2、3、6、7 类上各有分布，其中以第 7 类产品最多，占据 4 个席位；出口排名前十的产品类型集中在第 7 类和第 8 类，也是以第 7 类居多。此外，中国在 776 和 759 两类产品上存在较大规模的产业内贸易。由此可见，按 SITC 三位数分类标准细分的产业中，中国进口需求表现出较为明显的差异性，既有较大规模的多类机器和运输设备进口需求，又对部分原材料类、制成品表现出了强烈的进口需求；而世界市场对中国出口产品的需求较为集中，主要就是各类电子产品及生活类制成品。

表 3.6　2021 年中国进出口额排名前十产品（SITC 三分位编码）

进口	出口
776 热离子管、冷阴极管或光阴极管及其他管（如真空管或充气管、汞弧整流管、阴极射线管、电视摄像管）；二极管、晶体管及类似半导体器件；光敏半导体器件；发光二极管；安装好的压电晶片；电子集成电路和微型组件；上述产品的零件	764 未另列明的电信设备；第 76 类所列装置的附件和未另列明的零件
333 原油（石油原油和自含沥青矿物中提出的原油）	776 热离子管、冷阴极管或光阴极管及其他管（如真空管或充气管、汞弧整流管、阴极射线管、电视摄像管）；二极管、晶体管及类似半导体器件；光敏半导体器件；发光二极管；安装好的压电晶片；电子集成电路和微型组件；上述产品的零件
281 铁矿及其精矿	752 自动数据处理机及其设备；磁性或光学读出机，将数据以编码形式转录到数据存储介质上的机器及处理这类数据的未另列明的机器
759 专门用于或主要用于第 751 和 752 组所列机器的零件及附件（盖套、提箱及类似物品除外）	759 专门用于或主要用于第 751 组和第 752 组所列机器的零件及附件（盖套、提箱及类似物品除外）
728 其他特种工业专用机械和设备及其未另列明的零件	778 未另列明的电动机械和设备
222 用以提炼"软性"植物油的油籽及含油果实（不包括细粉及粗粉）	894 婴儿车、玩具、游戏及体育运动用品
283 铜矿及其精矿；铜锍；沉积铜	821 家具及其零件；床上用品、床垫、床垫支架、软垫及类似填制的家具
343 天然气，不论是否液化	893 未另列明的塑料制品

进口	出口
781 小汽车和其他主要为客运而设计的汽车（包括司机在内运载十人或十人以上的汽车除外），包括旅行轿车和赛车	772 电路开关或保护用电器或连接电路用电器（如开关、继电器、熔断器、避雷器、电压限制器、电涌抑制器、插头和插座、灯座及接线盒）的装置；电阻器（包括变阻器和电位器），加热电阻器除外；印刷电路；装有两个或两个以上用于开关、保护或连接电路、控电或配电的装置（不包括第764.1 分组所列开关装置）的板、盘（包括数字控制盘）、台、桌、柜和其他基座
682 铜	775 未另列明的家用电动及非电动设备

注：根据 2021 年各产品出口额由高至低排列，根据联合国贸易和发展会议（UNCTAD）数据库相关信息整理。

以上对中国贸易产品结构的统计数据显示出了中国目前在产品结构上的贸易现状：对资源密集型产品和资本密集型产品的进口需求较为旺盛，劳动密集型产品仍然是出口商品的重要组成部分，资本密集型产品的产业内贸易规模庞大。上述贸易现状，同中国当前的产业结构和经济发展方向有着直接的联系。由于受到资源储量等环境因素的限制，以各类工业原材料、矿产品为主的资源密集型产品将长期存在大规模贸易逆差；中国当前的制造业仍然是以劳动密集型的低端制造业为主，创新能力有待加强；在部分机电产品的制造上，中国有着较强的出口优势，但整个产业链的核心部分仍然处于国外厂商的垄断中。

五、中国对外贸易依存度

对外贸易依存度，即传统的对外贸易系数，是指一定时期内（通常为 1 年）一国的双边贸易额（即进口总额和出口总额之和）占当期该国国内生产总值的比重。其计算公式如下：

$$T = (EX + IM) / GDP \qquad (3.1)$$

其中，T 表示对外贸易依存度，EX 为进口总额，IM 为出口总额，GDP 是国内生产总值。

从计算公式（3.1）中可以看出，对外贸易依存度将一国经济发展同整个世界经济运行联系在一起，在一定程度上反映了对外贸易在该国国民经济运行中的地位，是衡量一国对外开放程度的重要指标。

对外贸易依存度的高低受很多因素的影响，如一国的经济规模、经济发展水平、产业结构、实施的对外贸易政策、经济发展战略及资源禀赋、历史文化原因等。一国对外贸易依存度的高低，正是上述各种因素相互叠加作用的结果，从一个侧面反映出该国对外贸易的综合现状。根据凯恩斯的有效需求理论，开放条件下国与国之间的市场形成依赖，通过乘数效应将一国经济周期波动传递至另一个国家。一国对外贸易依存度越高，本国经济受到世界经济波动的影响就越大。从积极影响上看，对外贸易依存度越高的国家，越能够从国际贸易中获得更大的利益，从而通过发挥自身生产要素的优势，使对外贸易成为本国经济增长的强劲动力；从消极影响上看，对外贸易依存度越高，本国经济抵御外部冲击的能力越弱，从而全球经济波动会通过乘数效应成倍地对本国经济产生影响。

库兹涅茨的研究表明，通常来说，大国的对外贸易依存度较低，小国的对外贸易依存度较高[①]。这是因为，一国的经济规模越大，往往产业结构越完整，国内贸易能够在更大范围内满足生产生活的需求；而且国家越大，国内市场的消费能力也越强，通过国内贸易就能够有效地拉动经济增长，实现优势产品的规模化生产。而经济规模较小的国家，产业结构比较单一，大量产品不能依靠国内生产自给自足，只有充分发挥本国出口优势，并通过大量进口本国不能生产的必需品，才能维持本国经济持续发展。

一般认为，一国在经济发展的不同阶段，其对外贸易依存度呈现出先上升后下降的趋势。这是因为，一国在经济发展水平处于较低阶段时，其国内产品在国际市场上的竞争力比较低，加之经济发展初期，各项对外贸易政策有待完善，对外经贸关系有待发展，因此，一国经济发展处于初期阶段时，对外贸易依存度较低。随着一国经济发展水平的提高，一方面，其工业化进程加快，出口产品的国际竞争力不断增强，出口额占国内生产总值的比重不断增加；另一方面，经济发展水平的提高也拉动了国内消费需求的增长，加强了对产品多样化的诉求，这就导致该国进口规模不断扩大，进口额占国内生产总值的比重也在不断增加。综合上述两方面原因，一国经济发展水平的提高使得该国对外贸易总额占国内生产总值的比重增加，即对外贸易依存度上升。但是，一国的经济发展水平继续提高后，该国产业结构也发生了变化，一般经济发展水平较高的国家，其第三

---

① ［美］西蒙·库兹涅茨. 现代经济增长［M］. 北京：北京经济学院出版社，1989.

产业发展速度较第二产业更快，第三产业占国内生产总值的比重持续增大并超过了第一、二产业，此时，对外贸易依存度呈下降趋势。而且，一国经济发展水平较高时，其国内产业结构也比较完善，该国国内贸易的规模会扩大，从而降低了对外贸易的比重。因此，随着经济发展水平的不断上升，一国的对外贸易依存度往往呈现先上升后下降的趋势。

此外，一国的经济贸易发展战略也会影响其对外贸易依存度。例如，一个出口导向型国家，其经济政策必然会倾向于支持商品的大规模出口，从而对外贸易依存度会升高。而当一国经济政策倾向于扩大内需时，其产品在国内市场的贸易规模会不断扩大，从而对外贸易依存度不断降低。

从图 3.5 中可以看出，中国的对外贸易依存度在 2012—2021 年总体呈现下降的趋势，仅个别年份有轻微上升。对外贸易依存度受到经济规模、经济发展战略、汇率、产业结构等多种因素的影响，对外贸易依存度的下降说明中国的经济增长对对外贸易的依赖程度逐渐降低，这主要取决于经济体内部的一些因素，如经济规模的扩大和经济发展水平的不断提高等，这也是我国经济进入"新常态"之后，经济增长动力由过去的"三驾马车"逐步转变为在"创新驱动"下进行"供给侧结构性改革"的一个重要表现形式。

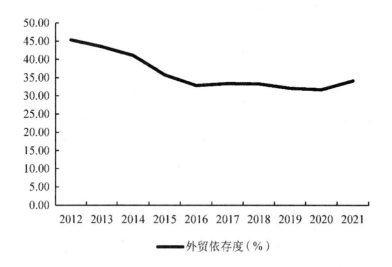

图 3.5　2012—2021 年中国对外贸易依存度

六、中国对外经贸合作

改革开放后，中国同世界各国的经贸往来日益频繁。随着中国在国际贸易中的地位逐渐提高，其影响也越来越大，中国加入和牵头组建各类经贸合作组织的诉求也日益强烈。截至目前，中国已加入了全球性的贸易合作组织——世界贸易组织（WTO）、区域性的经贸合作组织——亚太经合组织（APEC）与上海合作组织（SCO），并同许多国家和地区签订了紧密程度不同的多项自由贸易区协定，如《区域全面经济伙伴关系协定》（RCEP）等。

截至 2023 年 6 月，已经签订协定的自贸区有中国-厄瓜多尔自贸区、中国-尼加拉瓜自贸区、中国-柬埔寨自贸区、中国-毛里求斯自贸区、中国-马尔代夫自贸区、中国-格鲁吉亚自贸区、中国-澳大利亚自贸区、中国-韩国自贸区、中国-瑞士自贸区、中国-冰岛自贸区、中国-哥斯达黎加自贸区、中国-秘鲁自贸区、中国-新加坡自贸区、中国-新西兰自贸区、中国-智利自贸区、中国-巴基斯坦自贸区、中国-东盟自贸区，以及《内地与港澳关于建立更紧密经贸关系的安排》（CEPA）和《区域全面经济伙伴关系协定》（RCEP）两个经贸合作协定。同时，中国还正在同韩国、日本、斯里兰卡、以色列、挪威、摩尔多瓦、巴拿马、巴勒斯坦等国家及海合会等组织进行自贸区谈判，与韩国自贸协定在第二阶段谈判中，与秘鲁自贸协定升级谈判也在进行中。中国同哥伦比亚、斐济、尼泊尔、巴布亚新几内亚、加拿大、孟加拉国、蒙古国等国家的自贸区构建及与瑞士自贸协定升级正在研究之中。①由此可见，中国的自贸区合作伙伴分布在亚洲、欧洲、南美洲和大洋洲，其中亚洲国家数量最多。

第二节 中国同共建"一带一路"国家贸易现状

本书所研究的共建"一带一路"国家范围，主要涉及亚洲、欧洲、非洲大陆的 64 个国家（此处不包含中国）和地区，按地理范围划分可以分为东北亚 2 国、东南亚 11 国、南亚 8 国、西亚和北非 16 国、中东欧 16 国、独联体其他 6 国及中亚 5 国。上述国家在地理上覆盖了亚欧大陆的大部分地区及非洲东北部少部分地区，形成一个地域广阔、成员众多、发展

---

① 关于自贸区的介绍根据"中国自由贸易区服务网"的"协定专题"中部分内容整理所得。

水平参差不齐的区域。

根据联合国贸易和发展会议数据库相关数据计算可知，2021 年中国及共建"一带一路"国家 GDP 总规模约为 34.05 万亿美元，占世界经济总量的 35.43%；人口数量约为 48.9 亿，约占世界总人口的 62%。共建"一带一路"国家经济和贸易增长潜力巨大。在进出口贸易方面，2021 年中国及共建"一带一路"国家进口总额为 8.04 万亿美元，出口总额为 8.87 万亿美元，分别占世界总额的 35.6% 和 39.7%；2012 年中国及共建"一带一路"国家进口总额为 6.08 万亿美元，出口总额为 6.15 万亿美元，分别占世界总额的 32.6% 和 36.45%。由上述数据分析可知，"一带一路"沿线有广阔的对外贸易发展空间。

一、共建"一带一路"国家贸易现状

（一）分地区贸易现状

下面分地区介绍共建"一带一路"国家的经济和贸易情况①。

1. 东北亚

东北亚两国主要是指蒙古国和俄罗斯。从严格意义上讲，俄罗斯属于东北亚地区的范围只有远东联邦管区，但由于本书按照地理位置划分共建"一带一路"国家的初衷是为了便于统计和介绍，对结论没有实质性的影响，因此将俄罗斯划归东北亚国家，不进行国内地区的详细区分。

俄罗斯和蒙古国都是中国的邻邦，与中国北部有很长的边境接壤。其中，俄罗斯是世界面积最大的国家，2021 年俄罗斯人口总数为 1.45 亿，GDP 总量为 1.78 万亿美元，人均 GDP 约为 1.23 万美元。蒙古国人口总数为 335 万，GDP 总量为 151 亿美元，人均 GDP 约为 0.45 万美元。可以看出，东北亚两国中，俄罗斯的经济体量远远大于蒙古国，以人均 GDP 衡量的经济发展水平也远高于蒙古国。国际贸易方面，蒙古国的进出口额相对较小，2014 年后贸易长期保持顺差；俄罗斯贸易体量较大，长期保持大额贸易顺差。但是，从经济增长率上看，蒙古国在 2012—2021 年，GDP 总量由 123 亿美元增长到 151 亿美元，增幅达到 23%，而在此期间俄罗斯的 GDP 总量甚至下降近 20%。值得注意的是，蒙古国和俄罗斯的 GDP 总量在 2014 年以后均有较大幅度下降，特别是俄罗斯的缩减幅度巨大。

---

① 本小节数据均根据联合国贸易和发展会议（UNCTAD）数据库 2021 年相关数据整理得到。

下面分析蒙古国和俄罗斯的主要进出口产品类型。在进口方面，蒙古国主要进口第 3 类、第 6 类和第 7 类产品，俄罗斯主要进口第 7 类产品，说明两国对机械和运输设备类产品进口需求较多，蒙古国还对矿物燃料、润滑剂和原料类有较大需求；俄罗斯对食品、活畜类和化学成品类有较大需求，总体来说俄罗斯对资本密集型产品进口需求较大。从出口上看，蒙古国主要出口第 2 类、第 3 类和第 9 类产品，俄罗斯集中在第 3 类产品，第 6 类产品也有较大出口量。总的来说，两国进口产品差别较大，但以资本密集型产品为主；两国出口产品中均是资源密集型产品所占比重最大。

从参与国际经贸合作的深度和广度看，俄罗斯属于金砖国家，参与国际经济活动较为频繁，蒙古国作为经济发展水平较为落后的国家，参与国际经贸合作较少。蒙古国和俄罗斯均为 WTO 成员，其中俄罗斯是 2012 年加入的 WTO。另外，俄罗斯还是 APEC 成员之一。

2. 东南亚

东南亚 11 国包括文莱、柬埔寨、印度尼西亚、老挝、马来西亚、缅甸、菲律宾、新加坡、泰国、东帝汶和越南。其中，老挝和缅甸与中国陆地接壤。2021 年各国人口数量和 GDP 总量如下：文莱人口 45 万人，GDP 总量 140 亿美元；柬埔寨人口 1659 万人，GDP 总量 267 亿美元；印度尼西亚人口 2.74 亿人，GDP 总量为 1.2 万亿美元；老挝人口 743 万人，GDP 总量 191 亿美元；马来西亚人口 3357 万人，GDP 总量 3727 亿美元；缅甸人口 5380 万人，GDP 总量 586 亿美元；菲律宾人口 1.13 亿人，GDP 总量 3941 亿美元；新加坡人口 594 万人，GDP 总量 3970 亿美元；泰国人口 7160 万人，GDP 总量 5050 亿美元；东帝汶人口 132 万人，GDP 总量 20 亿美元；越南人口 9747 万人，GDP 总量 3661 亿美元。在东南亚 11 国中，经济体量较大的为印度尼西亚、马来西亚、菲律宾、新加坡、泰国和越南，以人均 GDP 衡量的经济发展水平较高的国家为文莱和新加坡，其他国家经济发展水平均较低。从国际贸易量看，印度尼西亚、马来西亚、新加坡、泰国和越南处于该地区前列。

观察各国进出口产品的类型。从进口产品的类型上看，主要集中在第 7 类和第 3 类上，说明东南亚国家的进口需求主要是机械和运输设备，以及矿物燃料、润滑油和原料。东南亚国家对部分资本密集型产品和资源密集型产品的需求较多，进口产品类型较为集中。从出口上看，东南亚部分国家出口产品类型也有较高的一致性，在国际市场竞争较为激烈。东南亚国家按出口产品类型可以分为三组：第一组是文莱、柬埔寨和越南，这 3 个国家的出口产品主要是第 6 类和第 8 类的劳动密集型产品；第二组是马来西亚、菲律宾、新加坡和泰国，这 4 个国家的出口产品中，第 7 类产品的出口比重较大，说明这些国家在部分资本密集型产品的生产上有较强的实力；第三组是剩余的其他国家，这些国家的出口产品还是以资源密集型产品为主。

东南亚 11 国中有 10 个国家是 WTO 成员，只有东帝汶尚未加入。这些国家中，马来西亚、菲律宾、新加坡、泰国、越南是 APEC 成员。需要特别注意的是，东南亚 11 国相互之间的经贸关系非常紧密，除东帝汶之外的 10 个国家还组成了区域经济一体化组织——东南亚国家联盟（简称"东盟"），而东帝汶是东盟的观察员国。东盟是一个一体化程度较高的组织，该组织的目标是以经济合作为基础，实现政治、安全的全面协作机制。同时，东盟 10 国也是 RCEP 的成员。

3. 南亚

南亚 8 国包括阿富汗、孟加拉国、不丹、印度、马尔代夫、尼泊尔、巴基斯坦和斯里兰卡。其中，阿富汗、不丹、印度、尼泊尔和巴基斯坦与中国陆地接壤。2021 年各国人口数量如下：阿富汗 4010 万人，孟加拉国 1.7 亿人，不丹 78 万人，印度 14 亿人，马尔代夫 52 万人，尼泊尔 3003 万人，巴基斯坦 2.3 亿人，斯里兰卡 2177 万人。南亚国家人口过亿的只有印度、孟加拉国和巴基斯坦，其中印度的人口近年来增长迅速，远高于南亚其他国家人口总和。从经济体量上看，印度的 GDP 总量也远高于南亚其他国家，其次是孟加拉国和巴基斯坦，其余国家 GDP 总量均较低。从人均 GDP 上看，经济发展水平最高的是马尔代夫，其余国家人均 GDP 均处于较低水平。进出口额上也是印度遥遥领先，巴基斯坦和孟加拉国的体量相较其他南亚国家（除印度外）更大。

从进出口产品类型上看，南亚国家进口以第 3 类、第 7 类为主，各国进口产品结构差异较大，如不丹主要进口第 7 类产品，而斯里兰卡主要进口第 6 类产品。南亚国家出口产品主要集中在资源密集型产品和劳动密集型产品上，各国差异较大，其中孟加拉国和斯里兰卡主要出口第 8 类产品，印度、尼泊尔、不丹和巴基斯坦出口产品中第 6 类产品所占比重较大，阿富汗和马尔代夫出口第 0 类产品最多。

从国际经贸合作上看，南亚 8 国中，只有不丹不是 WTO 成员，其余 7 国均已加入 WTO。中国同巴基斯坦和马尔代夫建立了自由贸易区。

4. 西亚和北非

西亚和北非 16 国主要指巴林、埃及、伊朗、伊拉克、以色列、约旦、科威特、黎巴嫩、阿曼、卡塔尔、沙特阿拉伯、叙利亚、土耳其、阿联酋、也门和巴勒斯坦。2021 年，该地区国家从人口规模上看，最大的为埃及，有 1.09 亿人。人口超过千万的国家还有 7 个：也门 3298 万人，土耳其 8478 万人，叙利亚 2132 万人，沙特阿拉伯 3595 万人，伊拉克 4353 万人，伊朗 8792 万人，约旦 1115 万人。人口最少的国家是巴林，只有 146 万人。科威特、阿曼和卡塔尔 3 个国家的人口数量均未超过 500 万人。从经济体量上看，处于前列的是沙特阿拉伯和土耳其，2021 年 GDP 总量分别为 8335 亿美元和 8190 亿美元；GDP 总量超过 3000 亿美元的国家，除沙特阿拉伯和土耳其外，还有埃及、伊朗、阿联酋和以色列；也门 2021 年的 GDP 总量不到百亿美元。从人均 GDP 看，16 个国家的经济发展水平差距较大。人均 GDP 最高的国家是卡塔尔，已达到 6.7 万美元；而最低的国家是也门，仅有 300 美元。在 16 个国家中，经济发展水平较高的还有巴林、以色列、科威特、阿曼、沙特阿拉伯和阿联酋。从各国的进出口额上看，对外贸易规模较大的 3 个国家是沙特阿拉伯、土耳其和阿联酋，进出口额均超过 4000 亿美元。也门和叙利亚的进出口规模较小，均不足百亿美元。

从各国进出口产品类型上看，西亚及北非各国贸易产品结构比较相似。进口产品表现较为集中，主要是第 7 类机械及运输设备。出口产品类型也相对集中，主要为第 3 类和第 5 类。此外，第 6 类和第 8 类产品在部分国家的出口规模较大。西亚和北非国家对石油和天然气类初级产品的贸易规模较大，且该类产品的产业内贸易额巨大。

西亚和北非国家在参与国际经贸合作中表现出了特殊的性质。该地区为世界主要的石油产区，部分国家的支柱产业是石油开采和加工业，石油出口占对外贸易的比重非常大。因此，该地区有 5 个国家加入了石油输出国组织（OPEC），分别为沙特阿拉伯、伊拉克、伊朗、科威特和阿联酋，卡塔尔于 2019 年退出该组织。石油输出国组织成立的目的在于统一协调成员国的石油政策，协商确定原油产量和价格，从而共同维护产油国的利益，保护本国的石油资源。这种经济合作方式带有区域性特点，是由各国的资源禀赋和产业结构所决定的。此外，西亚和北非各国中，有 11

个国家是 WTO 成员，未加入 WTO 的国家是伊朗、伊拉克、黎巴嫩、巴勒斯坦和叙利亚。

5. 中东欧

中东欧 16 国包括阿尔巴尼亚、波黑、保加利亚、克罗地亚、捷克、爱沙尼亚、匈牙利、拉脱维亚、立陶宛、黑山、波兰、罗马尼亚、塞尔维亚、斯洛伐克、斯洛文尼亚和马其顿。大部分中东欧国家的人口规模较小，其中人口超过 1000 万人的只有 3 个国家：捷克 1051 万人、波兰 3831 万人和罗马尼亚 1933 万人。人口数量最少的是黑山，仅有 63 万人。从经济体量上看，GDP 总量超过 1000 亿美元的国家为波兰、捷克、罗马尼亚、匈牙利和斯洛伐克，GDP 总量最少的国家为黑山，不足 60 亿美元。从人均 GDP 来看，中东欧国家之间的经济发展程度分化并不严重，人均 GDP 最高的国家为斯洛文尼亚，达到近 3 万美元；而人均 GDP 最低的国家为阿尔巴尼亚，也有近 6400 美元。在 16 个国家中，有 11 个国家人均 GDP 超过 10 000 美元，相互之间差距不明显。从贸易规模上看，2021 年进出口额均超过 1000 亿美元的国家为捷克、波兰、匈牙利和斯洛伐克，罗马尼亚的贸易规模也处于该地区前列。贸易规模最小的国家为黑山，2021 年进口额 29.6 亿美元，出口额 5.2 亿美元。阿尔巴尼亚进出口额也均不足 100 亿美元。

从各国进出口产品类型上看，各国进口相对比较集中的是第 3 类产品，对石油和天然气的进口需求旺盛。其次，对第 7 类产品的进口也相对较集中。从出口产品上看，各国出口产品类型存在一些差异，阿尔巴尼亚、波黑等国出口产品主要为劳动密集型产品，即主要集中在第 6 类和第 8 类产品；而捷克、匈牙利、波兰、罗马尼亚、斯洛伐克、斯洛文尼亚等国的出口产品主要为第 7 类产品。

基于地缘政治和历史发展原因，中东欧国家对外经贸合作的开展也有其自身的特点。由于大部分中东欧国家为人口和经济总量较小的国家，在历史上长期受到苏联的影响。而随着冷战结束，这些国家又纷纷加入"欧盟"和"北约"，外交政策上更亲近欧美。在中东欧地区，俄罗斯、美国和欧盟三方的影响力相互制衡，形成了现在的政治经济格局。在中东欧 16 国中，有 14 个国家已加入了 WTO，只有波黑和塞尔维亚不是 WTO 成员。

6. 独联体其他国家

"独联体"是"独立国家联合体"的简称，由苏联的大部分国家组成，于 1991 年正式成立。独联体成员国最多时包括 12 个国家，除"波罗的海三国（爱沙尼亚、拉脱维亚、立陶宛）"以外的其他 12 个苏联加盟共和国均先后成为其正式成员国。但是，基于各种政治原因，土库曼斯坦于 2005 年宣布退出独联体，格鲁吉亚于 2008 年宣布退出独联体，且乌克兰最高拉达（议会）也于 2022 年 6 月通过了退出系列独联体框架内协议的法案。独联体作为苏联解体的遗留产物，具有一定的过渡作用，其政治经济的影响力由于"北约"东扩、成员国之间利益冲突等因素，逐渐式微。本书此处所指的独联体其他 6 国，是针对其成员国数量最多时而言的，包括乌克兰、白俄罗斯、格鲁吉亚、阿塞拜疆、亚美尼亚和摩尔多瓦 6 个国家，俄罗斯被划分为东北亚国家，哈萨克斯坦、吉尔吉斯斯坦、塔吉克斯坦、乌兹别克斯坦和土库曼斯坦被归为中亚 5 国，后文另行介绍。

独联体其他 6 国中，人口最多的是乌克兰，有 4353 万人，其次为阿塞拜疆和白俄罗斯，人口总数分别为 1031 万人和 958 万人。人口最少的为亚美尼亚，2021 年统计人口不到 300 万人，格鲁吉亚和摩尔多瓦人口也均不足 400 万人。6 个国家的经济体量都比较小，GDP 总量最大的是乌克兰，2021 年也仅有 2000 亿美元，而 GDP 总量最小的摩尔多瓦只有 136.8 亿美元。从人均 GDP 上看，上述 6 国的经济发展水平均较低，只有白俄罗斯和阿塞拜疆超过 5000 美元。相应的，6 国的进出口额也都在较低水平徘徊。对外贸易总量最大的两个国家是乌克兰和白俄罗斯，其他 4 个国家的进口额和出口额均较低，亚美尼亚 2021 年出口额仅有 30 亿美元。

从进出口产品类型上看，6 国进口较为集中的是第 3 类产品和第 7 类产品。从出口上看，各国的出口产品没有表现出较大的集中性，各国在不同类别产品上具备出口优势。该地区国家出口产品类别主要分布在资源密集型产品上，以第 0 类、第 3 类居多。

从对外经贸合作上看，上述 6 个国家中，有 4 个是 WTO 成员，阿塞拜疆和白俄罗斯不是 WTO 成员。

7. 中亚

从地理位置上划分，中亚 5 国包括哈萨克斯坦、吉尔吉斯斯坦、塔吉克斯坦、土库曼斯坦和乌兹别克斯坦。中亚 5 国中，哈萨克斯坦、吉尔吉斯斯坦和塔吉克斯坦与中国西北部边境接壤。从人口上看，中亚 5 国中人口最多的是乌兹别克斯坦，2021 年统计人口数为 3408 万人；其次为哈萨克斯坦，人口数为 1920 万人。其余 3 国人口均不足千万。从经济体量上看，哈萨克斯坦的 GDP 总量居 5 国之首，其次为乌兹别克斯坦，而吉尔吉斯斯坦和塔吉克斯坦的 GDP 总量均不足 100 亿美元。2021 年人均 GDP 最高的国家为哈萨克斯坦，是 5 国中唯一超过 10 000 美元的国家；最低的国家是塔吉克斯坦，2021 年人均 GDP 不足 1000 美元。在进出口规模上，哈萨克斯坦的进出口规模相对较大，吉尔吉斯斯坦和塔吉克斯坦相对较小。

从中亚 5 国的进出口产品类型上看，进口主要集中在第 6 类、第 7 类和第 8 类产品，其中吉尔吉斯斯坦和塔吉克斯坦进口产品类型相似度较高。中亚 5 国的出口相较于其他地区有着非常明显的特点，即各国出口产品在细分类型上虽然存在差异，但资源密集型产品在各国出口占比中均处于较高水平。此外，该地区各国产业内贸易比重较小，产业间贸易比重较大。

中亚 5 国中，哈萨克斯坦、吉尔吉斯斯坦和塔吉克斯坦是 WTO 成员。

（二）分国家类型贸易现状

下面将分国家类型具体介绍共建"一带一路"国家的贸易情况。通常对共建"一带一路"国家类型进行划分时，根据经济发展水平不同，将其划分为发达经济体和发展中经济体两大类。但是，由于共建"一带一路"国家的特殊性，本书将借鉴周五七（2015）[①]的划分方法，将共建"一带一路"国家划分为发达经济体、发展中经济体和转型经济体三大类。之所以这样划分，原因有二：其一，转型经济体主要集中在"一带一路"沿线，且占共建"一带一路"国家数量比例较大。联合国贸易和发展会议在《世界投资报告》中，将 17 个国家划分为转型经济体（Transition Economics），而这 17 个国家均为共建"一带一路"国家，即世界上转型经济体均分布于"一带一路"沿线。从另一方面讲，转型经济体所包含的国家数量占共建"一带一路"国家总数的27%，这是一个不可忽略的经济体类型。其二，转型经济体在其经济发展过程中呈现出有别于其他经济体的显著特征，对其进行研究十分必要。转型经济体，主要指近几十年内经济社会发生转型的经济体，这些国家在经济体制上经历了从计划经济向市场经济的转变，其对外贸易的发展也相应地经历了较大转变。将转型经济体单独作为一种国家类型来研究，能够更加清晰地看到这类经济体在国际贸易中所呈现的不同特质。

鉴于此，本书将共建"一带一路"64 个国家，按照国家类型分为发达经济体、发展中经济体和转型经济体三大类，具体分类情况见表 3.7。

---

① 周五七. "一带一路"沿线直接投资分布与挑战应对[J]. 改革，2015（8）：39-47.

表 3.7　共建"一带一路"国家分类

经济体类型	国家数量	国家名称
发达经济体	12	保加利亚、克罗地亚、捷克、爱沙尼亚、匈牙利、以色列、拉脱维亚、立陶宛、波兰、罗马尼亚、斯洛伐克、斯洛文尼亚
发展中经济体	35	阿富汗、巴林、孟加拉国、文莱、柬埔寨、埃及、印度、印度尼西亚、伊朗、伊拉克、约旦、科威特、老挝、黎巴嫩、马来西亚、马尔代夫、蒙古国、缅甸、尼泊尔、阿曼、巴基斯坦、菲律宾、卡塔尔、沙特阿拉伯、新加坡、斯里兰卡、叙利亚、泰国、东帝汶、土耳其、阿联酋、越南、也门、巴勒斯坦、不丹
转型经济体	17	阿尔巴尼亚、亚美尼亚、阿塞拜疆、白俄罗斯、波黑、格鲁吉亚、哈萨克斯坦、吉尔吉斯斯坦、黑山、摩尔多瓦、俄罗斯、塞尔维亚、塔吉克斯坦、马其顿、土库曼斯坦、乌克兰、乌兹别克斯坦

注：划分标准来源于联合国贸易与发展会议《世界投资报告》。

从人口数量上看，2021 年"一带一路"沿线发达经济体人口总数为 1.1 亿人，发展中经济体人口总数为 30 亿人，转型经济体人口总数为 3 亿人。图 3.6 显示了各类型经济体人口占共建"一带一路"国家总人口的百分比。如图 3.6 所示，共建"一带一路"国家中，发展中经济体的人口占比最高，为 87.8%；其次为转型经济体，人口占比为 9%；而人口占比最少的为发达经济体，仅为 3.2%。

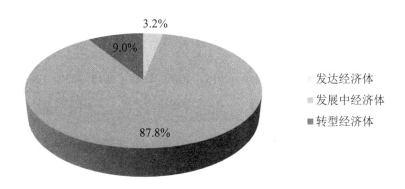

图 3.6　三种类型人口占比

资料来源：联合国贸易和发展会议（UNCTAD）数据库。

下面来看"一带一路"沿线各类型经济体的 GDP 构成。图 3.7 显示了 2012—2021 年"一带一路"沿线各类型经济体的 GDP 总量变化趋势。如图所示，三种类型经济体的 GDP 总量变化趋势存在差异，发达经济体和发展中经济体 GDP 在 10 年间基本呈现上升趋势，但转型经济体在 2012—2016 年 GDP 下降幅度较为明显，2016 年以后缓慢增长。图 3.8 显示了 2012—2021 年三种类型经济体 GDP 总量占共建"一带一路"国家 GDP 总量的百分比变化趋势。从图上可以看出，对于占共建"一带一路"国家人口总数 88%的发展中经济体，其 GDP 占比在多数年份不足 70%；而占共建"一带一路"国家人口总数 3.21%的发达经济体，其 GDP 占比为 12%～15%；同样，占共建"一带一路"国家人口总数不到 10%的转型经济体，其 GDP 占比在 2012 年为 22.5%，但 2021 年下降到 16%。三种类型经济体的 GDP 总量占比在 10 年间发生了一些变化。发展中经济体的 GDP 占比长期保持着绝对优势，且该比例从 2012 年的 65%上升到了 2021 年的 69%；发达经济体 GDP 占比也从 12%上升至 14.6%。相比之下，转型经济体的 GDP 占比下降明显。

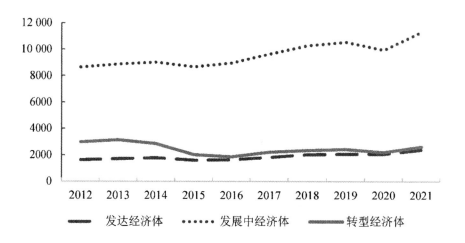

图 3.7　2012—2021 年三种类型经济体 GDP 总量（单位：十亿美元）

资料来源：联合国贸易和发展会议（UNCTAD）数据库。

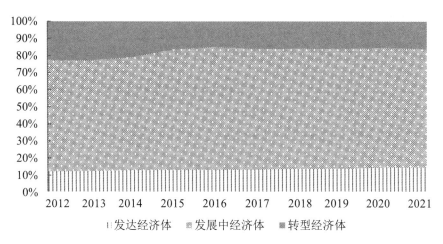

图 3.8　2012—2021 年三种类型经济体 GDP 总量占比

资料来源：联合国贸易和发展会议（UNCTAD）数据库。

接下来分析"一带一路"沿线不同类型经济体的对外贸易情况。表 3.8 显示了 2012—2021 年三种类型经济体的对外贸易总额及各自占共建"一带一路"国家对外贸易总额的比重。从表中可以看出，同 GDP 的变化趋势相似，三种类型经济体的对外贸易总额均在 2015 年和 2016 年有较大幅度的下滑，其后又迅速回升，但在 2020 年，贸易总额再次出现大幅下滑。从贸易占比上看，发展中经济体的贸易总额占共建"一带一路"国家贸易总额的比例在 10 年间变化并不明显，长期保持在 66%上下，这同其 GDP 占比较接近；发达经济体的贸易占比较其 GDP 占比明显偏高，从 2012 年的 17.74%上升到 2021 年的 22.10%；而转型经济体的贸易占比较其 GDP 占比偏低，且 10 年间占比从 16.03%下降到 12.60%。

通过上述对三种类型经济体的 GDP 占比和贸易占比的分析可以得出如下结论：三种类型经济体的对外贸易依存度从高到低排序依次为发达经济体、发展中经济体和转型经济体。经计算，发达经济体的对外贸易依存度平均超过 95%，2021 年超过 100%；发展中经济体为 54%～69%，波动浮动较大；而转型经济体的对外贸易依存度在大部分年份不足50%。发达经济体由于人均 GDP 较高，即经济发展水平较高，其对外贸易依存度也相对较高。但是，转型经济体和发展中经济体的成员构成较为复杂，既有经济体量相对较大的国家，也有经济体量相对较小的国家；既有经济发展水平处于中游的国家，也有经济发展水平较低的国家。因此，将该类型内所有国家的贸易额和 GDP 数量加总计算，丧失了每个国家的特有信息。此外，转型经济体由于受历史和政治因素影响，经济开放程度仍在进一步加强，这也是造成转型经济体对外贸易依存度较小的原因之一。

表 3.8　2012—2021 年三种类型经济体贸易总额及占比

| 年份 | 发达经济体 | | 发展中经济体 | | 转型经济体 | |
	贸易总额 （十亿美元）	贸易占比 （%）	贸易总额 （十亿美元）	贸易占比 （%）	贸易总额 （十亿美元）	贸易占比 （%）
2012	1590.11	17.74	5937.69	66.23	1437.20	16.03
2013	1675.84	18.43	5996.40	65.93	1422.69	15.64
2014	1747.74	19.33	5978.41	66.13	1313.73	14.53
2015	1547.59	20.48	5108.49	67.59	901.95	11.93
2016	1582.99	21.72	4892.16	67.11	814.68	11.18
2017	1792.14	21.42	5577.32	66.65	998.23	11.93
2018	2012.54	21.36	6241.67	66.25	1167.18	12.39
2019	1985.45	21.48	6087.47	65.87	1169.02	12.65
2020	1921.18	23.11	5377.83	64.69	1014.09	12.20
2021	2404.00	22.10	7101.83	65.30	1369.85	12.60

资料来源：联合国贸易和发展会议（UNCTAD）数据库。

注：贸易占比，指该类型经济体贸易总额占共建"一带一路"国家贸易总额的比重。

下面分别从进口和出口两个方面考察三种类型经济体的对外贸易。图 3.9 和图 3.10 分别表示三种类型经济体在 2012—2021 年的进口总额和进口占比变化趋势。图3.11 和图3.12 分别表示三种类型经济体在2012—2021 年的出口总额和出口占比变化趋势。结合四张图来看，三种类型经济体的进口和出口变化趋势同贸易总额变化趋势较为相似，发展中经济体的进口和出口所占比重，同其对外贸易总额所占比重接近；发达经济体的进口占比较大，而出口占比较小；相反，转型经济体的出口占比较大，而进口占比较小。

图 3.9 2012—2021 年三种类型经济体进口总额（单位：十亿美元）

资料来源：联合国贸易和发展会议（UNCTAD）数据库。

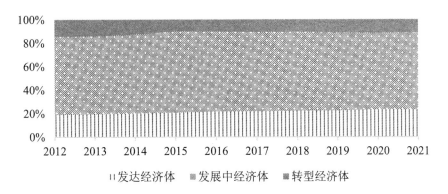

图 3.10 2012—2021 年三种类型经济体进口占比

资料来源：联合国贸易和发展会议（UNCTAD）数据库。

注：进口占比，指该类型经济体进口总额占共建"一带一路"国家进口总额的比重。

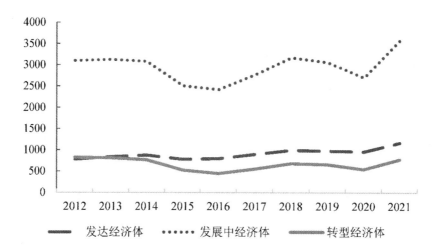

图 3.11　2012—2021 年三种类型经济体出口总额（单位：十亿美元）

资料来源：联合国贸易和发展会议（UNCTAD）数据库。

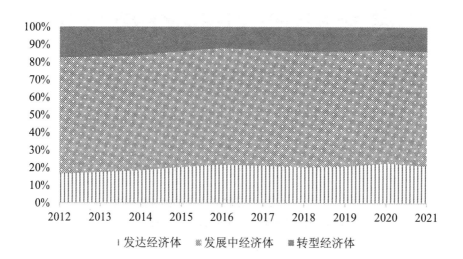

图 3.12　2012—2021 年三种类型经济体出口占比

资料来源：联合国贸易和发展会议（UNCTAD）数据库。

注：出口占比，指该类型经济体出口总额占共建"一带一路"国家出口总额的比重。

二、共建"一带一路"国家对外贸易依存度

下面从对外贸易依存度上分析共建"一带一路"国家的贸易状况。

根据 2021 年相关数据统计，共建"一带一路"国家对外贸易依存度从高到低排名前 10 位的国家是新加坡、阿联酋、斯洛文尼亚、越南、柬埔寨、斯洛伐克、匈牙利、捷克、马来西亚和马其顿。从地理分布上看，上述 10 个国家主要分布在东南亚和中东欧地区，只有阿联酋属于西亚及北非地区。进一步从经济规模和经济发展程度上看，表3.9 列出了 2021 年上述 10 个国家的 GDP 和人均 GDP 在共建"一带一路"国家中的排名。从表中可以看出，对外贸易依存度排名靠前的 10 个国家，其经济体量多处于中等及中等偏上水平。而 10 国的人均 GDP 排名则多数比较靠前，只有越南和柬埔寨是经济发展水平较低的国家。这说明，在共建"一带一路"国家中，经济发展水平越高的国家，其对外贸易依存度越高。

表 3.9　2021 年 10 国 GDP 及人均 GDP 排名

国家名称	GDP（十亿美元）	GDP 排名	人均 GDP（美元/人）	人均 GDP 排名
新加坡	396.99	13	66 821.72	1
阿联酋	405.47	12	43 295.39	4
斯洛文尼亚	61.75	35	29 134.80	7
越南	366.14	16	3756.49	47
柬埔寨	26.67	45	1607.66	55
斯洛伐克	116.53	26	21 390.45	13
匈牙利	181.85	23	18 728.32	16
捷克	281.78	19	26 808.54	9
马来西亚	372.70	15	11 100.94	21
马其顿	13.88	55	6599.62	34

资料来源：联合国贸易和发展会议（UNCTAD）数据库。

进一步观察共建"一带一路"国家对外贸易依存度和经济体量的关系。2021 年，共建"一带一路"国家中，GDP 排名前 10 位的国家对外贸易依存度排名情况如下（括号内为其对外贸易依存度排名）：印度（59）、俄罗斯（53）、印度尼西亚（57）、沙特阿拉伯（48）、土耳其（41）、波兰（19）、伊朗（64）、泰国（17）、以色列（58）、埃及（62）。可以看出，经

济体量大的国家，其对外贸易依存度反而越低，泰国和波兰相对特殊。

前面章节提到库茨涅兹的研究表明，大国的对外贸易依存度较低，小国的对外贸易依存度较高，这在共建"一带一路"国家中能够部分体现出来。但是，共建"一带一路"国家的对外贸易依存度同 GDP 之间并非表现出明显的负相关：GDP 总量大的国家对外贸易依存度较低；GDP 总量小的国家对外贸易依存度处于中等水平；对外贸易依存度较高的国家，其 GDP 排名处于中游。上述情况形成的原因，一方面是对外贸易依存度的影响因素不仅仅包括一国的经济规模，还包括经济发展水平、对外贸易政策等诸多其他因素，经济规模只是其中一个重要的影响因素；另一方面，共建"一带一路"国家中，经济欠发达国家所占比重较大，其中一部分经济欠发达国家由于历史、政治等多种因素，其对外贸易的发展尚处于起始阶段，还未深度地参与国家贸易与国际分工合作，国内也尚未培育出具有强劲出口竞争优势的产业，因此，其对外贸易依存度还不能达到一个较高的水平。相比之下，共建"一带一路"国家中的中等经济规模国家的对外贸易发展程度较经济规模较小的国家更加深入，对外经贸往来更加频繁，因此其对外贸易依存度也处于比较高的水平。而经济规模较大的国家，如印度、俄罗斯、印度尼西亚等，其国内的产业体系较为健全，分工较为合理，且过度依赖对外贸易会使其国内经济发展波动较大，受国际经济大环境和其他国家对外经贸政策的影响较大，这些都会威胁到本国的政治、经济、外交等领域的自主权，这是在国际社会具有较大话语权的国家所不能容忍的。因此，GDP 排名较高的国家，其对外贸易依存度相对较低。

而从以人均 GDP 衡量的经济发展水平的角度看，共建"一带一路"国家中，对外贸易依存度越高的国家，其经济发展水平相对也越高（越南和柬埔寨是特例）。一般认为，一国在经济发展的不同阶段，其对外贸易依存度呈现先上升后下降的趋势。但是，在共建"一带一路"国家中，大部分都是发展中国家，少数发达国家也都是中等收入水平的发达国家，因此，绝大多数共建"一带一路"国家的经济发展水平还没有步入对外贸易依存度下降的区间。因此，在这些国家中，对外贸易依存度与经济发展水平仍呈正相关。

但是，也有一些其他因素导致经济规模和经济发展水平对对外贸易依存度的影响减弱。一个国家的经济发展战略和对外贸易政策会影响该国的对外贸易依存度。例如，新加坡长期以来一直实施对外贸易驱动型的经济政策，其国内经济发展高度依赖于美国、日本、欧盟及周边东南亚市场，对外贸易的总额是 GDP 的两倍以上，新加坡在本国对外贸易规模不断扩大的同时，其经济规模也在迅速扩张，经济发展水平持续提高，这就是经济发展战略和对外贸易政策影响对外贸易依存度的典型例子。另外，一些东南亚国家，如越南、柬埔寨等，其经济发展水平尚处于较低阶段，但由于人力资本价格相对低廉，吸引了大量跨国公司在该地区投资设厂，从事技术含量较低的加工制造业，促进了当地劳动密集型产业的发展，也由于加工环节所需原材料和零部件的大量进口，以及加工制成品的大量出口，使得该国的对外贸易依存度非常高。改革开放初期的中国也是走的这样一条道路。

另外，一些国家尽管经济规模较大，但由于地理、资源环境等客观因素限制，其国内产业结构相对比较单一，出口竞争力较大的产品集中在某一个或几个类别上，大量的生产和生活必需品仍对进口依赖很强，这样的国家就会同时呈现出经济规模大和对外贸易依存度高两大特点。这种类型的国家大多自然资源丰富，出口产品以资源密集型为主，如西亚地区的阿联酋等。

综上所述，"一带一路"沿线不同类型经济体的对外贸易状况各具特点。发展中经济体的对外贸易在共建"一带一路"国家对外贸易中所占比重最大，但相较于其人口规模来说，该贸易占比明显低于人口占比。发达经济体和转型经济体的贸易占比较其人口规模占比均较高，其中发达经济体的对外贸易依存度最高，相较而言，进口较多，出口较少；而转型经济体则相反，其对外贸易依存度最低，进口较少，出口较多。

三、中国同共建"一带一路"国家的贸易

中国同共建"一带一路"国家开展贸易的历史比较悠久。两千多年前的西汉时期，张骞奉命出使西域，开辟出一条连接亚欧大陆，绵延数千公里的"丝绸之路"。六百多年前的明代，郑和下西洋，繁荣了古已有之的"海上丝绸之路"。"丝绸之路"和"海上丝绸之路"的开辟和繁荣，极大地方便了共建"一带一路"国家和地区之间的贸易沟通，加速了当地的经济发展。时至今日，"一带一路"倡议的提出再一次将历史上的传奇之路、辉煌之路展现在世界眼前，在共建"一带一路"国家的竭诚合作之下，海陆两条"丝绸之路"必将重现昔日光彩。

"一带一路"沿线地区是中国对外贸易的重要合作地区。2021 年中国

同该地区的贸易总额为 17 932.75 亿美元，占中国当年贸易总额的 30%。其中，中国对共建"一带一路"国家出口总额为 10 199.51 亿美元，进口总额为 7733.24 亿美元，分别占当年中国出口和进口总额的 30.37%和 28.78%。而 2012 年，中国同共建"一带一路"国家的贸易总额仅有 9598.24 亿美元，其中出口 5013.73 亿美元，进口 4584.51 亿美元，分别占中国 2012 年相应贸易额的 24.82%、24.47%和 25.21%。2012—2021 年，中国同共建"一带一路"国家的贸易总额增长了 86.83%，出口增长 103.43%，进口增长 68.68%。由上述数据可见，中国同共建"一带一路"国家之间出口额增长幅度大于进口额增长幅度。

进一步分国家类型进行分析。从图 3.13 和图 3.14 中我们可以看出，中国同各类型经济体贸易在大多数年份处于顺差状态。在各类经济体中，中国同发展中经济体的贸易规模最大，且远超其他两类经济体贸易规模之和，这同我们样本国家的选择有直接关系。在共建"一带一路"国家中，发展中国家有 35 个，占总数的一半以上，因此，中国同沿线发展中经济体的贸易规模较大也符合现实。在转型经济体和发达经济体中，中国对其出口规模相差较小，而转型经济体的进口规模明显大于发达经济体。

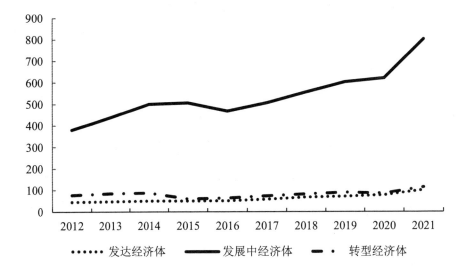

图 3.13　2012—2021 年中国对"一带一路"沿线各类型经济体出口额（单位：十亿美元）

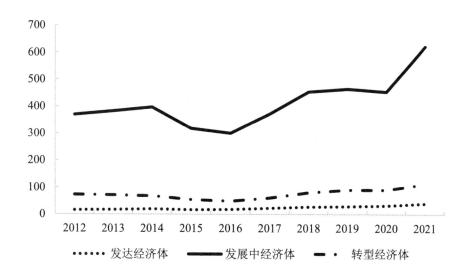

图 3.14　2012—2021 年中国从"一带一路"沿线各类型经济体进口额（单位：十亿美元）

第三节　贸易互补与贸易竞争

通过上文对中国和共建"一带一路"国家贸易现状的一般性描述，我们已经对该问题有了一个比较全面的了解。在本节，我们将对中国同共建"一带一路"国家的贸易现状进行更加深入的刻画。本节拟通过构造贸易结合度指数衡量贸易双方的紧密程度，构造显性比较优势指数衡量一国出口产品竞争力大小，最后，基于各国产品的显性比较优势，测算中国同沿线各国之间的贸易互补性和竞争性。

一、贸易结合度

贸易结合度是用来衡量两国贸易联系紧密程度的指数，通常指一国对其贸易伙伴的出口占本国出口总额比重与贸易伙伴进口占世界进口总额比重之比。由于贸易具有双向性，一般称"某国对另一国的贸易结合度"，前者为出口国，后者为进口国[①]。贸易结合度的计算公式如下：

---

① 武敬云. "金砖国家"的贸易互补性和竞争性分析[J]. 国际商务（对外经济贸易大学学报），2012（2）：21-30.

$$TCD_{ij} = (X_{ij} / X_i) / (M_j / M_w) \qquad (3.2)$$

其中，TCD_{ij} 表示 i 国对 j 国的贸易结合度；X_{ij} 表示 i 国对 j 国的出口；X_i 表示 i 国的出口总额；M_j 表示 j 国的进口总额；M_w 表示世界进口总额。TCD 数值越大，表示两国贸易关系越紧密。

利用上述贸易结合度的测算方法，我们对 2021 年中国对共建"一带一路"国家的贸易结合度进行了测算，结果如下。

从表 3.10 中我们可以看出，中国同共建"一带一路"国家的贸易结合度具有规律性。贸易结合度排名前 10 位的国家依次为吉尔吉斯斯坦、缅甸、也门、菲律宾、越南、柬埔寨、塔吉克斯坦、哈萨克斯坦、巴基斯坦、马来西亚；排名后 10 位的国家为波黑、巴勒斯坦、马其顿、摩尔多瓦、黑山、爱沙尼亚、斯洛伐克、拉脱维亚、立陶宛、保加利亚。从上述排名中我们可以看出，中国同沿线各国的贸易结合度高低与距离因素有很强的相关性。中国同周边亚洲国家的贸易结合度较高，经贸往来比较紧密；同距离较远的欧洲国家贸易结合度较低，贸易联系有待加强。该结果也符合贸易规律，距离因素是国际贸易开展的重要影响因素。

表 3.10　2021 年中国对共建"一带一路"国家的贸易结合度

国家名称	TCD	国家名称	TCD	国家名称	TCD	国家名称	TCD
吉尔吉斯斯坦	9.02	斯里兰卡	1.71	阿联酋	0.85	匈牙利	0.48
缅甸	4.95	埃及	1.68	尼泊尔	0.83	塞尔维亚	0.45
也门	3.30	乌兹别克斯坦	1.67	阿曼	0.77	白俄罗斯	0.44
菲律宾	3.10	俄罗斯	1.50	黎巴嫩	0.73	亚美尼亚	0.42
越南	2.80	沙特阿拉伯	1.34	土耳其	0.72	罗马尼亚	0.39
柬埔寨	2.73	约旦	1.25	波兰	0.72	克罗地亚	0.39
塔吉克斯坦	2.69	印度	1.15	格鲁吉亚	0.69	保加利亚	0.34
哈萨克斯坦	2.28	伊朗	1.14	巴林	0.66	立陶宛	0.33
巴基斯坦	2.25	以色列	1.12	斯洛文尼亚	0.63	拉脱维亚	0.32
马来西亚	2.23	伊拉克	1.09	不丹	0.60	斯洛伐克	0.29
蒙古国	2.20	马尔代夫	1.07	阿富汗	0.58	爱沙尼亚	0.29
印度尼西亚	2.08	卡塔尔	0.95	阿塞拜疆	0.57	黑山	0.22
孟加拉国	2.02	科威特	0.92	阿尔巴尼亚	0.52	摩尔多瓦	0.17
东帝汶	2.01	新加坡	0.92	文莱	0.50	马其顿	0.13
老挝	1.79	乌克兰	0.87	叙利亚	0.50	巴勒斯坦	0.09
泰国	1.75	土库曼斯坦	0.86	捷克	0.48	波黑	0.07

二、显性比较优势

接下来，我们通过构造显性比较优势指数，分析共建"一带一路"国家的产品出口竞争力的大小。显性比较优势指数由巴拉萨（Balassa，1989）[1]提出，其后被许多学者用来测算一国出口竞争力，因此该指数又被称为巴拉萨（Balassa）指数。显性比较优势指数是基于产品层面衡量出口竞争力的指数，其定义为一国某类产品出口占该国出口比重与世界该类产品出口占世界出口比重之比。计算公式如下：

$$RCA_{ik}^x = (X_{ik} / X_i) / (W_k / W) \tag{3.3}$$

其中，RCA_{ik}^x 表示 i 国 k 产品的显性比较优势指数；X_{ik} 表示 i 国 k 产品的出口；X_i 表示 i 国总出口；W_k 表示世界 k 产品的出口；W 表示世界总出口。该指数测算值越大，表示该国 k 产品在国际市场上的竞争力越强；反之，则越弱。

下面，我们利用《国际贸易标准分类》中一位数分类方法，将各种贸易品分为十大类，编号为 SITC0~9，并分别计算 2021 年中国和共建"一带一路"国家每一类产品的显性比较优势指数，结果如表 3.11 所示。我们首先观察中国各类产品的显性比价优势，发现在第 6 类（按原料分类制成品）、第 7 类（机械及运输设备）和第 8 类（杂项制品）产品上，中国的显性比较优势较大，说明中国的劳动密集型产品在国际市场上的竞争力较大，资本密集型产品中的机械及运输设备也有较大的市场竞争力，而资源密集型产品的市场竞争力较小。通过上述方法，我们可以直观地分析共建"一带一路"国家的出口结构，清晰地了解各国各类产品的出口竞争力大小。

表 3.11　2021 年中国和共建"一带一路"国家各类产品显性比较优势指数

国家名称	SITC0	SITC1	SITC2	SITC3	SITC4	SITC5	SITC6	SITC7	SITC8	SITC9
中国	0.32	0.11	0.14	0.11	0.10	0.64	1.27	1.40	1.94	0.27
阿富汗	7.74	0.23	4.97	0.65	0.03	0.02	0.23	0.03	0.05	3.31
阿尔巴尼亚	1.74	0.44	1.55	0.77	0.11	0.11	1.31	0.16	3.85	0.12
亚美尼亚	1.19	20.67	7.81	0.13	0.00	0.10	1.11	0.07	1.29	0.93
阿塞拜疆	0.56	0.17	0.30	7.57	0.19	0.27	0.19	0.01	0.02	0.20
巴林	0.60	0.43	2.63	2.87	0.04	0.50	2.67	0.12	0.35	0.52

① Balassa. B. Comparative Advantage, Trade Policy and Economic Development[M]. New York: New York University Press, 1989.

国家名称	SITC0	SITC1	SITC2	SITC3	SITC4	SITC5	SITC6	SITC7	SITC8	SITC9
孟加拉国	0.41	0.37	0.40	0.02	0.45	0.06	0.48	0.03	7.29	0.06
白俄罗斯	3.05	0.60	1.22	1.03	2.70	0.97	1.66	0.48	0.91	0.10
不丹	0.92	1.36	2.34	1.69	0.11	0.37	4.06	0.10	0.18	0.00
波黑	0.70	0.68	2.14	0.92	0.86	0.55	1.90	0.49	2.21	0.10
文莱	0.03	0.00	0.06	7.27	0.01	0.99	0.03	0.05	0.04	0.04
保加利亚	1.76	1.17	1.66	0.48	2.84	0.93	1.81	0.65	1.04	0.02
柬埔寨	1.40	0.23	1.13	0.00	0.17	0.04	0.40	0.16	5.02	1.31
克罗地亚	1.77	2.24	1.65	1.40	0.86	1.01	1.37	0.65	1.14	0.12
捷克	0.53	0.87	0.58	0.19	0.33	0.60	1.17	1.62	1.05	0.12
埃及	2.06	0.42	0.67	2.54	1.35	1.39	1.41	0.20	0.66	0.63
爱沙尼亚	1.03	0.97	1.97	1.50	2.10	0.51	1.16	0.86	1.16	0.76
格鲁吉亚	1.66	19.89	5.20	0.07	0.59	0.66	1.30	0.48	0.48	0.40
匈牙利	1.03	0.63	0.42	0.22	1.09	1.04	0.77	1.58	0.72	0.37
印度	1.56	0.38	0.80	1.23	0.70	1.27	2.14	0.50	0.92	0.01
印度尼西亚	1.12	0.70	1.93	1.69	22.20	0.47	1.49	0.34	0.96	0.15
伊朗	1.47	0.06	1.04	4.10	0.19	1.35	0.94	0.04	0.11	0.03
伊拉克	0.02	0.01	0.02	7.81	0.02	0.01	0.02	0.00	0.00	0.57
以色列	0.49	0.19	0.41	0.19	0.13	1.70	1.63	0.91	1.54	0.83
约旦	1.78	0.83	2.73	0.17	0.24	2.51	0.52	0.15	2.48	0.30
哈萨克斯坦	0.73	0.27	1.93	5.51	0.61	0.32	1.35	0.05	0.02	0.00
科威特	0.17	0.15	0.16	7.29	0.05	0.66	0.09	0.11	0.05	0.03
吉尔吉斯斯坦	1.06	1.03	2.29	0.24	0.01	0.09	0.34	0.08	0.30	6.31
老挝	1.23	1.30	4.87	2.75	0.01	0.33	0.76	0.18	0.61	2.13
拉脱维亚	1.84	4.18	3.30	0.48	0.22	0.74	1.39	0.55	0.78	0.42
黎巴嫩	1.98	2.81	1.32	0.06	1.56	0.87	1.04	0.27	1.36	4.44
立陶宛	1.82	4.28	1.47	0.88	0.45	1.57	0.91	0.56	1.40	0.29
马来西亚	0.48	0.26	0.51	1.08	10.62	0.61	0.81	1.27	1.06	0.07
马尔代夫	13.06	0.02	0.85	0.56	0.00	0.02	0.02	0.03	0.09	0.35
摩尔多瓦	3.95	8.58	2.52	0.04	5.49	0.39	0.61	0.58	1.62	0.01
蒙古国	0.36	0.02	11.33	2.68	0.02	0.00	0.15	0.01	0.05	2.64
黑山	1.18	7.28	4.90	1.60	0.27	0.55	1.86	0.31	0.37	0.00
缅甸	4.35	0.38	1.65	1.83	0.02	0.01	0.55	0.09	2.80	0.00
尼泊尔	3.25	0.15	0.81	0.00	38.95	0.35	2.63	0.02	0.69	0.00

续表

国家名称	SITC0	SITC1	SITC2	SITC3	SITC4	SITC5	SITC6	SITC7	SITC8	SITC9
马其顿	0.75	3.20	1.12	0.21	0.27	1.99	0.99	0.98	1.16	0.08
阿曼	0.67	0.79	0.99	4.19	0.89	1.59	1.03	0.20	0.14	0.07
巴基斯坦	2.47	0.27	0.90	0.06	0.44	0.37	3.09	0.06	2.95	0.00
菲律宾	0.93	0.89	1.14	0.10	3.04	0.20	0.51	1.92	0.67	0.31
波兰	1.57	2.30	0.45	0.18	0.31	0.70	1.37	0.98	1.45	0.03
卡塔尔	0.01	0.00	0.18	7.20	0.01	0.74	0.21	0.05	0.03	0.46
罗马尼亚	1.27	2.68	1.02	0.31	0.66	0.42	1.41	1.32	1.10	0.13
俄罗斯	0.87	0.34	1.20	4.82	1.97	0.48	1.37	0.16	0.11	0.56
沙特阿拉伯	0.29	0.10	0.32	6.30	0.33	1.93	0.26	0.05	0.04	0.20
塞尔维亚	2.17	3.97	1.41	0.25	1.72	0.83	1.76	0.77	0.98	0.30
新加坡	0.48	0.90	0.22	1.30	0.29	1.50	0.27	1.41	0.73	0.88
斯洛伐克	0.50	0.32	0.47	0.24	0.24	0.36	1.34	1.78	0.75	0.04
斯洛文尼亚	0.48	0.50	0.53	0.29	0.23	1.81	1.16	0.77	0.69	4.13
斯里兰卡	3.76	1.63	0.80	0.18	1.65	0.20	1.19	0.18	4.32	0.00
巴勒斯坦	1.12	1.61	1.04	0.00	2.43	0.24	1.26	0.06	0.83	0.00
叙利亚	4.29	37.24	0.48	0.34	3.10	0.47	0.85	0.28	0.42	0.01
塔吉克斯坦	0.73	0.54	6.95	0.42	0.02	0.11	2.23	0.20	0.27	4.03
泰国	2.01	0.95	1.11	0.30	0.55	0.96	1.02	1.20	0.73	0.50
东帝汶	3.00	0.27	0.31	2.79	3.04	0.20	0.79	0.60	1.22	0.01
土耳其	1.43	0.70	0.64	0.32	1.22	0.58	2.22	0.78	1.52	0.59
土库曼斯坦	0.04	0.00	0.59	7.47	0.01	0.25	0.34	0.02	0.08	0.00
乌克兰	3.80	1.38	3.67	0.09	14.30	0.33	2.03	0.25	0.32	0.10
阿联酋	0.44	1.95	0.58	3.04	0.51	0.57	1.23	0.47	0.50	2.80
乌兹别克斯坦	1.57	0.34	1.04	1.64	0.16	0.56	1.75	0.07	0.34	6.61
越南	1.49	0.24	0.51	0.13	0.15	0.20	0.92	1.24	2.47	0.00
也门	3.53	0.08	1.37	4.90	0.86	0.11	0.09	0.09	0.15	1.35

注：2021 年和 2020 年以色列第 3 类产品出口值无统计数据，采用 2018 年和 2019 年该类产品出口平均值代替。

三、贸易互补与贸易竞争测度

在测算了中国和共建"一带一路"国家各类出口产品的显性比较优势的基础上，我们借鉴岳云霞（2008）和武敬云（2002）对贸易互补性与竞争性的分析方法，从整体贸易上测算中国同沿线各国的贸易互补性和贸易竞争性。

我们测算两国之间的贸易互补性和竞争性，使用的测量方法为计算两国显性比较优势的斯皮尔曼（Spearman）等级相关系数。该系数值为 -1～1，若系数值大于 0，表明两国之间的贸易是竞争关系；若系数值小于 0，表明两国之间的贸易是互补关系。

我们利用上述方法，测算了 2021 年中国同共建"一带一路"国家显性比较优势的 Spearman 等级相关系数，结果如表 3.12 所示。

从表 3.12 中我们可以看出，共建"一带一路"国家中，在整体上同中国具有贸易竞争性的国家有 29 个，同中国具有贸易互补性的国家有 35 个。因此，中国同共建"一带一路"国家在世界出口市场上的互补性大于竞争性。

同中国贸易互补性较强的国家中，自然资源丰富的国家占据很大比例。这些国家资源密集型产品的出口较多，正好同中国资源类产品进口需求大的状况形成互补。因此，中国应利用贸易互补性，加强同该类型国家的经贸合作，扩大相互之间的贸易规模。而同中国贸易竞争性较大的国家，大多在劳动密集型产品的出口上具有较强的比较优势，中国应妥善处理好同这些国家的贸易关系，避免国际市场上的贸易争端，并积极开展合作交流，寻找新的贸易增长点。

表 3.12　2021 年中国同共建"一带一路"国家显性比较优势的 Spearman 等级相关系数（Rs）

国家名称	Rs	国家名称	Rs	国家名称	Rs	国家名称	Rs
俄罗斯	-0.59	乌克兰	-0.28	吉尔吉斯斯坦	-0.05	文莱	0.24
沙特阿拉伯	-0.53	也门共和国	-0.28	尼泊尔	-0.04	北马其顿	0.24
伊拉克	-0.49	白俄罗斯	-0.24	塔吉克斯坦	-0.03	罗马尼亚	0.24
印度尼西亚	-0.47	蒙古国	-0.24	亚美尼亚	0.01	巴基斯坦	0.30
阿联酋	-0.47	保加利亚	-0.20	立陶宛	0.02	柬埔寨	0.31
爱沙尼亚	-0.42	格鲁吉亚	-0.20	波黑	0.08	匈牙利	0.31
叙利亚	-0.41	黑山	-0.20	斯里兰卡	0.09	波兰	0.32
哈萨克斯坦	-0.36	塞尔维亚	-0.19	拉脱维亚	0.10	阿尔巴尼亚	0.33
摩尔多瓦	-0.36	伊朗	-0.15	马来西亚	0.10	印度	0.35
阿塞拜疆	-0.35	不丹	-0.14	马尔代夫	0.13	泰国	0.42
巴勒斯坦	-0.35	埃及	-0.14	约旦	0.15	土耳其	0.42
阿富汗	-0.31	菲律宾	-0.14	卡塔尔	0.15	斯洛文尼亚	0.61
老挝	-0.31	东帝汶	-0.13	新加坡	0.16	捷克	0.65
黎巴嫩	-0.31	科威特	-0.09	土库曼斯坦	0.18	越南	0.67

国家名称	Rs	国家名称	Rs	国家名称	Rs	国家名称	Rs
阿曼	-0.31	乌兹别克斯坦	-0.08	孟加拉国	0.19	斯洛伐克	0.78
克罗地亚	-0.28	巴林	-0.05	缅甸	0.19	以色列	0.88

第四节　本章小结：中国同共建"一带一路"国家贸易的现实刻画

　　本章我们对中国同共建"一带一路"国家之间的贸易现状进行了分析，分为两个层面。第一个层面，对贸易现状的一般性分析。在该部分，我们对中国的贸易现状和共建"一带一路"国家的贸易现状分别进行了描述，并对中国同共建"一带一路"国家的贸易现状进行了统计分析。第二个层面，对贸易现状的进一步刻画。在该部分，我们通过构造贸易结合度指数，测算了中国同共建"一带一路"国家的贸易紧密程度。研究发现，距离对贸易紧密程度有较强的负向影响。中国同周边亚洲国家的贸易关系比较紧密，同距离较远的欧洲国家的贸易关系相对疏远。接着，我们构造了显性比较优势指数，测算了中国同沿线各国在产品层面的出口竞争力大小。研究发现，中国在第6类、第7类和第8类产品上具有较大的竞争优势，在其他类产品上的竞争力较弱。基于对各国产品层面的显性比较优势测度，我们测算了中国同共建"一带一路"国家整体上的贸易互补性和贸易竞争性。研究发现，中国同共建"一带一路"国家整体贸易互补多于竞争。因此，中国应加强同贸易互补性较大的国家之间的交流合作，扩大贸易规模，同时，也应避免同竞争性较大国家在国际市场上产生贸易争端。

第四章 中国同共建"一带一路"国家贸易影响因素

第一节 贸易引力模型的构建

引力模型在国际贸易问题研究中的应用有着较为悠久的历史，在不断的改进和发展过程中，逐渐形成了现在较为常用的模型形式。本节将以传统的贸易引力模型为基础，通过增减变量的方式逐步修正该模型，并最终形成研究所需要的修正的引力模型。在模型解释变量的选取上，将严格遵循基本的经济学原理，并以大量前人研究成果为基础，选取适当的解释变量加入模型中，争取将影响中国同共建"一带一路"国家贸易的因素考虑周全。

一、基准引力模型

贸易引力模型最初来源于物理学的牛顿万有引力模型：$F=GM_1M_2/R^2$。该模型中蕴含的哲理被丁伯根（Tinbergen，1964）引入了国际贸易的研究领域。初始的贸易引力模型可表述为两个国家之间的贸易流量同两国的经济总量，它同两国之间的距离成反比。模型设定如下：

$$trade_{ijt} = A \cdot (gdp_{it}gdp_{jt}) / dist_{ij} \tag{4.1}$$

为了克服计量模型中可能存在的多重共线性问题，一般研究都使用该模型的对数形式，即

$$\ln trade_{ijt} = \alpha + \beta_1 \ln (gdp_{it} \cdot gdp_{jt}) + \beta_2 dist_{ij} + \varepsilon \tag{4.2}$$

该模型即为贸易引力模型的基本形式。

其中，$trade_{ijt}$ 代表国家 i 与国家 j 的双边贸易值，也就是国家 i 从国家 j 的进口值与国家 i 向国家 j 的出口值之和；gdp_{it} 和 gdp_{jt} 分别表示国家 i 和国家 j 的国内生产总值，代表两个国家的经济规模，以反映两个国家的进口需求和出口供给能力。$dist_{ij}$ 表示国家 i 和国家 j 之间的贸易距离，是一个反映双边贸易中"贸易阻力"因素的变量。$\ln trade_{ijt}$、$\ln(gdp_{it} \cdot gdp_{jt})$、$\ln dist_{ij}$ 分别是 $trade_{ijt}$、$gdp_{it} \cdot gdp_{jt}$、$dist_{ij}$ 的自然对数形式。常数项 β_1、β_2 是变量的回归系数，ε 是随机误差。

在基准贸易引力模型上，通过考察影响贸易的其他因素，增加新的解释变量，就构成扩展的贸易引力模型。

另外，基准贸易引力模型中，$trade_{ijt}$ 表示的是国家 i 同国家 j 之间的双边贸易值，是出口值和进口值的加总，通常我们根据研究需要，也可以将 $trade_{ijt}$ 变为 $export_{ijt}$ 或者 $import_{ijt}$，即考察出口或进口的影响因素。不管是考察双边贸易影响因素，还是考察出口或进口影响因素，均是基准引力模型基于研究需求的不同变化。

二、贸易影响因素考察

影响国际贸易的因素构成比较复杂，本书通过总结前人的研究成果，并针对中国同共建"一带一路"国家贸易的特殊情况，特考虑以下几个影响因素。

（1）经济规模。国内生产总值可以反映出一个国家的经济规模，自基准贸易引力模型诞生之时，该变量就一直存在于各种贸易引力模型中，这是由模型所蕴含的理论逻辑所决定的。哈森和丁伯根（Hasson 和 Tinbergen，1964）[1]、林纳曼（Linnemann，1967）[2]的早期研究将其中的道理阐述得非常明白。一般认为，经济规模对进出口两国双边贸易流量具有很强的解释性。在控制了其他影响因素之后，一国的经济规模能够反映出该国的进口需求和出口供给能力。进口国的经济规模越大，其国内市场规模越大，对国外产品的需求能力也越大，进口越多；出口国的经济规模越大，其各类出口产品的生产能力越强，对国际市场的产品供给能力越

① Hasson J A, Tinbergen J. Shaping the World Economy: Suggestions for an International Economic Policy[J]. Economica, 1964, 31(123): 327.

② Linnemann H. An Econometric Study of International Trade Flows[J]. Journal of the Royal Statistical Society, 1967, 33(4): 633-634.

强，出口规模也越大。因此，一般意义上认为，一国经济规模越大，其进口和出口额越大，双边贸易总额也越大。此外，除了国内生产总值外，国民生产总值（GNP）也在许多研究中用来表示一国的经济规模，其理论基础同国内生产总值相同。而艾布拉姆斯（Abrams，1980）[①]则提出用国民收入（NI）反映一个国家的经济规模（或贸易潜力）。他认为，一国的国民收入可以反映出该国的产品生产能力，而产品生产能力又决定了一国的供给能力，因此，国民收入的多少可以反映出一国产品出口能力的大小。而且，国民收入越高的国家，其进口需求也更大，进口规模更大，因此，国民收入从出口供给和进口需求两个方面都对国际贸易规模产生了正向的影响。进一步的研究表明，国民收入对进口需求的影响更为直接，也更显著。不论是国内生产总值、国民生产总值还是国民收入，均是反映一国经济规模的变量，其经济学理论意义在于，一国的经济规模反映了该国的出口供给能力和进口需求能力，即一国的贸易潜力。在各类相关研究中，用国内生产总值表示经济规模的情况比较常见。

（2）人口。一国人口数量可以反映该国的市场规模。但是，人口对双边贸易的影响在以往研究中尚未形成一致结论。例如，自林纳曼（Linnemann）首次将人口变量纳入贸易引力模型之后，安德森（Anderson，1979）[②]、瑟斯比（Thursby，1987）[③]、索洛加和温特斯（Soloaga 和 Winters，2001）[④]等诸多学者分别对该变量进行了类似的研究。他们研究的结论显示，人口数量同贸易量呈负相关，即人口规模扩大会使对外贸易量减少。对于产生上述结论的原因，总结如下：其一，人口规模大的国家，通常其国内的产业体系较为完整，能够生产更多满足本国消费需求的产品，因此对国外产品的进口需求较小；其二，人口规模越大的国家，其国内市场对产品的消化能力越强，产品的出口动机就越弱。因此，人口规模的扩大从进口和出口两个方面均对对外贸易量产生了负效应。但是，也有学者认为，人口因素对对外贸易量的总效应为正。布拉达

① Abrams R K. International Trade Flows Under Flexible Exchange Rates[J]. Economic Review, 1980, 65(3): 3-10.

② Anderson J. E. A Theoretical Foundation for the Gravity Equation[J]. American Economic Review, 1979, 69(1): 106-116.

③ Thursby J G, Thursby M C. Bilateral Trade Flows, the Linder Hypothesis, and Exchange Risk[J]. The Review of Economics and Statistics, 1987, 69(3): 488-495.

④ Soloaga I, Winters L A. Regionalism in the Nineties: What Effect on Trade?[J]. North American Journal of Economics & Finance, 2001, 12(1): 1-29.

和门德斯（Brada 和 Mendze，1985）[1]通过分析人口数量对出口和进口两方面的影响，得出如下结论：人口数量对一国的出口产生负效应，对一国的进口产生正效应，而对进口的正效应明显大于对出口的负效应，因此，人口数量对双边贸易量的总体效应为正。尽管目前关于人口因素对贸易量的影响尚未达成共识，但多数研究人员认为，研究该问题应从供求两方面考虑，对贸易量的影响是供给和需求两方面影响叠加的综合效果。

（3）人均收入。人均收入可以反映一个国家的经济发展水平。通常认为，一国人均收入越高，其经济发展水平越高。经济发展水平高的国家，在国际贸易分工中处于优势地位，参与国际贸易的动力就越大。利默尔（Leamer，1974）[2]认为，人均收入可以用来描述一国的经济增长，并将其加入引力模型之中，使之成为测算贸易影响因素的重要变量。戴尔（Dell，1999）[3]通过将人均收入的变量引入引力模型，实证研究了一国人均收入对对外贸易的影响。他指出，人均收入是一国产品生产专业化程度的体现，人均收入越高的国家，其专业化程度越高，越有动机参与到国际分工和国际贸易中。一些研究将人均收入用人均国内生产总值代替，其实质同样是反映一国经济发展水平对国际贸易的影响。

国内生产总值、人口和人均国内生产总值（或人均收入）具有完全共线性，不能同时出现在模型的解释变量中，最多只能选取其中两个。关于三个变量取舍的问题，不同文献给出了不同的解释。一般来说，国内生产总值会被纳入引力模型之中，这是基准引力模型所包含的变量，而对于人口和人均国内生产总值（或人均收入）这两个变量的选取，存在一些争议。一些学者认为，应将人均国内生产总值（或人均收入）而非人口变量作为引力模型的解释变量，这是因为：第一，人口数量和国内生产总值总量两个变量，均是反映经济规模的变量，相反，人均国内生产总值不仅反映了人口数量，更体现了经济发展水平，而经济发展水平则影响了一国对产品的需求情况，也影响了一国产品的供给能力；第二，一般情况下，国际贸易规模的增长速度远高于人口的增长速度，而与人均国内生产总值（或人均收入）的相关性更强，因此用人均国内生产总值（或人均收入）作

①　Brada J C, Mendze J A. Economic Integration Among Developed, Developing and Centrally Planned Economies: A Comparative Analysis[J]. The Review of Economics and Statistics, 1985, 67(4): 549-556.

②　Leamer E. The Commodity Composition of International Trade in Manufactures: An Empirical Analysis[J]. Oxford Economics Papers, 1974, 26(3): 350-373.

③　Dell Ariccia G. Exchange Rate Fluctuations and Trade Flows: Evidence From the European Union[J]. IMF Staff Papers, 1999, 46(3): 315-334.

为解释变量更合理。支持上述观点的有伯格斯特兰德（Bergstrand，1989）[1]、塞勒斯（Cyrus，2002）[2]等学者。另有一些学者的研究认为，人均国内生产总值和人口两个变量对贸易的影响不同。例如，安德森（Anderson，1979）[3]的研究认为，人口规模的大小主要影响贸易的供给，人口规模扩大会使贸易的供给减少；而人均收入影响的是贸易的需求，人均收入的提高会使贸易的需求增加。因此，人口和人均收入对贸易量的影响是相反的两个方向。本书对国内生产总值、人口和人均收入三个变量进行选取时，主要考虑以下两方面：其一，国内生产总值和人口都是表示经济规模的变量，而人均国内生产总值则更多地反映了一国的经济发展水平，因此，将人均国内生产总值纳入模型的解释变量中，而人口和国内生产总值二者择其一；其二，通过测算国内生产总值和人口这两个变量与其他解释变量之间的相关性大小，择其一纳入模型，一般选择同其他解释变量相关性小的变量。

（4）距离。距离是基准引力模型中的一个重要解释变量，其反映的是所有的贸易阻抗因素。一般认为，距离对贸易量有着显著的负效应，即距离越远的两国之间贸易量越小，这是由于距离越远，两国之间货物运输成本越高，因此贸易流量越小。不过，尽管大部分研究认为距离对贸易量具有负效应是毋庸置疑的，如安德森和范（Anderson 和 Van，2004）[4]、卡雷尔和希夫（Carrere 和 Schiff，2004[5]，2005[6]），也有部分研究表明，随着信息技术的发展和物流水平的提高，运输成本正在大幅下降，距离对贸易量的影响正在逐渐消失，如凯恩克罗斯（Cairncross，2001）[7]。但是，如果仅仅把距离理解为商品的运输成本，就大大地缩小了距离因素所包含的范围。距离除了包含运输成本外，还包含历史、文化、政治等各个方面的差异。因此，即使随着技术水平的提高，货物运输成本降低，国与国之间的

---

① Bergstrand J H. The Generalized Gravity Equation, Monopolistic Competition, and the Factor-Proportions Theory in International Trade [J]. The Review of Economics and Statistics, 1989, 71(1): 143-153.

② Cyrus T L. Income in the Gravity Model of Bilateral Trade: Does Endogeneity Matter? [J]. The International Trade Journal, 2002, 16(2): 161-180.

③ Anderson J E. A Theoretical Foundation for the Gravity Equation[J]. American Economic Review, 1979, 69(1): 106-116.

④ Anderson J E, Van Wincoop E. Trade Costs [J]. Journal of Economic Literature, 2004, 42(3): 691-751.

⑤ Carrere C, Schiff M. On the Geography of Trade: Distance is Alive and Well[R]. The World Bank, 2004.

⑥ Carrere C, Schiff M. On the Geography of Trade: Distance is Alive and Well [J]. Revue Economique, 2005, 56(6): 1249-1274.

⑦ Cairncross F. The Death of Distance 2.0: How the Communications Revolution Will Change Our Lives [M]. London: Texere, 2001.

历史、文化、政治差异都是不能消弭的。对于距离变量的设定，不同文献有不同的方法，这是由研究对象的特性和数据的可获得性决定的。部分研究采用两国首都之间的球面距离作为对距离变量的测定值，但是由于一国首都未必是该国的经济中心，且该测定方法未将海运、陆运、空运差别对待，因此可能会造成结果偏误。也有学者采用各国经济中心的球面距离或主要港口之间的航海距离进行测定。以上方法测定的都是"绝对距离"。另外，还有学者提出用两国距离同其与其他国家距离的比值表示两国之间的"相对距离"。不同的测定方法蕴含着不同的逻辑，需根据研究对象的特性进行选择。

（5）人均国内生产总值差额。人均国内生产总值差额可反映两国需求偏好的相似性。赫尔普曼（Helpman，1987）[1]强调了国家规模差异的重要性，将国家规模差异引入引力模型，证明了在由两个国家组成的区域经济体中，规模差别较大的国家间贸易流量比相似规模国家间的贸易流量要小得多。人均国内生产总值差额既包含了两国生产规模的差异程度，也包含了两国经济发展水平的差异程度，而经济发展水平的差异程度，又影响了两国消费需求的相似程度。根据林德（Linder，1961）[2]的需求相似理论，国际贸易开展的必要条件是两国具有重叠需求，而重叠需求越大，贸易的基础就越雄厚。而影响重叠需求的是两国经济发展水平的相似程度，两国经济发展水平越相似，其对产品的需求越接近，重叠需求的范围就越大，两国可贸易商品的种类和数量也越多。因此，两国的人均国内生产总值差额同贸易量具有负相关关系。

（6）制度。制度因素也可被看作影响国际贸易量的非正式壁垒。这是因为，一国制度环境的优劣对该国国际贸易的影响巨大。一方面，制度环境较好的国家，管理成本较低，所生产的产品的国际竞争力更强；而制度环境较差的国家，管理成本较高，产品竞争力更弱。另一方面，制度环境较好的国家，有更好的市场秩序和更高的交易效率，对国外产品的流入具有更大的吸引力；而制度环境较差的国家，往往伴随着市场混乱和效率低下，会阻碍国外产品的流入。例如，德格鲁特和林德斯等（De Groot 和Linders 等，2004）[3]建立的包含制度因素的贸易引力模型，揭示了制度环

①　Helpman E. Imperfect Competition and International Trade: Evidence From Fourteen Industrial Countries [J]. Journal of the Japanese and International Economies, 1987, 1(1): 62-81.

②　Linder S B. An Essay On Trade and Transformation [M]. Stockholm: Almqvist & Wiksell, 1961.

③　De Groot H L F, Linders G J, et al. The Institutional Determinants of Bilateral Trade Patterns [J]. Kyklos, 2004, 57(1): 103-123.

境的改善对发展中国家贸易的正效应。此外，制度的差异也会对国际贸易产生影响。制度差异较小的国家之间，其行业标准和准入条件往往比较接近，贸易规模较大；而制度差异较大的国家之间，会存在行业标准和准入条件不同所造成的非关税壁垒，从而限制双边贸易。因此，制度环境的改善对本国进口有着正负两方面的影响。一方面，制度环境好的国家，市场环境更好，对国外产品的吸引力更强，进口量更大；另一方面，制度环境好的国家，其市场准入标准更高，会阻碍更多的国外产品流入本国市场。而制度环境的改善对出口的影响是积极的。对总体贸易的影响，因制度环境对进出口影响的综合效果而定。

（7）经贸合作。一国同其他国家经贸合作的开展对其贸易量的增长有显著的正效应，这是许多研究得出的共同结论，也是世界各国积极谋求建立各种类型的经贸合作组织的重要理论基础。通常，经贸合作协议中会包含关税减免或效果等同于关税减免的条款，这无疑会极大地促进协议双方之间的贸易流量增加。经贸合作组织从地理范围上看，主要涵盖三个层次。第一个层次是全球性的经贸合作组织。全球性的经贸合作组织没有明确的地理界限的划分，只要符合条件的国家均可加入，最具代表性的组织就是世界贸易组织。第二个层次是区域性的经贸合作组织。区域范围是区域性的经贸合作组织明显的标志，一般以成员所在地区为界线，主要致力于本地区范围内的国家之间加强经贸合作，并有共同抵御外部经贸环境影响的性质。区域性的经贸合作组织比较常见，如经济合作与发展组织（简称"经合组织"，OECD）、亚洲太平洋经济合作组织（简称"亚太经合组织"，APEC）、东南亚国家联盟（简称"东盟"，ASEAN）、区域全面经济伙伴关系协定（RCEP）等。第三个层次是国与国之间建立的自由贸易区（FTA）。对于建立自由贸易区的国家，有些地理相邻，也有些跨越的地理范围较大。不管是相邻国家间的自由贸易区，还是跨区域的自由贸易区，其建立的最主要原因往往不是地理因素，更多是出于对经济利益的考量。近年来，随着WTO的发展迟滞和贸易保护主义的抬头，各国纷纷谋求建立各种类型的自由贸易区以促进本国的对外经贸合作，比较有影响力的有北美自由贸易区（NAFTA）、中国-东盟自由贸易区（CAFTA）等。本书根据共建"一带一路"国家的实际情况，主要考察的经贸合作因素如下：是否为世界贸易组织成员？是否为亚太经合组织成员？是否同中国签订了自由贸易区协定？

（8）共同边界。共同边界主要从两个方面对国际贸易产生影响。一方面，从运输成本角度看，两国拥有共同边界，能够减少货物贸易的运输成本，有利于双边国际贸易的开展。另一方面，从文化、社会行为习惯等各方面的差异来看，拥有共同边界的国家往往有相似的文化和社会行为习惯，这就使两国的需求偏好趋向一致，加深了双方开展国际贸易的基础。而且相似的文化和社会行为习惯，也使双方的沟通成本和交易成本降低，削减了双方开展国际贸易的信息壁垒。因此，共同边界被认为是促进国际贸易的一个重要影响因素。

上述各影响因素，即为本书构建引力模型时所考虑的影响因素，它们将作为模型中的解释变量进行实证分析。其实，除去上述影响因素，还有一些常见的影响因素也被纳入引力模型，如共同语言。共同语言可以使国际贸易中的交流变得更加便利，有效地降低了贸易的交易成本，被认为是促进国际贸易的一个重要影响因素。此外，拥有共同语言也被当作是两国拥有相同文化背景的象征。弗兰克尔（Frankel，1998）[①]在用引力模型研究国际贸易时，加入了共同语言的虚拟变量，并得出该变量对国际贸易具有显著正效应的结论。但是，由于中国和共建"一带一路"国家之间均不具有相同的语言环境，因此，该变量在本书的研究中并不适用。还有研究通过不同的方法测算各国之间的贸易壁垒，本书均不做详细介绍。

三、数据来源和变量选取

（一）数据来源

本书选择面板数据进行回归，样本数据包含了 2012—2021 年 10 年的时间序列数据，还包含了中国同"一带一路"沿线各国（共建"一带一路"国家数量为 63 个，因巴勒斯坦部分变量数值缺失，未被纳入样本）的进口、出口和总贸易量的数据。

估计引力方程所需的基本资料有进口量、出口量、国内生产总值、人口、人均国内生产总值、距离和制度。其中，国内生产总值、人口和人均国内生产总值的数据资料来自国际货币基金组织的世界经济展望报告（WEO）数据库。国内生产总值和人均国内生产总值均以美元为单位，采用名义指标。盛斌、廖明中（2004）[②]指出，采用购买力平价（PPP）计算的实际 GDP 适宜估计长期的贸易流量，而基于当前汇率的名义 GDP 则适

---

① Frankel J A. The Regionalization of the World Economy, National Bureau of Economic Research[M]. Chicago: The University of Chicago Press, 1998.

② 盛斌，廖明中. 中国的贸易流量与出口潜力：引力模型的研究[J]. 世界经济，2004（2），3-12.

用于分析短期的贸易流量。根据分析样本的考察期，本书采用名义指标来反映一国的经济规模和经济发展水平。

进口量和出口量的数据资料由联合国贸易和发展会议数据库资料整理得到。双边贸易量由进出口量相加得到。上述数据以美元为单位，采用名义指标。

距离数据来自法国国际展望与信息研究中心（CEPII）数据库。本书借鉴了梅耶尔和齐尼亚戈（Mayer 和 Zignago，2011）[①]测算的双边航运距离来对两国距离进行度量。以4种不同的方法对贸易距离进行了测量。4组不同的距离测定方法中，前两组分别表示两国主要经济聚集地和两国首都之间的地理距离，后两组则根据主要经济聚集地进行加权计算得到，不同之处在于对贸易的距离弹性取值不同。

制度数据来自全球治理指数（Worldwide Governance Indicator，WGI）数据库。WGI 分别从民主程度（Voice and Accountability）、政权稳定性（Political Stability and Absence of Violence/ Terrorism）、政府治理效率（Government Effectiveness）、规制质量（Regulatory Quality）、法制（Rule of Law）和腐败控制（Control of Corruption）6 个角度提供了反映一国制度环境的指标，数值越大，表示该国的制度环境越好。

影响因素中还有两个表示"差异"或"相似性"的因素，一个是表示两国之间需求相似性的变量，即两国的人均国内生产总值差额；另一个是表示两国制度相似性的变量。人均国内生产总值差额，用中国同共建"一带一路"国家的人均国内生产总值之差的绝对值表示。制度相似性，用中国同共建"一带一路"国家的民主程度分数之差的绝对值表示。

表示经贸合作的变量和表示共同边界的变量，均根据实际情况取值。

（二）变量选取

关于变量的选取，主要考虑的是变量可选的几组数据之间的相关性，以及变量与其他变量之间的相关性。

1. 表示同一变量的不同数据的选取

关于表示同一变量的几组数据之间的选择，主要涉及距离变量和制度变量。

---

① Mayer T, Zignago S. Notes on CEPII's Distances Measures: The Geodist Database[J]. CEPII Working Paper, 2011.

表示距离变量的数据有 4 组。如表 4.1 所示，4 组距离数据相关系数达到 0.99 以上，属于高度相关。根据研究对象特性，本书选择第一组数据，即两国主要经济聚集地的地理距离。

表 4.1　4 组距离数据的 Spearman 相关系数矩阵

变量	dist	distcap	distw	distwces
dist	1.0000			
distcap	0.9982	1.0000		
distw	0.9965	0.9969	1.0000	
distwces	0.9956	0.9959	0.9997	1.0000

注：dist 为两国主要经济聚集地间地理距离；distcap 为两国首都间地理距离；distw 为 GDP 加权的两国主要经济聚集地间距离；distwces 为人口加权的两国主要经济聚集地间距离。

表示制度变量的数据有 6 组。6 组制度数据相关性较高，不可以同时出现在回归方程之中。在选择表示制度变量的指标时，应考虑各变量同其他解释变量之间的相关性，选择相关性较低的一个制度变量纳入引力模型。篇幅所限，本书不一一展示各变量同其他解释变量的相关系数矩阵。经检测，民主程度的数据同其他解释变量的相关性最低，故本书采用民主程度作为表示一国制度因素的解释变量。

2. 符号说明

对引力模型中各变量的符号做如下说明。

gdp：表示共建"一带一路"国家的国内生产总值。

agdp：表示共建"一带一路"国家的人均国内生产总值。

pop：表示共建"一带一路"国家的人口数量。

cgdp：表示中国的国内生产总值。

cagdp：表示中国的人均国内生产总值。

cpop：表示中国的人口数量。

dagdp：表示中国同共建"一带一路"国家人均国内生产总值之差的绝对值。

dis：表示中国同共建"一带一路"国家的距离。

上述几个解释变量在模型中均取其对数形式，如 lngdp 表示变量 gdp 的对数，其他变量相同。

iva：表示共建"一带一路"国家的制度评分。

diva：表示中国同共建"一带一路"国家制度评分之差的绝对值。

此外，引力模型中还有 4 个哑变量。其中，表示经贸合作的哑变量有 3 个：变量 *wto* 表示共建"一带一路"国家是否属于世界贸易组织成员，若是，取值为"1"；若不是，取值为"0"。需要注意的是，一些国家是在样本统计年份加入的世界贸易贸易组织，例如，老挝、塔吉克斯坦和也门于 2013 年加入 WTO，阿富汗和哈萨克斯坦于 2015 年加入 WTO。上述国家都是根据实际情况，从加入当年开始变量取值为"1"，之前取值为"0"。变量 *apec* 表示共建"一带一路"国家是否属于亚太经合组织成员，若是，取值为"1"；若不是，取值为"0"。变量 *fta* 表示共建"一带一路"国家是否同中国建立了自由贸易区，若是，取值为"1"；若不是，取值为"0"。变量 *bou* 表示共建"一带一路"国家是否与中国接壤，若是，取值为"1"；若不是，取值为"0"。

3. 纳入模型的变量选取

前文所描述的各解释变量，不能全部被纳入扩展的引力模型之中，这是因为，若存在相关性很高的多个变量，模型会产生严重的多重共线性，从而影响到整个模型的回归准确性。

一方面考虑的是共建"一带一路"国家的国内生产总值、人均国内生产总值和人口 3 个变量的选取问题。因为三个变量之间完全共线，不能同时被纳入引力模型。如表 4.2 所示，共建"一带一路"国家的国内生产总值和人口两个变量的相关性较高，而二者与人均国内生产总值的相关性在可接受范围内，因此，我们将人均国内生产总值纳入引力模型，在国内生产总值和人口两个变量中选取其一纳入模型。对于国内生产总值和人口两个变量，考察其与其他各解释变量之间的相关性，选择相关性较小的变量纳入模型。通过考察，人口变量与其他各解释变量的相关性较小，因此将其纳入模型之中。

在中国的国内生产总值、人均国内生产总值和人口 3 个变量的选取上，同样首先考察三者之间的相关性。经考察，三者之间相关性非常高，只能选取其一作为解释变量。本书选取中国的人口数量作为模型的解释变量，主要基于以下 3 点考虑：第一，人口数量可以表示经济规模，而中国的经济规模对对外贸易的影响程度较为显著；第二，人口变量同其他变量之间的相关性均在可接受范围内；第三，同共建"一带一路"国家表示经

济规模的变量选取具有一致性。因此，将人口数量纳入模型的解释变量
之中。

另一方面，考察模型各解释变量之间的相关性。如表 4.2 和表 4.3 所
示，模型各解释变量之间的相关性大部分在可接受范围内，只有两组变量
的相关性比较高。第一组是变量 apec 和变量 fta，相关系数为 0.6370；第二
组为变量 iva 和变量 diva，相关系数为 0.9800。每组中的两个变量不能同时
出现在方程之中。同时，本书也考察了各解释变量的 VIF 方差膨胀因子，
均在 4 以下，说明模型不存在多重共线性问题。

表 4.2　共建"一带一路"国家国内生产总值、人均国内生产总值和人口
Spearman 相关系数矩阵

变量	lngdp	lnagdp	lnpop
lngdp	1		
lnagdp	0.327	1	
lnpop	0.715	−0.383	1

表 4.3　各变量 Spearman 相关系数矩阵

变量	lnagdp	lnpop	lncpop	lndis	lndagdp	iva	diva	wto	apec	fta	bou
lnagdp	1										
lnpop	−0.3830	1									
lncpop	0.0357	0.0223	1								
lndis	0.4110	−0.2650	0	1							
lndagdp	0.2330	−0.1350	0.2170	−0.0703	1						
iva	0.0946	0.0097	−0.0124	0.3800	−0.1350	1					
diva	0.0693	−0.0098	−0.0297	0.3940	−0.1230	0.9800	1				
wto	0.1970	0.0262	0.0472	0.0041	0.2870	0.2940	0.2610	1			
apec	0.1090	0.2690	0	−0.3510	−0.0294	−0.2130	−0.2290	0.1940	1		
fta	−0.1790	0.1770	0.0330	−0.5030	0.0578	−0.1860	−0.1610	0.1490	0.6370	1	
bou	−0.4410	0.3000	0	−0.5600	0.0377	−0.1820	−0.1990	0.1660	0.0578	0.1570	1

四、扩展的贸易引力模型

根据前文对贸易影响因素分析和模型变量的选取，本书构建的贸易引
力模型形式如下：

$$\ln trade_{ijt} = \alpha + \beta_1 \ln agdp_{jt} + \beta_2 \ln pop_{jt} + \beta_3 \ln cpop_{it} + \beta_4 \ln dist_{ij} +$$
$$\beta_5 \ln dagdp_{ijt} + \beta_6 wto_{it} + \beta_7 bou_j + \beta_8 I_{jt} + \beta_9 D_j + \varepsilon \qquad (4.3)$$

其中，下标 i 表示中国，下标 j 表示共建"一带一路"国家。变量 I 表示制度变量，包括 iva 和 $diva$，变量 D 表示经贸合作变量中的 $apec$ 和 fta。

因为本书使用的被解释变量不仅包括中国同共建"一带一路"国家的总贸易量，还包括中国对共建"一带一路"国家的出口量及中国从共建"一带一路"国家的进口量。因此，在公式（4.3）的基础上，构造公式（4.4）和公式（4.5）。

$$\ln export_{ijt} = \alpha + \beta_1 \ln agdp_{jt} + \beta_2 \ln pop_{jt} + \beta_3 \ln cpop_{it} + \beta_4 \ln dist_{ij} + a$$
$$\beta_5 \ln dagdp_{ijt} + \beta_6 wto_{it} + \beta_7 bou_j + \beta_8 I_{jt} + \varepsilon \qquad (4.4)$$

$$\ln import_{ijt} = \alpha + \beta_1 \ln agdp_{jt} + \beta_2 \ln pop_{jt} + \beta_3 \ln cpop_{it} + \beta_4 \ln dist_{ij} +$$
$$\beta_5 \ln dagdp_{ijt} + \beta_6 wto_{it} + \beta_7 bou_j + \beta_8 I_{jt} + \varepsilon \qquad (4.5)$$

变量 $export_{ijt}$ 表示中国对共建"一带一路"国家的出口额；变量 $import_{ijt}$ 表示中国从共建"一带一路"国家的进口额。

本书进行的回归分析，均是以上述三个方程为基础。

第二节 实证回归和模型修正

一、计量方法的选取

通常关于面板数据的回归方法有混合最小二乘法（Pooled OLS）、固定效应估计方法和随机效应估计方法，其中混合最小二乘法可能存在遗漏解释变量的问题。如果模型中遗漏了某些重要的解释变量，该解释变量就被包含在误差项中，进而使得误差项呈现出异方差的特性，使得估计结果不具有有效性。为有效控制面板数据中有关遗漏解释变量的问题，最常用的模型是固定效应模型（fixed effects model，FE）和随机效应模型（random effects model，RE），两者都涵盖了那些没有观测到、不随时间而变化、但影响被解释变量的因素。若模型中不随时间变化的非观测效应与模型中观测到的解释变量相关，则应采用固定效应模型，反之，则采用随机效应模型。从应用经验的角度而言，当个体被认为是从总体中随机抽取的样本时，随机效应模型更有效；当个体被认为不是从总体中随机抽取的，固定效应就是更合适的模型。本节采用的数据多为中国同共建"一带一路"国家间贸易数据，相比于时间，横截面数量较多，因此，更适合采用固定效应模型。

为了更加严格地确定以上 3 种模型哪种更加符合研究需要，接下来将对 3 种模型进行比较检验。一方面，采用 F 检验来检验固定效应模型和混合模型。若检验结果拒绝原假设，表明模型中不同个体的截距项不同，固定效应模型优于混合模型。另一方面，我们采用 Hausman 检验来比较固定效应模型和随机效应模型。若检验结果拒绝原假设，则表明固定效应模型优于随机效应模型，否则，随机效应模型优于固定效应模型。但在采用固定效应模型估计时，不随时间变化的变量将被舍弃，因而无法单独估计这些变量的影响。若本书采用固定效应模型进行估计，则无法单独分析模型中不随时间变化的变量（如距离、APEC、FTA 等）对贸易的影响。

埃格（Egger，2002）①提出用 Hausman-Taylor 模型（HT 模型）作为固定效应模型和随机效应模型的替代模型。HT 模型作为引力模型中的估计方法，已经被越来越多地应用于国际贸易领域。当随机变量与解释变量相关时，为克服随机变量与解释变量之间的相关性，HT 模型采用工具变量法，选用模型中的外生变量作为内生变量的工具变量进行回归分析。HT 模型既满足了固定效应模型中随机变量与解释变量之间相关性的假设，又克服了固定效应模型不能估计不随时间变化变量影响的不足，是一种比较适合本书研究的模型。在 HT 模型中，过度识别（Over-identification）检验通常用来检验工具变量的合理性，若检验结果为接受原假设，即工具变量与内生变量相关，而与随机项不相关，则工具变量设置合理。

除上述几种模型外，Tobit 模型也被较多地应用于存在零贸易流的国际贸易问题中。Tobit 模型又被称为样本选择模型或受限因变量模型，其主要特点是因变量为受限变量。在本书研究的因变量中，由于一些国家在部分年份统计缺失或基于其他原因，贸易流为零，此时使用 Tobit 模型进行研究较为合适。在处理零贸易流问题时，Tobit 模型对结果进行了检验，截断了所有小于零的数据。

---

① Egger P. An Econometric View on the Estimation of Gravity Models and the Calculation of Trade Potentials[J]. The World Economy, 2002, 29(2): 297-312.

本书选择模型的方法如下：首先，使用混合最小二乘法对模型进行回归，然后进行固定效应模型和随机效应模型的回归。其次，根据固定效应模型回归结果中的 F 值，判断固定效应是否更优于混合最小二乘法。再次，将固定效应模型和随机效应模型的回归结果进行 Hausman 检验，以判断哪个模型更有效。最后，在 HT 模型和 Tobit 模型的选取上，参照因变量中零贸易流的多寡进行选择，当因变量中零贸易流较少时，使用 HT 模型，反之，则考虑使用 Tobit 模型。

二、回归结果和模型修正

（一）混合最小二乘法

1. 双边贸易

首先，我们应用比较传统的混合最小二乘法对模型进行回归，最小二乘法尽管会涉及遗漏变量导致回归结果产生偏误的问题，但可以作为对照模型，为后续的回归提供帮助。第一个回归，我们用混合最小二乘法对包含人均国内生产总值、人口和距离的最基准贸易引力模型进行回归。在后续的回归中，我们加入了其他解释变量。其中，由于表示制度的变量 iva 和 $diva$ 不能同时出现在一个方程中，表示经贸合作的变量 fta 和 $apec$ 也不能同时出现在一个方程中，我们分别对包含上述 4 个变量中两个变量的方程进行了回归，得到表 4.4 中的回归结果。

表 4.4 双边贸易量混合 OLS 回归结果

变量	（1）lntrade	（2）lntrade	（3）lntrade	（4）lntrade	（5）lntrade
ln$agdp$	1.149***	1.088***	1.087***	1.037***	1.034***
	(35.18)	(32.19)	(31.95)	(28.59)	(28.38)
lnpop	1.064***	1.036***	1.034***	1.024***	1.020***
	(49.36)	(49.78)	(49.66)	(45.01)	(44.88)
ln$cpop$	5.965**	4.631*	4.502*	4.962*	4.880*
	(2.60)	(2.14)	(2.07)	(2.24)	(2.19)
lndis	-1.433***	-0.916***	-0.915***	-1.079***	-1.087***
	(-15.02)	(-7.53)	(-7.44)	(-8.82)	(-8.81)
ln$dagdp$		0.0190	0.0250	0.0394	0.0481
		(0.63)	(0.83)	(1.26)	(1.55)
wto		0.497***	0.468***	0.538***	0.496***
		(5.34)	(5.10)	(5.61)	(5.22)

续表

变量	（1）lntrade	（2）lntrade	（3）lntrade	（4）lntrade	（5）lntrade
bou		0.133	0.140	0.0506	0.0644
		(1.17)	(1.22)	(0.43)	(0.55)
iva		−0.110**		−0.109*	
		(−2.64)		(−2.51)	
fta		0.570***	0.591***		
		(6.31)	(6.57)		
diva			−0.0925*		−0.0745
			(−2.06)		(−1.59)
apec				0.393***	0.428***
				(3.32)	(3.64)
_cons	−42.03*	−36.94*	−35.87*	−37.59*	−36.80*
	(−2.52)	(−2.36)	(−2.28)	(−2.34)	(−2.29)
调整后的 R^2	0.83	0.85	0.85	0.84	0.84

注：括号内为统计量，"*""**""***"分别表示在5%、1%和1‰的水平上显著。

对比表 4.4 中各变量的回归结果可以看出，随着模型变量的增减，各解释变量的系数和显著性均未发生明显变化，证明模型结果比较稳健。各模型调整后的 R^2 均在 0.83 以上，说明模型的解释能力比较强。

再逐一对各解释变量进行分析。首先是基准引力模型中的变量。变量 lnagdp 的系数为 1.149，说明共建"一带一路"国家的人均国民生产总值每提高 1%，同中国的贸易量将增加 1.149%。变量 lnpop 的系数为 1.064，说明共建"一带一路"国家的人口每增长 1%，同中国的贸易量将增加 1.064%。变量 lncpop 的系数为 5.965，说明中国人口每增长 1%，同共建"一带一路"国家的贸易量平均增加 5.965%。该系数较之前其他类似研究明显偏高，可能存在高估问题。距离变量 lndis 系数为-1.433，说明距离每增加 1%，中国同共建"一带一路"国家的贸易量平均减少 1.433%。变量 lnagdp、lnpop 和 lndis 的弹性均在 1 或-1 左右，比较符合国际贸易相关理论假设，也同之前类似研究结果较为一致。

变量 wto 的回归结果显著，系数值约为 0.5，说明共建"一带一路"国家加入世界贸易组织，将使中国同其贸易额扩大 1.65 倍 [exp（0.5）=1.65]。变量 apec 和 fta 均显著，说明共建"一带一路"国家加入亚太经合组织及同中国签订自贸区协定，均能扩大其同中国的贸易总量。

变量 iva 和变量 diva 的系数值均为负值，且在模型（1）~（4）中显著，说明共建"一带一路"国家的制度环境分数增加，或同中国的制度环境分数之差扩大，其同中国的贸易额均会减少。

变量 bou 和 lndagdp 在回归中均不显著，说明共同边界和人均国内生产总值差额对中国同共建"一带一路"国家之间的贸易量没有显著的影响。

2. 出口和进口

采用同样的方法，我们将变量 lntrade 换成 lnexport 和 lnimport，分别研究中国对共建"一带一路"国家出口和中国从共建"一带一路"国家进口受哪些因素的影响。我们遵循逐步增加解释变量的方法对模型进行研究，为了节省篇幅，此处不对增加变量的过程进行逐一呈现。

从表 4.5 中国对共建"一带一路"国家出口的混合 OLS 回归结果可以看出，模型在增加变量的过程中，系数和显著性水平变化不大，相对比较稳健。调整后的 R^2 也达到 0.8 以上，说明模型的解释能力比较强。同双边贸易的回归结果相似，共建"一带一路"国家的国内生产总值和人口的弹性均在 1 左右，说明共建"一带一路"国家国内生产总值和人口的增加同中国对其出口的增加有相同的速度。而中国人口的变量在基准模型中显著，但在扩展的引力模型中不显著，说明中国人口变化对中国向共建"一带一路"国家出口无显著影响。而距离变量系数略小于双边贸易量的模型，说明距离的增加对出口的影响小于对双边贸易量的影响。后续将继续考察距离对进口的影响，若影响较大，可能的原因有两个：第一是国际贸易交付方式的选择，距离的增加对运输能力较高的一方影响较小；第二是出口市场的替代弹性，若出口市场替代弹性小，则受距离的影响更小。wto 变量的系数值有所提高，说明共建"一带一路"国家加入世界贸易组织对中国向该国出口的货物贸易量影响更大。表示制度环境的变量 iva 和表示制度环境差异的变量 diva 均显著且符号为负，其含义为共建"一带一路"国家制度评分增加，或同中国的制度评分差距扩大，中国对其出口将下降。表示经贸合作的另外两个变量 fta 和 apec 在出口模型中均在 0.1%的水平显著，说明同中国建立自由贸易区和加入亚太经合组织将使中国对其出口明显增加。lnagdp 在部分扩展引力模型中在 5%的水平显著，说明共建"一带一路"国家同中国人均国内生产总值差距大，能增加中国对其出口。变量 bou 的回归系数同样不显著。

表 4.5　中国对共建"一带一路"国家出口的混合 OLS 回归结果

变量	（1）lnexport	（2）lnexport	（3）lnexport	（4）lnexport	（5）lnexport
lnagdp	0.957***	0.862***	0.862***	0.800***	0.795***
	(29.52)	(27.66)	(27.36)	(23.62)	(23.32)
lnpop	1.039***	1.002***	0.998***	0.985***	0.978***
	(48.59)	(52.13)	(51.77)	(46.38)	(45.99)
lncpop	5.147*	3.120	2.955	3.514	3.415
	(2.26)	(1.56)	(1.47)	(1.70)	(1.64)
lndis	−1.119***	−0.438***	−0.441***	−0.614***	−0.627***
	(−11.82)	(−3.90)	(−3.87)	(−5.38)	(−5.43)
lndagdp		0.0469	0.0556*	0.0725*	0.0846**
		(1.69)	(2.01)	(2.49)	(2.92)
wto		0.748***	0.703***	0.789***	0.728***
		(8.72)	(8.27)	(8.81)	(8.19)
bou		0.191	0.203	0.104	0.124
		(1.81)	(1.91)	(0.95)	(1.13)
iva		−0.151***		−0.146***	
		(−3.93)		(−3.60)	
fta		0.668***	0.698***		
		(8.01)	(8.38)		
diva			−0.120**		−0.0945*
			(−2.88)		(−2.15)
apec				0.501***	0.550***
				(4.53)	(4.99)
_cons	−37.53*	−29.00*	−27.60	−29.92*	−28.93
	(−2.27)	(−2.00)	(−1.90)	(−2.00)	(−1.92)
调整后的 R^2	0.81	0.86	0.86	0.85	0.85

注：括号内为统计量，"*""**""***"分别表示在 5%、1% 和 1‰ 的水平上显著。

从表 4.6 中国从共建"一带一路"国家进口的混合 OLS 回归结果可以看出，进口模型同双边贸易模型和出口模型的相似之处是，模型的解释能力比较强（尽管调整后的 R^2 降低到了 0.72），且大多数主要解释变量系数均显著。此外，有两个明显区别：第一个区别是进口模型中各变量的系数回归值明显比前两个模型大，说明各变量的变化对进口的影响明显比对双

边贸易和出口的影响大。例如，共建"一带一路"国家的人均国内生产总
值每变化 1%，中国从其进口量同方向约变化 1.8%；而共建"一带一路"
国家人口每变化 1%，中国对其出口量同方向变化 0.9%。中国的人口变量
在进口模型中并不显著，因此不能认为中国人口变化会对其从共建"一带
一路"国家进口量有显著影响。而距离变量的回归系数值较出口模型有所
增加，说明距离每增加 1%，中国从共建"一带一路"国家进口量的变化要
大于出口量。变量 wto 的回归系数为 0.6～0.7，说明加入世界贸易组织将使
中国从其进口量扩大 1.8～2 倍。第二个区别是表示国际经贸合作的变量 fta
系数也显著为正。表示制度的变量 iva 和 $diva$ 的系数虽然为负，但显著性
没有通过检验，说明共建"一带一路"国家的制度评分提高或与中国的制
度评分差距拉大，对中国从其进口无显著影响。而变量 $\ln dagdp$、bou 和
$apec$ 的回归系数均不显著，不能认为人均国内生产总值差额、共同边界和
加入亚太经合组织对中国从共建"一带一路"国家进口产生了显著影响。

表 4.6　中国从共建"一带一路"国家进口的混合 OLS 回归结果

变量	（1） ln$import$	（2） ln$import$	（3） ln$import$	（4） ln$import$	（5） ln$import$
ln$agdp$	1.857***	1.813***	1.804***	1.753***	1.749***
	(29.26)	(26.53)	(26.31)	(24.07)	(24.01)
lnpop	1.394***	1.349***	1.351***	1.343***	1.346***
	(33.27)	(32.04)	(32.18)	(29.39)	(29.62)
ln$cpop$	8.644	8.191	7.996	8.653	8.470
	(1.94)	(1.87)	(1.83)	(1.95)	(1.91)
lndis	−1.813***	−1.255***	−1.200***	−1.560***	−1.529***
	(−9.77)	(−5.10)	(−4.84)	(−6.35)	(−6.20)
ln$dagdp$		−0.0992	−0.105	−0.0758	−0.0803
		(−1.63)	(−1.74)	(−1.21)	(−1.30)
wto		0.608**	0.670***	0.700***	0.748***
		(3.23)	(3.62)	(3.63)	(3.94)
bou		0.157	0.126	−0.00191	−0.0314
		(0.68)	(0.55)	(−0.01)	(−0.13)
iva		−0.0255		−0.0395	
		(−0.30)		(−0.45)	

续表

变量	（1）lnimport	（2）lnimport	（3）lnimport	（4）lnimport	（5）lnimport
fta		0.846***	0.838***		
		(4.63)	(4.62)		
diva			−0.113		−0.106
			(−1.25)		(−1.13)
apec				0.428	0.396
				(1.80)	(1.68)
_cons	−66.88*	−67.73*	−66.55*	−68.06*	−66.81*
	(−2.07)	(−2.13)	(−2.10)	(−2.11)	(−2.08)
调整后的 R^2	0.72	0.72	0.72	0.72	0.72

注：括号内为统计量，"*""**""***"分别表示在 5%、1%和 1‰的水平上显著。

上述用混合最小二乘法对双边贸易量及出口和进口的回归结果只能作为后续研究的一个对照组。诚如之前分析所述，混合最小二乘法有诸多可能存在的问题，会导致回归结果为虚假回归。例如，混合最小二乘法可能会带来遗漏重要解释变量的问题，导致遗漏的解释变量被包含在随机误差项ε中，使随机误差项存在异方差，从而影响回归结果的有效性，这就需要用其他方法重新对结果进行检验。又如，最小二乘法将模型假定为线性模型，而实际中很多模型均为非线性模型，这时也需要估计非线性模型的方法来代替最小二乘法，如 Tobit 模型。但是，仅就上述 3 个模型的回归结果而言，模型各解释变量的系数不随着模型中变量的增减发生显著变化，说明模型比较稳定。各解释变量的回归结果均比较符合经济学原理，也同之前的研究成果相一致，证明模型设置比较合理科学，也证明最小二乘法回归的结果具有一定的参考性。当然，本书的后续研究将逐步检验最小二乘法是否真正合理，并寻找更为合适的回归方法，对 3 个模型进行回归。

（二）固定效应模型和随机效应模型

如前文所述，混合最小二乘法的最大问题就是可能产生遗漏重要解释变量的问题，为有效控制面板数据中有关遗漏解释变量的问题，最常用的模型是固定效应模型（fixed effects model，FE）和随机效应模型（random effects model，RE），两者都涵盖了那些没有观测到的、不随时间而变化的、但影响被解释变量的因素。两者的区别是：若模型中不随时间变化的非观测效应与模型中观测到的解释变量相关，则应采用固定效应模型；反之，若无关，则采用随机效应模型。从应用经验来看，当个体被认为是从总体中随机抽取的样本时，随机效应模型更有效；当个体被认为不是从总体中随机抽取的样本时，固定效应就是更合适的模型。本节数据为中国同共建"一带一路"国家贸易的数据，数据时间长度为 10 年，横截面宽度为 63 个国家。相比时间，横截面数量较多，因此，本节更适合采用固定效应模型。

为了避免经验之谈导致的错误，本节将对 3 种模型进行比较检验，从而能更加严格地确定 3 种模型中哪种更加符合研究需要。一方面，F 检验被用来检验固定效应模型和混合 OLS 模型。检验结果若拒绝原假设，表明模型中不同个体的截距项不同，固定效应模型优于混合模型，否则，不能说明固定效应模型更优。另一方面，本节采用 Hausman 检验来比较固定效应模型和混合效应模型。检验结果若拒绝原假设，表明固定效应模型优于随机效应模型，反之，则不能认为固定效应模型更优。

1. 双边贸易

表 4.7 表示的是对双边贸易的固定效应模型回归结果。从模型的整体解释能力上看，R^2 均在 0.6 左右（此处未报告），说明固定效应模型的解释能力比较好。固定效应模型的回归结果后均显示 F 检验，表 4.7 所示的三个结果的 F 检验，P 值均小于 0.01，证明拒绝原假设，即模型中的不同个体有不同的截距项，用固定效应模型的回归结果更优于混合最小二乘法。我们接下来看固定效应模型中各变量的系数值及其显著性。首先是基准引力模型中的变量系数，变量 ln*agdp* 和 ln*cpop* 的回归结果非常显著，但变量 ln*pop* 没有通过显著性检验。变量 ln*agdp* 的系数值约为 0.8，说明共建"一带一路"国家的人均国内生产总值每变化 1%，同中国的双边贸易量将同方向增长 0.8%。与混合最小二乘法回归模型类似，在固定效应模型中，变量 ln*cpop* 的系数值仍然很高，说明中国人口变动对其同共建"一带一路"国家双边贸易量的影响非常大，中国人口每变动 1%，双边贸易量的变动达 8% 左右。变量 *wto* 和 *iva* 的系数在混合最小二乘法估计的模型中比较显著，在固定效应模型中却不显著。变量 ln*dagdp* 系数仍然不显著。固定效应模型不能估计不随时间变化的变量，因此，变量 ln*dis*、*bou*、*fta* 和 *apec* 在固定效应模型中不能被估计，这也是应用固定效应模型研究该问题的一大弊端。

表 4.7　双边贸易的固定效应模型回归结果

变量	（1）lntrade	（2）lntrade	（3）lntrade
lnagdp	0.783***	0.772***	0.775***
	（10.78）	（10.52）	（10.59）
lnpop	0.431	0.466	0.454
	（1.50）	（1.61）	（1.58）
lncpop	7.744***	7.950***	8.168***
	（8.07）	（7.92）	（8.08）
lndis	—	—	—
lndagdp		−0.00651	−0.00717
		（−0.31）	（−0.34）
wto		−0.134	−0.126
		（−1.22）	（−1.15）
bou		—	—
iva		−0.0141	
		（−0.16）	
fta		—	—
diva			0.114
			（1.39）
apec		—	—
_cons	−62.47***	−63.80***	−65.51***
	（−9.75）	（−9.54）	（−9.69）
F 检验	116.39	95.94	97.41

注：括号内为统计量，"*" "**" "***"分别表示在5%、1%和1‰的水平上显著。

下面我们检验一下随机效应模型和固定效应模型哪个更有效。由于之前的研究表明，在类似问题的处理上，固定效应是优于随机效应的，因此我们在运用随机效应模型得出结果后，先不对模型结果进行分析，而是针对每一个随机效应模型及其对应的固定效应模型分别进行 Hausman 检验。表 4.8 报告了 Hausman 检验的结果，在对基准贸易引力模型进行回归时，Hausman 检验的结果是拒绝原假设，而对加入其他解释变量的扩展的贸易引力模型进行回归时，Hausman 检验的结果是接受原假设。由于 Hausman

检验的原假设为 H_0：两种方法得到的参数没有显著差异，因此，可以认为，在对扩展的贸易引力模型进行回归时，固定效应模型和随机效应模型回归的结果是一致的。但是随机效应模型较固定效应模型更节省自由度，因此选择随机效应模型比较合适。而对基准贸易引力模型进行回归时，使用固定效应模型则明显优于随机效应模型。

表 4.8　双边贸易的随机效应模型回归结果

变量	（1）lntrade	（2）lntrade	（3）lntrade	（4）lntrade	（5）lntrade
lnagdp	0.928***	0.927***	0.929***	0.899***	0.900***
	（15.96）	（15.98）	（16.00）	（14.99）	（15.00）
lnpop	0.996***	0.984***	0.980***	0.951***	0.944***
	（15.66）	（15.52）	（15.43）	（14.03）	（13.92）
lncpop	6.447***	6.098***	6.265***	6.572***	6.772***
	（8.23）	（7.33）	（7.46）	（7.88）	（8.04）
lndis	-1.232***	-0.971**	-1.044**	-0.893*	-0.950*
	（-4.35）	（-2.78）	（-2.99）	（-2.38）	（-2.52）
lndagdp		0.00122	0.000777	0.00323	0.00253
		（0.06）	（0.04）	（0.16）	（0.12）
wto		0.00292	-0.00305	-0.0222	-0.0290
		（0.03）	（-0.03）	（-0.22）	（-0.29）
bou		0.107	0.116	0.199	0.219
		（0.32）	（0.34）	（0.56）	（0.62）
iva		-0.0234		-0.00767	
		（-0.33）		（-0.11）	
fta		0.391***	0.387***		
		（3.34）	（3.31）		
diva			0.0750		0.0948
			（1.07）		（1.34）
apec				0.796*	0.836*
				（2.29）	（2.40）
_cons	-45.15***	-44.95***	-45.61***	-48.76***	-49.81***
	（-7.44）	（-6.86）	（-6.93）	（-7.17）	（-7.28）
Hauseman 检验结果	拒绝 H_0	接受 H_0	接受 H_0	接受 H_0	接受 H_0

注：括号内为统计量，"*""***""****"分别表示在 5%、1% 和 1‰ 的水平上显著。

2. 出口和进口

同样运用上述方法，我们对出口和进口相关模型进行检验，发现在出口和进口模型的选择上，固定效应模型要优于随机效应模型。因此，在研究中国从共建"一带一路"国家进口和对共建"一带一路"国家出口的问题上，我们将检验固定效应模型的回归结果，而不对随机效应模型进行展示。

从表 4.9 中可以看出，出口固定效应模型的回归结果比较接近于经济学理论预期。ln*agdp* 弹性为 0.6，ln*pop* 的弹性为 0.9，说明共建"一带一路"国家的人均国内生产总值每增加 1%，中国对其出口会增加约 0.6%；共建"一带一路"国家的人口每增加 1%，中国对其出口会增加约 0.9%。而中国的人口系数同样是 6 左右，这同之前的混合最小二乘法的回归结果较一致，说明中国人口增加 1%，其对共建"一带一路"国家出口会增加约 6%。而在固定效应模型中，变量 *wto* 的回归系数是不显著的，这同混合最小二乘法的回归结果不一致。同样不一致的还有两个制度变量的回归结果。在混合最小二乘法回归结果中，制度变量的系数符号为负，说明制度变量的变动会对中国对共建"一带一路"国家出口产生反方向的影响。而在固定效应模型中，两个制度变量的回归系数值为正，且 *diva* 变量在 1% 的水平显著，说明中国对共建"一带一路"国家的出口会随着东道国同中国制度差异的扩大而增加。对该结论暂且不做分析，在完成本章后续其他模型的回归之后再进行检验。同样，距离、共同边界、自由贸易区和亚太经合组织的效应无法估计，这是模型的一大缺陷。而人均国内生产总值差额同样不显著，说明不能认为经济发展水平的差异或需求的差异对中国对共建"一带一路"国家出口有影响。

表 4.9　中国对共建"一带一路"国家出口的固定效应模型回归结果

变量	（1）ln*export*	（2）ln*export*	（3）ln*export*
ln*agdp*	0.635***	0.637***	0.641***
	（8.36）	（8.32）	（8.42）
ln*pop*	0.936**	0.906**	0.914**
	（3.12）	（3.00）	（3.05）
ln*cpop*	5.858***	6.367***	6.691***
	（5.84）	（6.07）	（6.37）

续表

变量	（1） ln*export*	（2） ln*export*	（3） ln*export*
ln*dis*	—	—	—
ln*dagdp*		−0.0320 （−1.46）	−0.0339 （−1.55）
wto		−0.0469 （−0.41）	−0.0394 （−0.35）
bou			—
iva		0.0928 （1.03）	
fta		—	—
diva			0.224** （2.65）
apec		—	—
_*cons*	−49.21*** （−7.34）	−52.49*** （−7.52）	−55.20*** （−7.85）
n	620	620	620

注：括号内为统计量，"*""**""***"分别表示在 5%、1%和 1‰的水平上显著。

下面用固定效应模型分析各解释变量对中国从共建"一带一路"国家进口的影响。如表 4.10 中回归结果（1）～（3）所示，进口模型中各变量的回归结果同之前最小二乘法的回归结果差异比较大，而且一些变量的回归结果与预期不相符，主要表现在以下几个方面：第一，基准贸易引力模型中主要的解释变量系数及其显著性与最小二乘法的回归结果不一致。最小二乘法的回归结果中，表示中国人口的变量 ln*cpop* 的回归系数不显著；而在固定效应模型中，表示中国人口的变量回归系数显著，但数值约为12，明显高于其他回归的系数值。第二，基准贸易引力模型中另一个重要变量，表示共建"一带一路"国家人口的 ln*pop* 回归结果不显著，这与理论预期不相符。第三，变量 *wto* 在固定效应模型中不显著，而在最小二乘法估计的结果中显著。为了进一步检验基准贸易引力模型中各重要解释变量的回归结果，本节分别将 lnagdp、lnpop 和 lncpop 三个变量用其他变量进行了替换，见回归结果（4）和（5）。在回归结果（4）中，将共建"一带一路"国家的人均国内生产总值用国内生产总值替换，同时也将中国的人口用国内生产总值替换。结果显示，共建"一带一路"国家的国内生产总值对中国从其进口具有显著正效应，弹性约为 0.9；中国的国内生产总值对其从共建"一带一路"国家进口也有显著正效应，弹性约为 0.95。上述两个结论均符合理论预期。但是，国内生产总值对共建"一带一路"国家人口的影响仍然不显著。在回归结果（5）中，我们将中国和共建"一带一路"国家的人口变量分别用各自的国内生产总值代替，结果显示，中国的国内生产总值系数变化不大[同结果（4）相比]，但是共建"一带一路"国家的人口和人均国内生产总值的系数均不显著，这与理论预期差距较大。鉴于此，本书在此不做过多的解释和评述，将继续采取更为合适的方法进行回归，并在得出最终的回归结果之后一并进行评述和原因分析。

表 4.10　中国从共建"一带一路"国家进口的固定效应模型回归结果

变量	（1）lnimport	（2）lnimport	（3）lnimport	（4）lnimport	（5）lnimport
lnagdp	1.049***	1.025***	1.025***		0.768
	（7.35）	（7.14）	（7.13）		（1.47）
lnpop	0.537	0.559	0.619	−0.768	
	（0.95）	（0.99）	（1.09）	（−1.47）	
lncpop	11.55***	12.04***	12.19***		
	（6.12）	（6.12）	（6.14）		
lndis	—	—	—	—	—
lndagdp		0.0139	0.0111		
		（0.34）	（0.27）		
wto		−0.318	−0.324		
		（−1.48）	（−1.50）		
bou		—	—		
iva		0.296			
		（1.75）			
fta		—	—		
diva			0.227		
			（1.42）		

续表

变量	(1) ln*import*	(2) ln*import*	(3) ln*import*	(4) ln*import*	(5) ln*import*
apec		—	—		
ln*gdp*				0.915*** (6.31)	0.147 (0.26)
ln*cgdp*				0.949*** (7.32)	0.949*** (7.32)
_*cons*	-94.39*** (-7.49)	-97.50*** (-7.45)	-99.10*** (-7.47)	-11.15*** (-9.42)	-16.46*** (-5.31)
n	620	620	620	620	620

注：括号内为统计量，"*""**""***"分别表示在5%、1%和1‰的水平上显著。

上述即为运用固定效应模型对双边贸易量及中国对共建"一带一路"国家出口和中国从共建"一带一路"国家进口的影响因素的分析。尽管通过进行F检验和Hausman检验，证明在多数情况下，固定效应模型用于分析此问题时比混合最小二乘法和随机效应模型更为合适，且固定效应模型的回归结果大部分符合经济学原理，与预期一致，但是固定效应模型有一个无法避免的缺陷，即不能估计不随时间变化的变量的影响。在我们用来研究问题的基准贸易引力模型中，距离变量是一个重要的解释变量，引力模型建立的基础，即对"距离对贸易产生负效应"这一现象的模型化表述。而在固定效应模型中，距离这一重要的解释变量无法被估计，此问题必须得到解决。解决该问题的方法有两种：第一，将表示距离的变量转变为随时间变化的变量。这种方法在许多研究引力模型的文献中均有应用，例如，蒋殿春和张庆昌（2011）[①]在测算两国之间的距离时，使用两国首都之间的地理距离，并用燃油价格做权重调整。第二，寻找更为合适的模型代替固定效应模型，从而能够更好地对距离变量进行估计。由于本书研究的模型涉及的不随时间变化的变量比较多，除距离变量外，还有共同边界、自由贸易区和亚太经合组织3个变量，且这3个变量均为哑变量，将其转变为恰当的且随时间变化的变量几乎不可能。因此，本书将在后续的研究中进一步探索合适的模型，以替代固定效应模型。

---

① 蒋殿春，张庆昌. 美国在华直接投资的引力模型分析[J]. 世界经济，2011（5）：26-41.

（三）Hausman-Taylor 模型

正如上文所述，固定效应模型是一个研究相关问题比较好的模型，也是应用非常广泛的模型。通过 F 检验和 Hausman 检验，我们已经确定了固定效应模型在研究进口和出口问题时是优于混合最小二乘法和随机效应模型的，其估计结果的有效性较好。但是，固定效应模型的最大缺陷是自由度的浪费，即许多不随时间变化的变量无法被估计，因此必须寻找一个模型代替固定效应模型。对这种代替模型的要求有两点：其一，回归结果必须有效，即与固定效应回归结果具有一致性；其二，能够估计不随时间变化的变量，即节省模型的自由度。

根据上述要求，HT 模型是一个比较理性的选择。HT 模型最早由豪斯曼和泰勒（Hausman 和 Taylor）在 1981 年的一篇论文中提出，他们在论文中重点探讨了面板数据中不可观测个体影响的处理方法[①]。该模型在许多涉及面板数据处理的问题上均有广泛应用。埃格（Egger，2002）提出用 HT 模型作为固定效应模型和随机效应模型的替代模型。HT 模型作为引力模型中的估计方法，已经越来越多地被用于货物贸易领域。沃尔什（Walsh，2006）[②]、陈丽丽等（2014）[③]使用 HT 模型，对服务贸易问题进行了研究。由于前文检验结果表明随机变量与解释变量相关，为克服随机变量与解释变量之间的相关性，HT 模型采用工具变量法，选用模型中的外生变量作为内生变量的工具变量进行回归分析。HT 模型既满足了固定效应模型中随机变量与解释变量之间相关的假设，又克服了固定效应模型不能估计不随时间变化变量影响的不足，是一种比较适合本研究的模型。

在 HT 模型中，过度识别检验（Over-identification）通常用来检验工具变量的合理性。若检验结果接受原假设，即工具变量与内生变量相关，而与随机项不相关，则工具变量设置合理；反之，则认为模型中的工具变量设置存在问题。此外，另一个检验方法是由 Hausman（1981）在其论文中提出的，他并未使用萨根-汉森（Sargan-Hansen）检验，而是通过 Hausman 检验查看固定效应模型的回归结果与 HT 模型的回归结果是否具有显著区别，以判断 HT 模型的有效性。此外，模型回归自带的沃尔德（Wald）检

① Hausman J, W Taylor. Panel Data and Unobservable Individual Effects[J]. Econometrica, 1981, 49(6), 1377-1398.

② Walsh K. Trade in Services: Does Gravity Hold? A Gravity Model Approach to Estimating Barriers to Services Trade[J]. IIIS Discussion Paper, 2006.

③ 陈丽丽，龚静. 区域服务贸易协定、制度因素与服务贸易促进体系研究——基于 49 国之间双边服务贸易流量面板数据的实证分析[J]. 国际贸易问题，2014（11），132-143.

验可以验证回归方程整体是否显著。

1. 双边贸易

用 HT 模型进行双边贸易数据的实证回归，其结果如表 4.11 所示。

首先从整体上检验回归结果的显著性。从各回归结果的 Wald 检验值来看，其结果均非常显著，即模型整体具有很好的显著性。然后检验模型是否存在过度识别，Sargan-Hansen 检验结果显示 P 值均高于 0.05，即在 5% 的显著水平上不能拒绝"无法观测效应与其他回归式相关"的原假设，可认为 HT 模型的估计方法是有效的。接着我们用 Hausman 检验查看 HT 模型与固定效应模型的回归结果是否存在显著区别，经检验，P 值均远大于 0.05，即不能拒绝原假设，可认为 HT 模型的回归结果和固定效应模型的回归结果具有一致性，但 HT 模型克服了固定效应模型不能估计不随时间变化变量的缺点，因此本书设置的 HT 模型是一个较好的模型。

观察各回归结果中变量的系数值和显著性，可以看出，各回归结果变量系数值和显著性变化不大，说明模型设置比较稳定。基准贸易引力模型所包含的三个变量 lnagdp、lnpop 和 lncpop 中，lnagdp 和 lnpop 的回归系数同固定效应模型中的回归系数较为一致，其中，共建"一带一路"国家的人均国内生产总值弹性约为 0.8，人口弹性约为 0.9，说明共建"一带一路"国家人均国内生产总值每变化 1%，其同中国的双边贸易量将同方向变化 0.8%；而共建"一带一路"国家人口每变化 1%，其同中国的双边贸易量将同方向变化 0.9%。中国的人口变量的回归结果在固定效应模型中不显著，在 HT 模型中显著。在 HT 模型中，人口变量系数值约为 7，该系数值同之前随机效应模型的估计结果相差不大，可认为中国的人口每变动 1%，中国同共建"一带一路"国家双边贸易量将同方向变化 7%左右。而重要的解释变量——距离，在固定效应模型中未能被估计出来，在 HT 模型中，其估计值的绝对值为 1 左右，但只有基准引力模型显著为负，扩展的引力模型中未能通过显著性检验。在 HT 模型中，表示制度的变量 iva 和 diva 回归结果均不显著。表示国际经贸合作的 3 个变量中，wto 未能通过显著性检验，fta 和 apec 通过了显著性检验，且符号为正，符合预期。表明经济发展水平差异的变量 lnagdp 未能通过显著性水平检验。

表 4.11　双边贸易量的 HT 模型回归结果

变量	（1）lntrade	（2）lntrade	（3）lntrade	（4）lntrade	（5）lntrade
lnpop	0.934***	0.922***	0.916***	0.910***	0.902***
	(10.11)	(9.51)	(9.41)	(10.12)	(10.04)
lncpop	6.742***	6.569***	6.760***	6.881***	7.086***
	(8.69)	(7.96)	(8.10)	(8.30)	(8.46)
lnagdp	0.817***	0.826***	0.830***	0.829***	0.832***
	(11.92)	(12.19)	(12.27)	(12.05)	(12.11)
lndis	−1.159**	−0.932	−1.021	−0.800	−0.867
	(−2.75)	(−1.71)	(−1.87)	(−1.58)	(−1.70)
lndagdp		−0.00273	−0.00330	−0.00000791	−0.000742
		(−0.13)	(−0.16)	(−0.00)	(−0.04)
wto		−0.0826	−0.0817	−0.0808	−0.0817
		(−0.81)	(−0.80)	(−0.79)	(−0.80)
iva		−0.0238		−0.0103	
		(−0.31)		(−0.14)	
fta		0.360**	0.355**		
		(3.02)	(2.98)		
bou		0.103	0.115	0.222	0.244
		(0.19)	(0.21)	(0.46)	(0.51)
diva			0.0926		0.104
			(1.25)		(1.41)
apec				0.926*	0.966*
				(1.97)	(2.06)
_cons	−46.79***	−47.55***	−48.29***	−51.02***	−52.06***
	(−7.21)	(−6.42)	(−6.48)	(−6.90)	(−7.00)
n	630	630	630	630	630
Wald chi²	378.61	402.02	403.76	425.25	428.07

注：括号内为统计量，"*""***""****"分别表示在 5%、1% 和 1‰的水平上显著。

2. 出口和进口

下面我们接着用 HT 模型分析中国对共建"一带一路"国家的出口和中国从共建"一带一路"国家的进口问题。需要说明的是，对于出口和进口的检验，我们仍然对结果进行了过度识别检验和 Wald 检验，检验结果显示，模型不存在过度识别问题，且整体的显著性较高。具体检验结果在本书中不进行一一汇报。

　　表 4.12 是中国对共建 "一带一路" 国家出口的 HT 模型回归结果。从各个模型回归结果来看，基准引力模型中包含的人口和人均国内生产总值变量的系数均非常显著，且与固定效应模型的回归结果差距不大，基本上，共建 "一带一路" 国家人均国内生产总值弹性为 0.7 左右，人口弹性为 1 左右，而中国的人口弹性约为 6。但是，HT 模型的距离变量的回归结果显著性水平明显降低，除了基准引力模型显著之外，扩展的引力模型无一通过显著性检验。在扩展的引力模型包含的变量中，固定效应模型中只有表示制度差异的变量 *diva* 的回归系数具有显著性，而在 HT 模型中，变量 *diva* 在 0.05 的水平显著，变量 *fta* 和 *apec* 也分别在 0.1% 和 1% 的水平显著。从 HT 模型的回归结果可以得出结论：共建 "一带一路" 国家同中国制度评分的差额对中国对其出口具有正效应，弹性不到 0.2；加入 *apec* 及同中国建立自贸区均会使中国对其出口量增加。

表 4.12　中国对共建 "一带一路" 国家出口的 HT 模型回归结果

变量	（1）lnexport	（2）lnexport	（3）lnexport	（4）lnexport	（5）lnexport
ln*pop*	0.969***	0.961***	0.958***	0.929***	0.924***
	（14.49）	（13.88）	（13.77）	（13.42）	（13.29）
ln*cpop*	5.791***	5.432***	5.712***	5.855***	6.158***
	（7.08）	（6.32）	（6.59）	（6.76）	（7.06）
ln*agdp*	0.637***	0.706***	0.710***	0.701***	0.704***
	（8.69）	（10.05）	（10.15）	（9.76）	（9.85）
ln*dis*	−0.802**	−0.620	−0.704	−0.526	−0.592
	（−2.71）	（−1.64）	（−1.85）	（−1.39）	（−1.55）
ln*dagdp*		−0.0219	−0.0235	−0.0186	−0.0204
		（−1.03）	（−1.11）	（−0.87）	（−0.96）
wto		0.103	0.0977	0.0951	0.0874
		（1.00）	（0.95）	（0.91）	（0.84）
iva		0.0466		0.0607	
		（0.63）		（0.82）	
fta		0.422***	0.414***		
		（3.48）	（3.42）		

续表

变量	（1）lnexport	（2）lnexport	（3）lnexport	（4）lnexport	（5）lnexport
bou		0.157	0.170	0.282	0.306
		(0.43)	(0.46)	(0.79)	(0.85)
diva			0.158*		0.174*
			(2.16)		(2.39)
apec				0.915**	0.951**
				(2.59)	(2.68)
_cons	-41.96***	-41.49***	-43.02***	-45.30***	-47.17***
	(-6.63)	(-6.07)	(-6.28)	(-6.46)	(-6.70)
n	630	630	630	630	630

注：括号内为统计量，"*""**""***"分别表示在5%、1%和1‰的水平上显著。

接下来用 HT 模型分析中国从共建"一带一路"国家进口受各变量的影响。如表 4.13 所示，HT 模型的回归结果同固定效应模型的回归结果差异巨大。在固定效应模型中，表示共建"一带一路"国家人口的变量 lnpop 的回归系数不显著，而且在将 lnagdp 和 lnpop 用表示共建"一带一路"国家国内生产总值的变量替换后，其回归结果仍然是两个变量回归系数中至多只有一个显著。而在 HT 模型中，其系数值同混合最小二乘法的回归结果比较一致，即共建"一带一路"国家人口对中国从其进口量的弹性接近 1。而对共建"一带一路"国家人均国内生产总值的回归结果同固定效应模型差异不大。中国人口变量系数在混合最小二乘法回归结果中并不显著，而在固定效应模型和 HT 模型的回归结果中比较显著。在 HT 模型中，对距离变量的回归系数不能通过显著性检验，由于固定效应模型不能估计距离变量，其没有可比性，但是在混合最小二乘法的回归结果中，距离变量的系数比较显著，且弹性约为-2，这比较符合经济学理论和预期。在其他变量中，fta 变量依旧通过 0.1%水平的显著性检验，而 apec 变量的回归结果只在模型（4）中通过 5%水平的显著性检验。lnagdp、wto、iva、diva 和 bou 在 HT 模型中回归系数均不显著。

表 4.13　中国从共建"一带一路"国家进口的 HT 模型回归结果

变量	（1）lnimport	（2）lnimport	（3）lnimport	（4）lnimport	（5）lnimport
lnpop	1.178***	1.108***	1.123***	1.115***	1.129***
	（7.51）	（6.27）	（6.47）	（7.02）	（7.21）
ln$cpop$	10.28***	9.569***	9.716***	10.60***	10.79***
	（6.72）	（6.03）	（6.05）	（6.51）	（6.54）
ln$agdp$	1.093***	1.090***	1.094***	1.107***	1.111***
	（8.04）	（8.37）	（8.40）	（8.18）	（8.21）
lndis	−1.102	−0.692	−0.638	−0.874	−0.844
	（−1.56）	（−0.70）	（−0.66）	（−0.99）	（−0.96）
ln$dagdp$		0.0149	0.0127	0.0230	0.0205
		（0.38）	（0.33）	（0.57）	（0.51）
wto		−0.220	−0.214	−0.215	−0.205
		（−1.12）	（−1.09）	（−1.08）	（−1.03）
iva		0.248		0.269	
		（1.69）		（1.83）	
fta		1.319***	1.313***		
		（5.76）	（5.73）		
bou		0.0553	0.0500	0.0958	0.0856
		（0.06）	（0.05）	（0.11）	（0.10）
$diva$			0.176		0.206
			（1.24）		（1.44）
$apec$				1.639*	1.586
				（2.00）	（1.96）
_cons	−77.62***	−75.93***	−77.84***	−82.03***	−84.03***
	（−6.31）	（−5.45）	（−5.60）	（−5.87）	（−6.00）
n	630	630	630	630	630

注：括号内为统计量，"*""**""***"分别表示在 5%、1%和 1‰的水平上显著。

　　以上就是运用 HT 模型对中国同共建"一带一路"国家双边贸易、中国对共建"一带一路"国家出口，以及中国从共建"一带一路"国家进口三种类型的贸易流量所进行的实证回归。通过对 HT 模型的理论认知，我们知道 HT 模型可以代替固定效应模型处理面板数据。而针对上述具体问题，我们也对 HT 模型进行了过度识别检验和有效性检验，两项检验结果也证明,HT 模型不存在过度识别问题,且模型整体的估计是非常有效的。我们发现,HT 模型是目前为止本书研究相关问题时使用的一个最合适的模型,它既克服了混合最小二乘法回归存在的重要解释变量遗漏的问题,也克服了固定效应模型中不随时间变化的变量不能被估计的问题。因此,本书后续的解释和操作,均基于 HT 模型的回归结果。

第三节　结果分析、内生性问题处理及稳健性检验

本节将对上文中 HT 模型的回归结果进行分析,并对模型的内生性问题和稳健性问题进行说明。

一、结果分析

(一) 双边贸易

下面我们将对中国同共建"一带一路"国家双边贸易的影响因素进行分析。从 HT 模型的回归结果中,我们可以看到,与以往研究结果类似,基准贸易引力模型包括的几个变量,其回归系数均比较显著,说明引力模型对双边贸易的解释能力非常好。

具体而言,共建"一带一路"国家的人均国内生产总值对中国同这些国家的双边贸易有正向影响,这也符合理论预期和之前大量的研究成果。共建"一带一路"国家的人均国内生产总值越高,表示该国经济发展水平越高,而经济发展水平越高的国家越有动机参与到国际贸易之中。这是因为,经济发展水平的高低代表了一国产品生产的专业化程度,专业化程度高的国家在国际贸易中处于优势地位,能够在国际贸易中获得更大的收益,因此,也更有意愿参与全球专业化分工和国际贸易。具体而言,经济发展水平的高低,从出口和进口两个方面影响着国际贸易,在下文对进出口模型的具体分析中,我们也可窥见一斑。经济发展水平高的国家,其工业体系相对比较健全,技术相对比较先进,因此产品的生产成本更低,品种更齐全,这就使其产品在全球市场具有竞争力,从而提升其出口能力;而经济发展水平更高的国家,购买能力也更强,同时对产品多样化的要求也更高,因此产品进口需求旺盛。可以看出,经济发展水平的高低从出口

供给和进口需求两个方面都对一国的国际贸易产生正向影响。从回归数据可以看出，共建"一带一路"国家的人均国内生产总值变量的系数为0.817①，这说明在其他因素不变的情况下，共建"一带一路"国家的人均国内生产总值每提高 1%，中国同其的双边贸易量将增长 0.817%。

人口变量的回归结果也非常显著，且符号为正，说明不论是中国的人口增长还是共建"一带一路"国家的人口增长，都会对双边贸易产生正效应。在之前的研究中，对人口变量影响的方向没有定论。对于人口变量的影响，应看其对供给和需求两方面影响的叠加，即对出口和进口的双重影响。一方面，进口国人口越多，进口国对贸易的潜在需求越大；另一方面，进口国人口越多，规模经济使得进口国国内贸易量增加，进口需求减少。对于出口国，出口国人口增多，国内产品需求量增加，国家间贸易转为国内贸易的可能性增加，与此同时，出口国人口越多，也可能由于规模经济而增加出口。因此，进出口国的人口数量对双边贸易流量的影响具有不确定性。但是，之前一些研究成果表明，人口变量对进口和出口的影响是相反的。其实，人口可以对进出口产生同方向的效应，这样，对双边贸易的影响就会强化。人口因素对进出口的影响，主要体现在国内市场需求的扩张和产品生产规模的扩张孰大孰小上。对于出口产品而言，当国内市场需求扩张大于产品生产扩张规模时，表现为出口减少；反之，则出口增加。对于进口产品而言，当国内市场的需求扩张大于产品生产规模扩张时，表现为进口增加；反之，则进口减少。从本书的研究结果可以看出，人口对双边贸易的影响显著为正。从变量系数值上看，$lnpop$ 的系数为0.934，说明"一带一路"国家人口每增长 1%，中国同其双边贸易量将增加 0.934%；变量 $lncpop$ 的系数为 6.742，说明中国人口每增长 1%，其同共建"一带一路"国家的双边贸易量将增加 6.742%。

上述三个解释变量的回归结果基本符合经济学原理，也同之前的研究结果类似。共建"一带一路"国家人均国内生产总值和人口两个变量的弹性均在 1 左右，这同已有研究成果较一致；中国人口变量的弹性约为 7，数值较大，说明中国人口的变化对其同共建"一带一路"国家双边贸易的影响非常大。产生上述结果的原因主要是中国的人口规模较"一带一路"沿

① 由于各回归结果的系数差异不大，我们分析主要解释变量时，采用基准贸易引力模型回归结果。当几个回归结果系数差异较大，或者显著性差异较大时，再做具体说明。没有具体说明的都默认为按照基准贸易引力模型结果分析。

线绝大多数国家而言非常庞大。表 4.14 是对中国和共建"一带一路"国家的人口、人均国内生产总值和制度的描述性统计。我们可以从表中看到，在人口数量上，中国的人口在 10 年内的均值为 1402（百万），而共建"一带一路"国家的人口均值为 52.4（百万），差距非常明显。共建"一带一路"国家的人口变量最小值仅为 0.388（百万），差距更加明显。因此，中国人口基数庞大，即使绝对值变化 1%，规模也是相当大的，其所带来的市场规模变化也巨大。

表 4.14　人口、人均国内生产总值和制度变量描述性统计[①]

变量		均值	标准差	最小值	最大值	观测数
pop	整体	52.40	172.2	0.388	1408	630
	组间		173.3	0.427	1344	63
	组内		5.843	−17.58	115.5	10
cpop	整体	1402	20.17	1367	1426	630
	组间		0	1402	1402	63
	组内		20.17	1367	1426	10
agdp	整体	11 464	14 300	291.7	98 041	630
	组间		14 098	534.5	72 186	63
	组内		2928	−8407	37 319	10
cagdp	整体	8803	1759	6244	12 437	630
	组间		0	8803	8803	63
	组内		1759	6244	12 437	10
iva	整体	−0.451	0.866	−2.259	1.214	630
	组间		0.862	−2.158	1.173	63
	组内		0.128	−0.945	0.041 2	10
civa	整体	−1.599	0.063 6	−1.661	−1.463	630
	组间		0	−1.599	−1.599	63
	组内		0.063 6	−1.661	−1.463	10

距离变量的回归系数值显著为负，说明距离对中国同共建"一带一

---

① 前文已介绍过的变量此处不再赘述。变量 *cagdp* 表示中国的人均国内生产总值，变量 *civa* 表示中国的制度评分。

路"国家双边贸易有负效应，这是引力模型构建之初的依据，也是许多先前研究早已证明的事实。通常来看，两地空间距离的大小对运输成本有着直接的影响，空间距离越大，运输成本越高。在国际贸易，特别是国际货物贸易中，运输成本对于双边贸易量来说是一个重要的负相关因素。另外，空间距离还同历史文化差异化程度、信息交流通畅性等相关。一般来说，两国的空间距离越远，历史文化差异化程度越大，商品需求的差异性越明显，进行双边贸易的阻力就越大。空间距离还会造成信息交流障碍，同样阻碍了双边贸易的开展。但是，近些年的研究发现，距离对双边贸易流量的阻碍作用呈现逐渐减小的趋势。经过分析，其主要原因是科技的进步促进了运输业的发展，运输成本在贸易总成本中的比重不断下降。通信技术的发展和全球信息网络的建设也削弱了距离产生的阻碍作用，增强了双边贸易流量不断扩大的趋势。在本书的回归结果中，距离的弹性为-1.159，证明在其他因素不变的情况下，距离每增加1%，会使中国同共建"一带一路"国家的双边贸易量减少1.159%。距离变量弹性在-1左右，这也同许多文献的研究结果一致。

人均国内生产总值差额的回归系数为正，但是数值较小且不显著，该结果同之前的理论分析并不一致。一般认为，人均国内生产总值差额表示了两个国家之间的经济发展水平差距，同时也表示了两国之间的需求差异化程度。按照需求相似理论的解释，两国需求差异越小，重叠需求越高，双方的国际贸易量也越大。因此，人均国内生产总值差额应该同贸易量呈负相关。产生本书回归结果的原因，可能分为两个方面：第一，从变量描述性统计表中可以看出，中国的人均国内生产总值约为8803美元，而共建"一带一路"国家的人均国内生产总值约为11 464美元，超出中国较多。因此，中国的经济发展水平同共建"一带一路"大部分国家相比，处于落后的位置。而本书中人均国内生产总值差额是用绝对值表示的，所以，该数值越高的国家，一般都是人均国内生产总值比较高的国家，而人均国内生产总值越高的国家，同中国的双边贸易量也越高。也就是说，经济发展水平的影响抵消了需求差异化的影响，该变量包含的两种信息叠加后的结果就是回归系数为正。第二，受本书样本选择的影响。本书是以共建"一带一路"63个国家为样本，该样本并不是随机样本，具有一定的选择偏误。我们知道，影响一国需求的因素有很多，如产业结构、生活习惯等。在共建"一带一路"国家中，受到历史、文化、宗教等多方面的影响，其生活习惯与中国有很大的不同，因此，生活消费品的需求结构与中国存在很大差异。另外，一些国家的产业结构的完善程度也与其人均国内生产总值水平不相符。一般我们认为，人均国内生产总值越高的国家，其国内的产业结构越完善。简言之，人均国内生产总值高的国家，生产资本密集型产品；人均国内生产总值低的国家，生产劳动密集型产品，这也是不同类型国家生产需求的差异。但是，我们不能忽视一些资源密集型产品出口国的影响。中东地区的一些石油生产国，其人均国内生产总值已处于较高水平，但是其国内产业结构单一，产业结构的完善程度较低。因此，这些国家的需求同与其人均国内生产总值相当的其他国家的需求差异较大。由此可见，一国同中国人均国内生产总值的差额，并不能完全反映其同中国需求的相似程度，同时受到产业结构、生活习惯等方面的影响。

表示制度的变量 iva 回归系数为正，但并不显著。之前我们分析制度对贸易的影响时，认为总体上制度环境好的国家市场更加健全，开展国际贸易的风险较小，成本较低，因此更有利于国际贸易的开展。但是制度环境好的国家的市场准入标准可能更高，因此限制了其进口贸易的开展。本书研究结果显示，制度因素对国际贸易的影响为正，与预期相符，但是变量系数没有通过显著性水平检验，因此不能认为制度因素对双边贸易有显著影响。同样，制度差异变量 diva 也未能通过显著性水平检验。

表示经贸合作的变量有 3 个，其中变量 wto 表示共建"一带一路"国家是否为 WTO 成员，该变量的系数为负且未通过显著性水平检验，则不能认为加入 WTO 对中国同共建"一带一路"国家的双边贸易产生了显著影响，该结果的原因可能分为以下 3 个方面：第一，近年来，WTO 谈判陷入僵局，其对各成员的约束和影响能力逐年减弱，WTO 成员之间纷纷在协议框架内谋求新的合作。而且，随着全球经济发展的持续疲软、贸易保护主义抬头，其与 WTO 积极倡导自由贸易、致力于削减成员之间贸易壁垒的初衷背道而驰，因此，WTO 对全球贸易的影响逐渐式微。第二，随着各种区域及跨区域贸易安排的不断涌现，全球贸易格局正在朝着一个新的方向发展。在 WTO 框架下，成员相互之间地位平等，所有成员都遵循着同样规则和标准开展相互之间的贸易。WTO 的存在，将世界所有国家分成两个阵营——中心阵营和外围阵营，两个阵营之间的"城墙"，则是 WTO 成员与非成员之间的贸易壁垒。然而，随着各种区域和跨区域贸易安排的影响加强，原本"中心-外围"式的世界贸易格局，逐渐分崩为一个又一个的"部落"各自为政，其相互之间又有交集。在这种新的贸易格局形成过程中，各国之间更重视小范围内的贸易合作，因而 WTO 的影响力逐渐减弱。第三，本书研究的国家样本中，只有少数国家至 2021 年仍未加入 WTO，且这些国家中大部分同中国贸易量较小，因此可能存在样本选择的影响。

变量 *fta* 和变量 *apec* 均为表示经贸合作的解释变量，这两个变量系数值为正，且通过了不同显著性水平的检验。从理论上讲，同中国建立自由贸易区或者加入亚太经合组织会显著地提高双边贸易量，这也是这些区域经济合作组织，特别是自由贸易区建立的初衷。本书两个变量系数符号符合预期。实证研究表明，同中国达成各类型的区域贸易安排是未来促进双边贸易的优选之路。

变量 *bou* 的回归系数为正，但不显著，这说明同中国边界接壤对两国的双边贸易没有显著影响。共同边界对两国贸易的影响同距离的影响相似，但是随着物流技术的提高，货物贸易的运输成本逐渐降低，地理因素的影响逐渐式微。而共同边界变量是一个二值变量，没有距离变量的弹性大。因此，共同边界对双边贸易的影响不显著也在情理之中。

（二）出口和进口

下面我们继续分析中国对共建"一带一路"国家出口和中国从共建"一带一路"国家进口的回归结果。

1. 出口

从中国对共建"一带一路"国家出口的回归结果可以看出，基准贸易引力模型包含的变量系数变化不大。共建"一带一路"国家的人口弹性在0.9 左右，人均国内生产总值的弹性为 0.7 左右，说明中国对共建"一带一路"国家出口会随着共建"一带一路"国家人口和人均国内生产总值变化1%，分别同方向变化 0.9%和 0.7%。

距离变量在基准贸易引力模型中的系数绝对值为 0.802，而在扩展的贸易引力模型中则不显著。距离对中国对共建"一带一路"国家出口具有负向效应，距离变化每增加 1%，出口量减少约 0.802%。上述几个重要解释变量的回归结果都符合预期，也与先前研究结论较为一致。

人均国内生产总值差额变量的回归系数值为正但不显著，该结果同理论预期不相符。一般认为，人均国内生产总值差额越大，两国需求水平差异越大，重叠需求越少，因此贸易量应该减少。正如前文所述，人均国内生产总值差额仅能从一个侧面反映需求差异程度，而在本书研究数据中，差额越大的国家往往越富裕，进口能力也越强。

变量 *iva* 和 *diva* 具有高度相关性。表示制度环境的变量 *iva* 回归结果不显著，表示制度差异的变量 *diva* 在 5%的显著性水平下通过检验。该变量的回归系数为正，说明同中国制度差异越大的国家对中国出口产品的需求越强，当然根据前文分析，这些国家一般是制度评分较高的国家，符合之前理论分析的结果。

表示经贸合作的变量中，只有变量 wto 没有通过显著性水平检验。变量 fta 和 apec 均通过了显著性检验，证明区域性贸易安排对中国对共建"一带一路"国家出口的促进作用更大。

变量 bou 系数值未通过显著性检验，说明不能认为拥有共同边界对中国对共建"一带一路"国家的出口产生显著影响。

2. 进口

下面分析中国从共建"一带一路"国家进口的影响因素。我们可以看到，基准引力模型的各主要解释变量中，共建"一带一路"国家的人口和人均国内生产总值仍然非常显著，弹性均在 1 左右，同双边贸易模型和出口模型的回归结果相一致，说明上述两个变量对中国同共建"一带一路"国家的贸易（不论是进出口还是双边贸易）的影响程度比较相似。而中国的人口变量弹性显著增大，约为 10。对比出口模型的回归结果可以看出，中国的人口变化对中国从共建"一带一路"国家进口的影响要远大于出口。这也可以理解为，中国市场规模增大时，进口需求的增加要远大于出口供给的增加。

距离变量在进口模型的回归中系数值为负，且弹性也在-1 左右，但是并没有通过显著性检验。因此，并不能认为距离对中国从共建"一带一路"国家进口有显著影响。由此可见，距离对中国同共建"一带一路"国家的进出口贸易影响有所不同，对中国出口的贸易影响更显著。

变量 fta 在进口模型中同样显著，apec 在部分模型中显著，而其他解释变量在进口模型的回归结果中均不显著。

因此，在模型可估计的范围内，中国从共建"一带一路"国家进口的影响因素较少，只有共建"一带一路"国家的人口和人均国内生产总值、中国的人口及建立区域贸易安排。

二、内生性问题

内生性问题是实证回归中需要重点关注的问题，因为内生性的存在会导致模型回归结果的有偏和不一致性。我们对解释变量的要求是与被解释变量相关，与扰动项无关，若解释变量与扰动项相关，则模型存在较为严重的内生性问题。

（一）HT 模型的内生性问题

解决内生性问题的通常做法是选取一个工具变量（IV），该变量与内生解释变量相关，但与扰动项无关。我们用的 Hausman-Taylor 模型，就是在解释变量内部寻找工具变量，从而使模型得到无偏一致估计。具体而言，面板模型如下[①]：

$$y_{it} = x_{1,it}'\beta_1 + x_{2,it}'\beta_2 + z_{1,i}'\delta_1 + z_{2,i}'\delta_2 + u_i + \varepsilon_{it} \quad (4.6)$$

其中，解释变量 x 随时间变化，解释变量 z 不随时间变化。下标为 1 的变量为外生变量，下标为 2 的变量为内生变量。解释变量与 ε_{it} 不相关。HT 模型在为内生解释变量寻找工具变量时（外生解释变量的工具变量可以为其自身），用以下方法：

内生变量 $x_{2,it}$ 的工具变量可以设定为 $(x_{2,it} - \bar{x}_{2,i})$，这是因为，显然 $(x_{2,it} - \bar{x}_{2,i})$ 与 $x_{2,it}$ 相关，而又根据迭代期望定律，$E[(x_{2,it} - \bar{x}_{2,i})u_i] = 0$。具体论证过程不再赘述。内生变量 $z_{2,i}$ 可以用 $\bar{x}_1$ 作为工具变量。由此，HT 模型使各内生变量均借助于外生变量找到了工具变量。因此，HT 模型本身就可以很好地解决内生性问题。

（二）固定效应模型的内生性问题

本书将针对固定效应模型的估计结果，检验模型的内生问题。

我们知道，内生性问题的存在主要源于两方面的原因：第一，遗漏变量，也就是模型的解释变量和被解释变量可能受到相同或者相关的冲击，从而使得解释变量同扰动项相关；第二，双向因果关系，即模型中被解释变量对解释变量产生影响，从而导致该解释变量与扰动项相关。本书中可能出现的情况是，共建"一带一路"国家的人均国内生产总值可能反过来受到中国同其贸易的影响，从而导致变量 ln$agdp$ 与扰动项相关，成为内生变量。其实，关于国际贸易与经济增长之间关系的研究有很多，其中一些研究早已证实了国际贸易的增加也会对经济增长产生正向影响。例如，罗德里格斯和罗德里克（Rodriguez 和 Rodrik，2000）[②]指出，贸易开放同经济增长关系的模型中，变量内生性问题较为严重，因此，两者关系仍未曾得到验证。弗兰克尔和罗默（Frankel 和 Romer，1999）[③]研究指出，经济增长和开放程度间有很强的相关性，收入水平高的国家的贸易开放程度也

① 陈强. 高级计量经济学及 Stata 应用（第二版）[M]. 北京：高等教育出版社，2014：288.

② Rodríguez F, Rodrik D. Trade Policy and Economic Growth: A Skeptic's Guide to the Cross-National Evidence[J]. NBER Macroeconomics Annual, 2000, 15: 261-325.

③ Frankel J, Romer D. Does Trade Cause Growth?[J]. American Economic Review, 1999, 89(3): 379-399.

比较高。因此,双向因果关系是模型存在内生性问题的另一个原因。

1. 遗漏变量产生的内生性问题

针对遗漏变量问题导致的内生性,我们用解释变量滞后一期的方法进行处理。其实,由于面板数据自身的特点,变量个体之间的不可观测或遗漏的异质性已经在一定程度上被消除,我们关心的是随时间变化而变化的遗漏变量引起的内生性问题。参照邵敏和黄玖立(2010)[①]对该问题的处理方法,我们用各变量滞后一期的值对模型重新进行回归。这是由于,变量的滞后一期值同其当期值之间有很强的相关性,而又与被解释变量的当期值无关,因此,可以看作其变量当期值的一个合适的工具变量。这种处理方法可以避免变量当期值与当期扰动项之间的相关性,从而消除模型的内生性。从表 4.15 中可以看出,用解释变量的滞后一期值对中国同共建"一带一路"国家的贸易量进行回归,所得结论均支持原模型的结论,即共建"一带一路"国家的人均国内生产总值及中国的人口均对双边贸易具有显著的正效应。从各变量的系数值看,共建"一带一路"国家和中国的人口两个变量的弹性有一定变化,共建"一带一路"国家的人均国内生产总值弹性为 0.452,相较于原始的固定效应模型有所下降;中国人口变量的系数值为 10.3,相较于原始固定效应模型有所上升。

表 4.15　内生性问题的处理(1)

滞后一期的解释变量	ln$trade$
L.ln$agdp$	0.452***
	(5.49)
L.lnpop	-0.239
	(-0.75)
L.ln$cpop$	10.30***
	(9.86)
L.lndis	0
	(.)
_$cons$	-76.47***
	(-10.88)
n	567

注:括号内为统计量,"*""***""****"分别表示在 5%、1%和 1‰的水平上显著。

① 邵敏,黄玖立. 外资与我国劳动收入份额——基于工业行业的经验研究[J]. 经济学(季刊),2010,9(4):1189-1210.

2. 双向因果关系产生的内生性问题

双向因果关系是模型内生性问题产生的另一个主要原因,该问题的处理方法是本书重点关注的问题。这是因为,以往研究发现,贸易规模的扩大能够带来一国经济发展水平的提高,也就是模型的被解释变量可能是其中某些解释变量变化的原因,这种双向因果关系的存在会导致估计结果是有偏的和不一致的。有学者认为,通过滞后解释变量的方法消除模型的双向因果关系带来的内生性问题是无效的,应采用工具变量法(Decreuse 和 Maarek,2008[①])。

解决此类问题通常有两种方法。第一种方法是工具变量法,即为内生解释变量寻找一个同其有很强相关性而同扰动项没有相关性的工具变量,用工具变量替代解释变量进行回归。对于工具变量的选择,我们参考蒋冠宏和蒋殿春(2012)[②]的方法,将变量 $\ln agdp$ 的滞后一期值作为其工具变量代入模型进行回归。之所以只选择对人均国内生产总值进行滞后,是因为中国同共建"一带一路"国家的贸易对双方人口规模的影响微乎其微,而较小的贸易量也不足以对共建"一带一路"国家制度产生显著影响(可以认为通过影响经济发展水平进而影响制度,但该影响需要长期不断累积才能显现,在本书统计的时间范围内不予考虑)。我们可以看到运用工具变量法的回归结果同原始回归进行对比,双方各变量显著性水平不变。

第二种方法是双向固定效应引力模型。参考埃格等(Egger 等,2003)[③]对内生性问题的处理方法,我们将固定效应模型中的时间和国别均予以固定,然后进行回归。如表 4.16 所示,从回归结果同原结果的对比中我们可以看出,模型各解释变量的弹性值和显著性水平均未发生较大变化,双向固定效应模型的回归结果依然支持原模型的结论。

表 4.16　内生性问题处理(2)

变量	原始回归 lntrade	双向固定效应 lntrade	工具变量法 lntrade
ln$agdp$	0.783***	0.568***	
	(10.78)	(7.64)	

① Decreuse B, Maarek P. FDI and the Labor Share in Developing Countries: A Theory and Some Evidence[J]. Working Paper, University of Aix-Marseilles, 2008.

② 蒋冠宏,蒋殿春. 中国对外投资的区位选择:基于投资引力模型的面板数据检验[J]. 世界经济,2012(9):21-40.

③ Egger P, Pfaffermayr M. The Proper Panel Econometric Specification of the Gravity Equation: A Three-way Model with Bilateral Interaction Effects[J]. Empirical Economics, 2003, 28(3): 571-580.

续表

变量	原始回归	双向固定效应	工具变量法
	ln*trade*	ln*trade*	ln*trade*
ln*pop*	0.431	0.113	−0.134
	（1.50）	（0.41）	（−0.37）
ln*cpop*	7.744***	12.43***	11.02***
	（8.07）	（9.84）	（9.11）
ln*dis*	0	0	0
	（.）	（.）	（.）
L.ln*agdp*			0.479***
			（5.78）
_cons	−62.47***	−93.65***	−82.18***
	（−9.75）	（−10.80）	（−10.05）
年份控制	NO	YES	NO
国家控制	YES	YES	YES
n	630	630	567

注：括号内为统计量，"*""**""***"分别表示在5%、1%和1‰的水平上显著。

三、稳健性检验

通常，出于对模型回归结果是否稳健的考量，我们应对主要模型进行稳健性检验。稳健性检验的方法有许多，如逐渐加入解释变量，观察主要解释变量的系数和显著性水平是否发生明显的变化；用其他度量指标重新度量模型中的变量，并以新指标的度量值进行回归，以观察该变量的系数和显著性变化；剔除极端观测值的影响；等等。

本章内容主要为贸易引力模型的建立和贸易影响因素的考察。在行文过程中，为考察适合本书引力模型的研究方法，分别使用了混合最小二乘法、固定效应和随机效应模型、HT 模型及 Tobit 模型等各类模型进行回归。其实，各模型的回归结果均是对我们最终选取的模型，即 HT 模型的一个稳健性检验。通过对比不同模型的方法进行稳健性检验，我们发现，混合最小二乘法的回归结果同其他三类模型差异比较大，可能是因为重要解释变量遗漏。而固定效应模型和 Tobit 模型的回归结果，都验证了 HT 模型的稳健性。

另外，在模型回归过程中，我们也采用了逐渐增加解释变量的方法考察模型的稳健性。通过逐步增加解释变量的方法，我们发现，模型各主要解释变量的系数未发生较大的变化，因此模型的稳健性良好。

我们还可以通过对变量的变化来进行模型的稳健性检验，如上一小节用滞后一期变量替代当期变量的方法是其中一种。我们还通过对距离变量、制度变量等存在相关性较高的几组不同度量值的变量进行替换，其结果均显示变量的解释能力没有发生明显变化，模型其他变量的系数和显著性也同原回归结果一致，因此模型的稳健性良好。对于距离和制度变量替代后的回归结果，本书因篇幅所限，不予以论述。

本章内生性问题的处理和稳健性检验部分，均是以中国同共建"一带一路"国家双边贸易的回归模型为例进行分析的，其实，出口模型和进口模型的分析方法同双边贸易模型是一致的。我们通过相同的方法，很好地解决了出口模型和进口模型的内生性问题，并且对模型的稳健性进行了检验，结果显示稳健性良好。

第四节　本章小结：影响中国同共建 "一带一路" 国家贸易的因素及说明

本章在上一章对中国同共建"一带一路"国家贸易现状进行分析的基础上，利用国际贸易研究中比较常用的模型——贸易引力模型，对影响中国同共建"一带一路"国家贸易的因素进行了分析。结果表明，基准引力模型的几个主要解释变量回归结果与预期相符，也与先前的研究结果较为一致。共建"一带一路"国家的人口规模、人均国内生产总值和中国的人口规模对双边贸易和进出口均有非常显著的正向影响；距离对双边贸易和中国对共建"一带一路"国家的出口具有负效应，而对进口影响不显著。对于扩展引力模型中的变量，回归结果部分与预期不相符。人均国内生产总值差额、制度环境、加入WTO对各类贸易无显著性影响，制度环境差异影响出口，对双边贸易和中国从共建"一带一路"国家进口影响不显著。建立自由贸易区、加入WTO能显著提高双边和进出口贸易，但与中国拥有共同边界均不会对贸易产生显著影响。

引力模型是国际贸易问题研究中一个比较成熟的模型。本书在对可能的影响因素进行分析时，既借鉴了先前相关文献的研究经验，更充分考虑了中国同共建"一带一路"国家贸易所具有的特殊性，因此在变量的选择上与以往研究文献略有区别。

在计量方法的选取上，本章对各种不同的方法进行了详细的比较，从而确定了 HT 模型作为最终研究方法。不同以往文献采用固定效应模型、Tobit 模型等方法，本书选择了比较不常用的 HT 模型对数据进行回归，这是经过检验和对比之后得出的结论。混合最小二乘法回归可能因为遗漏变量问题而导致结果是有偏和不一致的；固定效应模型尽管较常用，但是却存在不能估计距离变量的缺陷；而 Tobit 模型主要应用于存在大量零贸易流的情况，本书的数据零贸易规模并不大。因此，HT 模型是估计本书数据的最好模型。

本章对遗漏变量和双向因果关系引起的内生性问题均进行了处理。对于遗漏变量问题的处理，我们参考了邵敏和黄玖立（2010）的方法，用各解释变量滞后一期的值替代当期值，对被解释变量重新回归。对于双向因果关系的处理，我们主要针对的是共建"一带一路"国家人均国内生产总值变量，因为之前的研究已经表明贸易的增加会提高一国的经济发展水平。本章采取的方法有两种：第一种是比较常用的工具变量法，我们用人均国内生产总值的滞后一期值作为其当期值的工具变量进行回归；第二种是根据埃格等（Egger 等，2003）的方法，建立双向固定效应模型进行回归。

本章采用了各种不同的方法对模型稳健性进行了检验。在介绍不同回归方法时，实际上已经包含了通过逐步增加变量法和不同模型的对比法两种稳健性检验方法。本章末还对变量替换法进行了简要的说明。各种稳健性检验的结论是一致的，即模型具有很好的稳健性。

第五章 进一步研究：分国家类型与分产品部门贸易

本书的前几章是从总体上分析中国同共建"一带一路"国家贸易的影响因素，我们能够从前面的研究中得到各因素对中国同共建"一带一路" 63 个国家整体贸易的影响程度。但是，我们知道，共建"一带一路"国家涉及范围非常广，不论从所处地理位置，还是从经济发展水平上，这些国家都具有明显的差异性。而之前的研究并未将这些差异性纳入考虑，仅仅是从整体上进行粗略的宏观审视。因此，按照一定的标准对共建"一带一路"国家进行分类，分别研究中国同不同类型国家之间贸易的影响因素，是本章的重点内容。而对国家分类的方法有很多，如按照地理范围分类、按照语言和文化习惯分类、按照经济发展水平分类等。我们认为，按照经济发展水平分类，研究不同经济发展水平的国家同中国贸易的影响因素，是比较符合本书研究需求的。

与此同时，我们现阶段的工作还不能对过于细化的各类产品的贸易情况进行分析，而且单纯从总的贸易量来看，又不能得到各类产品的具体贸易数据，也不能看出影响不同类别产品贸易的因素有何区别。因此，就需要寻找一个合适的分类方法，将所有的国际贸易产品按照统一的方法进行合理分类，然后再用恰当的计量方法对各类产品贸易分别进行回归，从而得到对不同类别产品影响因素的深入剖析。

鉴于此，本章将在之前研究结果的基础上，进一步详细探究不同国家类别和不同产品类别的贸易影响因素。相较于前几章的分析，本章的研究将更加深入和细致，主要体现在以下方面：第一，从国家类型角度考虑。本章将共建"一带一路"国家分成了发达经济体、发展中经济体和转型经济体三个类别，并参照上一章的模型和估计方法，分别对三种类型经济体的双边贸易和进出口贸易进行回归，这样就可以将总量模型中被隐藏的因素——国家类型对回归结果造成的影响显现出来。我们这样分国家类型进行检验的另一个目的是可以有针对性地对不同类型国家采取不同的贸易策略，而不是千篇一律地用同样的办法与共建"一带一路"国家进行贸易往来。第二，从产品类别方向考虑。本章将所有贸易产品按照技术附加值由高到低的顺序，分为五大部门，分别是高技术附加值产品、中高技术附加值产品、中等技术附加值产品、中低技术附加值产品和低技术附加值产品。将产品分类之后，我们依然按照上一章的模型设定和估计方法，对不同技术附加值产品的贸易进行回归。将贸易产品分类的意义，在于针对不同附加值产品贸易制定不同的贸易策略，也为后续贸易潜力的测算奠定了基础。我们知道，如果只针对整体贸易层面的潜力测算，不能看出不同产品类别的贸易情况，政策制定也缺乏针对性。例如，高技术附加值产品的贸易潜力可能远远大于低技术附加值产品，但是在整体贸易潜力的测算中，两者被中和掉了。我们的贸易政策除了针对国家外，另一个重要的方向是针对不同部门制定不同的贸易政策，这样制定出来的政策才更加精准到位，效果也更好。

第一节　研究起点和研究安排

一、研究起点：细化与深入的分类研究

随着经济全球化程度的不断加深，世界各国之间的贸易也不断呈现出新的特点。中国提出的"一带一路"倡议正是适应了新时期新形势下国际贸易的发展趋势和本国及共建"一带一路"国家的贸易诉求。而正是由于国际贸易的发展及影响因素的复杂化，我们研究国际贸易问题的思路也逐渐由早期的针对国家层面的研究，逐步转变为针对某一产业或某一部门的研究，即国际贸易问题的研究正在朝着细化的方向发展。

本章主要对共建"一带一路"国家贸易问题从国家类型和产品部门两方面进行细化和深入的研究。

（一）国家类型的划分

正如前文所述，已有文献鲜有对共建"一带一路"国家贸易分国家类型进行研究，也鲜有对不同类型国家的贸易状况进行对比的情况。大致有以下两个原因：第一，"一带一路"是一个开放体系，不同文献对所谓"共建'一带一路'国家"的定义和解释差别比较大。一些文献将日本、

韩国划入了"一带一路"范围内；一些文献将西欧国家，如德国、荷兰等也纳入进来；有的文献提出了所谓的"一带一路"核心区域的问题，认为共建"一带一路"国家应该被划分为核心区和非核心区两大类，而核心区主要包含的是亚洲部分，非核心区是欧洲及非洲部分地区；还有文献在讨论"一带一路"问题时，没有明确其覆盖的区域范围，认为"一带一路"只是一个抽象的概念，无法具体到某一地域范围。第二，相比按照国家类型划分，按地域划分的标准更加统一，因此也为更多研究者所使用。另外，按照地域对共建"一带一路"国家进行划分，可以加入地缘政治、宗教文化等与地域紧密相关的因素，能够更加全面地分析不同地区国家的经济和贸易发展特点。

但是，本书认为，鉴于国家经济发展水平对一国贸易有显著影响，那么不同经济发展水平的国家所呈现的贸易影响因素应该有所差别。因此，本书将按照一定的标准对国家类型进行划分。通常，按照经济发展水平划分国家类型的方法，往往将所有国家分为两类——发达国家和发展中国家，这种划分方式简单直接，且被许多相关研究所采用。本书在对共建"一带一路"国家贸易进行分国家类型研究时，主要参考的是周五七（2014）的划分结果，将共建"一带一路"国家划分为发达经济体、发展中经济体和转型经济体三大类。之所以这样划分，原因有二：其一，转型经济体主要集中在"一带一路"沿线，且在共建"一带一路"国家中占比较大。联合国贸易和发展会议发布的 2015 年《世界投资报告》将 17 个国家划分为转型经济体（Transition Economics），而这 17 个国家均为共建"一带一路"国家。从另一个方面讲，转型经济体所包含的国家数量，占共建"一带一路"国家总数的 27%，是一个不可忽略的经济体类型。其二，转型经济体在其经济发展过程中呈现出有别于其他经济体的显著特征，有十分重要的研究意义。转型经济体，主要指近几十年内经济社会发生转型的经济体，尤其指苏联和中东欧的一些国家。这些国家在经济发展方式上经历了从计划经济向市场经济的转变，其对外贸易的发展也相应地经历了较大转变。将转型经济体单独作为一种国家类型来研究，能够更加清晰地看到这类经济体在国际贸易中所呈现的不同特质。

（二）产品部门的划分

中国同共建"一带一路"国家开展贸易，也会涉及技术结构的问题，不同技术附加值产品的贸易情况也不尽相同。我们必须根据实际情况，针对不同产品部门的特点进行分析与政策制定，才能够对症下药解决问题。

　　讨论到贸易产品的技术结构，我们就需要按照一定的标准对贸易产品进行分类。早期对贸易产品分类的方法比较简单，大多是参考相关机构公布的标准进行分类。例如，经济合作与发展组织（OECD）根据研发投入的多少将产业分为高技术产业、中高技术产业、中低技术产业和低技术产业四大类；拉尔（Lall，2010）[①]在此基础上，加入技术水平的参考因素，将贸易产品分成了十大类；也有研究根据《国际贸易标准分类》一位数分类，将一位数项下十大类产品分为资源密集型产品（第 0～4 类）、劳动密集型产品（第 6、8 类）和资本密集型产品（第 5、7 类），并分别分析每一个大类产品的贸易情况[②]。但是，上述对产品分类的方法有一定的缺陷。郑昭阳和孟猛（2009）[③]指出，这种静态的技术水平分类法，不能够对产品相对技术水平的动态变化进行刻画，也忽略了国际垂直专业化分工的发展导致产品不同生产环节内部的技术差异（卢锋，2004[④]；刘志彪和吴福象，2006[⑤]）。因此，应该选择动态的分类方法规避上述问题。

　　以产品技术附加值为标准对贸易产品分类的方法在应用上越来越普遍。技术附加值的测算方法有许多种[关志雄，2002[⑥]；拉尔等（Lall 等，2005）[⑦]；杜修立和王维国，2007[⑧]；樊纲等，2006[⑨]]，本章选取的是关志雄（2002）和拉尔等（Lall 等，2006）的研究方法，将共建"一带一路"国家人均国内生产总值作为权重加权该国出口产品所占世界份额，计算特定年份特定产品的技术附加值，然后按照技术附加值由高到低的顺序，将《国际贸易分类标准》三位数项下的 259 种贸易产品等分为五大类，依次是高技术附加值产品、中高技术附加值产品、中等技术附加值产品、中低技术附加值产品和低技术附加值产品。按照上述方法对产品分类

---

　　① Lall S. The Technological Structure and Performance of Developing Country Manufactured Exports, 1985-1998[J]. Oxford Development Studies, 2010, 28(3): 337-369.

　　② 第 9 类为未列入分类的其他产品和交易。

　　③ 郑昭阳，孟猛. 中国对外贸易相对技术水平变化分析[J]. 世界经济研究，2009（10）：45-52，88.

　　④ 卢锋. 产品内分工[J]. 经济学（季刊），2004，4（1）：55-82.

　　⑤ 刘志彪，吴福象. 贸易一体化与生产非一体化——基于经济全球化两个重要假说的实证研究[J]. 中国社会科学，2006（2）：80-92.

　　⑥ 关志雄. 从美国市场看"中国制造"的实力——以信息技术产品为中心[J]. 国际经济评论，2002（7-8）：5-12.

　　⑦ Lall S, Weiss J, Zhang J. The "Sophistication" of Exports: A New Measure[J]. World Development, 2006, 34(2): 222-237.

　　⑧ 杜修立，王维国. 中国出口贸易的技术结构及其变迁：1980—2003[J]. 经济研究，2007（7）：137-150.

　　⑨ 樊纲，关志雄，姚枝仲. 国际贸易结构分析：贸易品的技术分布[J]. 经济研究，2006（8）：70-80.

时，各年份中每部门所包含的子产品种类不一定是固定不变的，而是处于动态变化之中的。

二、研究安排

本章将在上一章研究的基础上，继续深入考察两个问题：第一是中国同"一带一路"沿线不同类型经济体的贸易影响因素；第二是中国同共建"一带一路"国家不同产品部门的贸易影响因素。概括来讲，第一个问题是将所有面板数据按照发达经济体、发展中经济体和转型经济体的标准分为三部分，分别对每一部分进行实证回归；第二个问题是将中国同共建"一带一路"国家的贸易额（包括双边贸易额、进口贸易额和出口贸易额）按照所包含产品的技术附加值分解为五个部分，并分别对每个部分的贸易进行实证回归。

在计量方法的选择上，鉴于上一章我们已经对研究该类问题的模型和方法进行了细致讨论，因此本章将延续上一章的方法，主要以 HT 模型的回归结果为主。但是，本章由于数据规模和数据构成要素的变化，仍将对不同的方法进行检验，以期得到最准确的估计结果。

本章后续安排如下：第二节按国家类型对"一带一路"国家进行分类，并分别估计中国同各类型国家贸易的影响因素；第三节对按技术附加值进行分类的部门分类方法进行介绍，并给出变量的描述性统计，以及按部门分析贸易影响因素；第四节是本章小结。

第二节　按国家类型分别实证回归

一、实证结果及分析

如前文所述，本节对共建"一带一路"国家经济体的划分以联合国贸易和发展会议 2015 年《世界投资报告》为依据。划分结果如下：发达经济体 12 个，发展中经济体 35 个，转型经济体 17 个，由于发展中经济体中巴勒斯坦的相关数据缺失，我们对发展中经济体进行估计时，样本中包含的国家数量为 34 个。下面我们依次对各类型国家贸易影响因素进行分析。

（一）发达经济体

我们首先分析发达经济体样本中各变量的特殊性。由于变量 *bou*、*wto*、*fta* 和 *apec* 不存在二值选择问题（即所有国家所有年份情况相同），因此应从回归模型中删除。如表 5.1 所示，变量 ln*dagdp* 和 ln*agdp* 的相关性非常高，变量 *diva* 和 *iva* 的相关性也非常高，因此，本次回归中，舍弃两个表示差额的变量。之所以直接舍弃变量而非单独回归，主要原因是样本数据具有特殊性，与发达经济体相比，中国的人均国内生产总值和制度环境处于低位，因此相关系数大的两个变量的意义几乎相同，没有验证的必要性。

表 5.1　各变量 Spearman 相关系数（发达经济体样本）

变量	ln*agdp*	ln*pop*	ln*cpop*	ln*dis*	ln*dagdp*	*iva*	*diva*
ln*agdp*	1						
ln*pop*	−0.311	1					
ln*cpop*	0.291	−0.0209	1				
ln*dis*	0.0820	0.174	0	1			
ln*dagdp*	0.943	−0.335	0.00890	0.0852	1		
iva	0.0686	−0.0277	−0.0946	0.354	0.0890	1	
diva	0.0782	−0.0364	−0.0913	0.344	0.0966	0.993	1

接下来我们对中国同"一带一路"沿线发达经济体之间的双边贸易，以及进口和出口分别运用 HT 模型进行回归分析，回归结果见表5.2。从发达经济体的样本中我们可以看出，对于中国同其双边贸易而言，对方国家的人均国内生产总值弹性为 1.119，即人均国内生产总值每增加 1%，双边贸易增加 1.119%；对方国家人口的弹性为 1.101，即人口规模扩大对双边贸易的影响为正，且弹性略大于 1。中国人口规模的弹性较共建"一带一路"国家整体的数据有所下降，为 4.06，可见中国人口规模对"一带一路"沿线发达经济体双边贸易的影响较所有国家偏低。而距离因素和制度因素均对双边贸易没有显著影响。

表 5.2　中国同"一带一路"沿线发达经济体贸易回归结果

变量	（1） ln*trade*	（2） ln*export*	（3） ln*import*
ln*pop*	1.101***	0.999***	0.397
	（3.89）	（3.59）	（0.86）

续表

变量	(1) lntrade	(2) lnexport	(3) lnimport
lncpop	4.060**	2.354	13.59***
	(2.72)	(1.47)	(8.49)
iva	-0.186	-0.275*	0.504***
	(-1.79)	(-2.47)	(4.36)
lnagdp	1.119***	1.016***	1.272***
	(7.05)	(5.95)	(7.45)
lndis	1.581	1.326	3.908
	(0.33)	(0.28)	(0.42)
_cons	-54.83	-39.36	-146.3
	(-1.26)	(-0.93)	(-1.77)
n	120	120	120

注：括号内为统计量，"*""**""***"分别表示在 5%、1%和 1‰的水平上显著。

中国对"一带一路"沿线发达经济体出口的各影响因素回归结果同双边贸易类似，对方国家的人均国内生产总值和人口的弹性均在 1 左右，也同之前总体样本的结论一致。但是，中国的人口规模回归系数不显著，说明中国的人口规模变化对中国向发达经济体出口没有明显影响。另一个值得注意的变量是 iva，该变量的回归系数在 5%的显著性水平下为负，说明中国对"一带一路"沿线发达经济体出口时比较倾向于选择制度环境评分较低的国家，也就是选择同中国制度评分接近的国家。

通过对中国从"一带一路"沿线发达经济体进口的回归结果分析可以看出，进口所受各变量的影响同双边贸易及出口有很大不同。中国从沿线发达经济体的进口受对方国家人均国内生产总值的影响为正，弹性为 1.272，该结果比较符合预期，且同之前的研究结果相一致。而变量 lnpop 的系数不显著，说明沿线发达经济体的人口规模对中国从其进口的影响不明显。中国的人口对进口的影响显著为正，且系数值较大，说明中国的人口规模变化会对中国从沿线发达经济体进口规模产生巨大影响。制度变量显著为正，这与出口回归结果符号相反，说明中国从沿线发达经济体进口商品时，更愿意选择制度评分较高的国家或地区，这也与之前的分析结果相一致，因为制度评分更高的国家往往在商品生产的标准制定上更为严格。距离变量的回归结果依旧不显著。

（二）发展中经济体

对于发展中经济体的研究，我们采用同发达经济体相同的研究方法，首先检验各解释变量之间的相关性。从表 5.3 中可以看出，相关性比较大的几组变量分别如下：表示制度及制度差异的变量 *iva* 和 *diva*，在两个变量的选取上，我们仍然选择其一（*iva*）作为解释变量，原因与上一节相同；表示经贸合作的变量 *fta* 和 *apec*，我们将这两个变量分别代入模型中进行回归。此外，表示共同边界的变量 *bou* 及另外两个变量 ln*agdp* 和 ln*dis* 相关系数绝对值也都比较高，且变量 *bou* 在之前的回归中系数一直是不显著的，因此，本次回归将变量 *bou* 去掉。

表 5.3　各变量 Spearman 相关系数（发展中经济体样本）

变量	ln*agdp*	ln*pop*	ln*cpop*	ln*dis*	ln*dagdp*	*iva*	*diva*	*wto*	*fta*	*bou*	*apec*
ln*agdp*	1										
ln*pop*	−0.401	1									
ln*cpop*	0.0284	0.0453	1								
ln*dis*	0.320	−0.106	0	1							
ln*dagdp*	0.207	−0.268	0.277	0.0417	1						
iva	−0.005	0.211	0.0048	0.210	−0.223	1					
diva	−0.0731	0.180	−0.022	0.261	−0.202	0.950	1				
wto	0.175	0.164	0.0508	−0.176	0.265	0.406	0.334	1			
fta	−0.0979	0.116	0.0255	−0.487	−0.0474	−0.208	−0.182	0.197	1		
bou	−0.495	0.262	0		−0.580	0.00930	−0.0101	−0.0356	0.199	0.156	1
apec	0.237	0.186	0		−0.330	−0.0704	−0.186	−0.229	0.248	0.672	−0.111	1

从表 5.4 的回归结果中，我们可以看出，中国同"一带一路"沿线发展中经济体的双边贸易，主要受中国的经济规模、对方国家的经济发展水平和经济规模及是否签订自由贸易区协定等因素的影响。其中，对方国家的人口变量弹性约为 1，且非常显著，同之前的研究结果比较一致；中国的人口变量系数值约为 5，且非常显著，相较于发达经济体的数值（约为 4）明显偏大，说明中国的人口因素对中国同"一带一路"沿线发展中经济体的双边贸易比同沿线发达经济体的双边贸易影响更大；而对方国家的人均国内生产总值的系数约为 0.8，说明沿线发展中经济体人均国内生产

总值每增长 1%，双边贸易量能提升约 0.8%；距离变量在该回归中符号为负，但是没有通过显著性水平检验，说明不能认为距离的远近对中国同"一带一路"沿线发展中经济体双边贸易有显著的影响；变量 *fta* 的回归结果显著且系数为正，说明同中国建立自贸区能显著促进双边贸易量的提升。其他变量，如制度环境因素、是否加入世界贸易组织、两国人均国内生产总值差额和是否加入亚太经合组织等，均未通过显著性水平检验。

表 5.4　中国同"一带一路"沿线发展中经济体贸易回归结果

变量	（1）lntrade	（2）lntrade	（3）lnexport	（4）lnexport	（5）lnimport	（6）lnimport
ln*pop*	0.948***	0.945***	0.939***	0.978***	1.272***	1.445***
	（10.37）	（8.78）	（7.28）	（6.20）	（5.75）	（4.25）
ln*cpop*	4.781***	5.351***	5.044***	5.413***	4.784	6.395*
	（4.01）	（4.45）	（4.13）	（4.30）	（1.86）	（2.30）
ln*dagdp*	0.00145	−0.000136	0.00979	0.00926	0.0535	0.0435
	（0.04）	（−0.00）	（0.29）	（0.28）	（0.75）	（0.59）
iva	−0.0794	−0.0801	−0.0130	−0.00498	0.153	0.127
	（−0.73）	（−0.70）	（−0.11）	（−0.04）	（0.64）	（0.47）
wto	0.141	0.0904	0.121	0.0844	0.156	0.0147
	（0.99）	（0.63）	（0.84）	（0.58）	（0.51）	（0.05）
fta	0.575***		0.551**		2.281***	
	（3.41）		（3.12）		（6.19）	
ln*agdp*	0.781***	0.769***	0.494***	0.492***	1.118***	1.123***
	（8.70）	（8.39）	（5.45）	（5.35）	（5.79）	（5.51）
ln*dis*	−0.312	−0.295	−0.0276	0.0528	−0.372	−0.905
	（−0.74）	（−0.58）	（−0.05）	（0.07）	（−0.36）	（−0.54）
apec		1.010		1.213		1.661
		（1.93）		（1.51）		（0.96）
_*cons*	−39.73***	−43.83***	−42.07***	−45.53***	−45.94*	−52.99*
	（−4.37）	（−4.60）	（−4.25）	（−4.13）	（−2.31）	（−2.20）
n	340	340	340	340	340	340

注：括号内为统计量，"*""**""***"分别表示在 5%、1% 和 1‰ 的水平上显著。

再看中国对"一带一路"沿线发展中经济体出口的影响因素。同双边贸易影响因素类似，中国对共建"一带一路"国家出口也受到双方人口规模和对方国家经济发展水平的影响。其中，对方国家人口规模的弹性约为 1，中国人口变量的回归系数约为 5，同双边贸易回归结果较为一致；对方国家的人均国内生产总值系数约为 0.5 且非常显著，略低于该因素对双边贸易的影响；变量 *fta* 的回归系数同双边贸易回归结果也较为一致；距离变量仍不显著；其他解释变量也未通过显著性水平检验。

中国从"一带一路"沿线发展中经济体进口影响因素的实证回归结果中，表示对方国家人口规模和经济发展水平的变量 ln*pop* 和 ln*agdp* 的系数非常显著。其中，ln*pop* 的系数约为 1.3，ln*agdp* 的系数约为 1.1，均略高于总体贸易的回归结果；而表示中国人口规模的变量 ln*cpop* 只有一个模型通过了 5%显著性水平的检验；需要特别注意的是，变量 *fta* 的回归结果显著为正，且系数较双边贸易和出口贸易模型有了大幅提高，说明签订自由贸易区协定对中国从共建"一带一路"国家进口的促进作用巨大；距离变量为负且不显著；其他解释变量均未通过显著性水平检验。

（三）转型经济体

对于转型经济体的研究，我们首先考量各解释变量的相关系数。我们发现，变量 *fta* 在被考察样本中没有数值的改变，即中国未同"一带一路"沿线转型经济体签订自由贸易区协定，因此应将该变量从模型中剔除。由表 5.5 中可知，表示制度的两个变量之间仍旧具备很高的相关性，因此，我们选取表示制度环境的变量 *iva* 加入模型中。此外，在发达经济体和发展中经济体的样本中均未出现的现象是，距离变量同制度变量和共同边界变量有较高的相关性，因此，本节将距离变量同另外两个变量分别放在两个模型中单独考察。ln*agdp* 和 ln*dagdp* 两个变量的相关性也较高，在此选择变量 ln*agdp* 纳入回归模型。

表 5.5　各变量 Spearman 相关系数（转型经济体样本）

变量	ln*agdp*	ln*pop*	ln*cpop*	ln*dis*	ln*dagdp*	*iva*	*diva*	*wto*	*fta*	*bou*	*apec*
ln*agdp*	1										
ln*pop*	0.0425	1									
ln*cpop*	0.0783	0.00460	1								
ln*dis*	0.167	−0.580	0	1							
ln*dagdp*	−0.630	0.115	0.368	−0.254	1						
iva	0.0301	−0.427	−0.0275	0.606	−0.116	1					
diva	0.0510	−0.414	−0.0395	0.593	−0.130	0.988	1				
wto	−0.212	−0.303	0.0634	0.0595	0.168	0.133	0.121	1			
fta	−0.0308	−0.0704	0.162	−0.0317	0.134	0.253	0.246	0.121	1		
bou	−0.00420	0.398	0	−0.623	0.200	−0.527	−0.522	0.317	−0.0861	1	
apec	0.391	0.407	0	−0.102	−0.118	−0.268	−0.261	0.194	−0.0388	0.451	1

从表 5.6 中可以看出,中国同"一带一路"沿线转型经济体的双边贸易影响因素中,对方国家人均国内生产总值仍是重要的影响因素,且系数绝对值约为 0.8,与之前研究相似。中国的人口规模对双边贸易也有显著影响,回归系数值较发达经济体和发展中经济体的结果明显偏大,说明中国的人口规模对中国同"一带一路"沿线转型经济体的影响更大。距离变量在该回归结果中比较显著,系数绝对值为 5.672,符号为负,说明距离每增加 1%,中国同沿线转型经济体的双边贸易规模将减少 5.672%。距离变量在发达经济体和发展中经济体样本的回归结果中均不显著,而在转型经济体样本的回归结果中通过了 5%显著性水平的检验,说明距离对中国同沿线转型经济体双边贸易的影响更大。需要注意的是,人均国内生产总值变量 ln$agdp$ 在之前模型的回归结果中显著,而在转型经济体的回归结果中不显著,说明对于转型经济体而言,其国内生产总值对该国同中国双边贸易没有明显的影响。其他解释变量如加入世界贸易组织、加入亚太经合组织、建立自由贸易区和共同边界等,均没有通过显著性检验。

中国对"一带一路"沿线转型经济体出口的影响因素中,通过显著性检验的 4 个变量是对方国家的人均国内生产总值、中国的人口、距离和制度,其他变量的回归结果均不显著。其中,对方国家的人均国内生产总值的回归系数接近 1,同之前的研究结果相类似。中国人口规模的回归系数略大于发展中经济体的回归结果。对方国家的人口变量在模型中不显著,说明东道国人口规模对中国对其出口没有显著的影响。距离变量回归结果通过了 5%的显著性水平检验,且符号为负,与理论相符。制度变量回归结果显著为正,说明转型经济体制度环境评分提升有利于增加中国对其出口。

中国从"一带一路"沿线转型经济体的进口影响因素中,在模型回归结果中显著的变量是转型经济体人均国内生产总值、中国的人口规模、加入世界贸易组织,转型国家人口规模在其中一个模型中显著。其中,中国人口规模的系数值达 16 以上,明显高于其他类型国家中该变量的回归系数,也高于总体样本中该变量的回归系数。加入世界贸易组织虽然对双边和出口贸易的影响不明显,但是对中国从转型经济体进口有显著的抑制作用,换言之,转型国家加入 WTO 反而使其对中国出口减少了。这同之前的研究结果不符,且不符合理论逻辑。造成该结果的原因可能是样本选择的偏差,该模型留待后续的稳健性检验结果出来,一并综合分析。

表 5.6　中国同"一带一路"沿线转型经济体贸易回归结果

变量	（1）lntrade	（2）lntrade	（3）lnexport	（4）lnexport	（5）lnimport	（6）lnimport
lnpop	−0.510	−0.219	−0.177	0.386	−1.749*	−1.289
	（−0.95）	（−0.39）	（−0.33）	（0.75）	（−2.01）	（−1.47）
lncpop	10.83***	11.09***	6.367***	6.917***	16.46***	16.86***
	（6.66）	（6.78）	（3.54）	（3.91）	（6.85）	（7.00）
wto	−0.320	−0.300	−0.0516	−0.00588	−0.723**	−0.683**
	（−1.85）	（−1.72）	（−0.27）	（−0.03）	（−2.82）	（−2.66）
fta	0.0821	0.0740	0.163	0.146	0.183	0.171
	（0.44）	（0.40）	（0.79）	（0.72）	（0.67）	（0.62）
lnagdp	0.790***	0.837***	0.831***	0.928***	0.636**	0.710**
	（5.40）	（5.62）	（5.15）	（5.80）	（2.93）	（3.22）
lndis	−5.672*		−5.043*		−6.404	
	（−2.30）		（−2.12）		（−1.47）	
apec	5.364	2.091	3.987	−0.175	10.42	7.361
	（1.68）	（0.55）	（1.29）	（−0.05）	（1.88）	（1.17）
iva		0.277		0.569**		0.437
		（1.62）		（3.08）		（1.73）
bou		2.929		3.156		2.091
		（1.51）		（1.94）		（0.64）
_cons	−34.66	−86.95***	−9.433	−59.21***	−66.91	−126.8***
	（−1.45）	（−7.46）	（−0.40）	（−4.69）	（−1.64）	（−7.40）
n	170	170	170	170	170	170

注：括号内为统计量，"*""**""***"分别表示在5%、1%和1‰的水平上显著。

二、稳健性检验

在本节的稳健性检验中，我们将上述 3 种类型经济体的回归模型用其他方法进行回归，通过回归结果的比较来检验模型的稳健性。

我们仍然是在混合最小二乘法、固定效应模型和随机效应模型三者中选取回归模型的估计方法。我们先对每种类型经济体的双边贸易、中国对其出口及中国从其进口三种贸易类型分别用混合最小二乘法、固定效应模型和随机效应模型进行分析。然后，通过 F 检验在混合最小二乘法和固定效应模型中选择其一，结果显示，所有的固定效应模型回归结果均优于用同样数据的混合最小二乘法的回归结果。而在固定效应模型和随机效应模型的选取上，我们仍然采用 Hausman 检验的 P 值判断二者孰优孰劣。我们选择的显著性水平为0.05，即当P值小于0.05时，则拒绝原假设H_0，认为固定效应模型和随机效应模型的回归结果有显著差别，此时应选用固定效应模型；当P值大于 0.05 时，可以接受原假设 H_0，即认为固定效应模型和随机效应模型的回归结果没有显著差别，而此时随机效应模型可以对不随时间变化的变量进行估计，因此，选择随机效应模型进行估计。

表 5.7 至表 5.9 则是对三种不同类型经济体的数据进行稳健性检验的结果。从三种类型经济体的回归模型稳健性检验的结果上可以看出，各类型经济体数据的回归结果中，大部分变量的系数值和显著性水平均未发生明显变化，但也有部分变量发生了较大变化。例如，发展中经济体的回归结果中，中国对沿线发展中经济体出口受到对方国家人口规模的显著影响，而在用固定效应模型回归时，该变量未能通过显著性水平的检验。

将总体数据分为三部分，即发达经济体、发展中经济体和转型经济体的三个样本集合之后，同用总体数据回归的模型的稳健性相比，三种不同类型的经济体各自回归的模型稳健性略差。这是由于各模型所包含的样本数量较总体数据均有大幅减少，特别是发达经济体和转型经济体的样本数量均不足 200，因此，样本数量偏少所引起的估计误差会比较大。由此得出，三类经济体的回归模型的稳健性相对于总体数据回归模型的稳健性略偏低。

表 5.7 稳健性检验（发达经济体样本）

变量	随机效应 lntrade	随机效应 lnexport	固定效应 lnimport
lnagdp	1.172***	1.140***	1.248***
	（8.35）	（7.84）	（7.16）
lnpop	0.943***	0.890***	−0.662
	（8.38）	（8.50）	（−0.93）
lncpop	3.694**	1.736	13.43***
	（2.60）	（1.15）	（8.24）
lndis	2.220	1.435	0
	（1.23）	（0.85）	（.）
iva	−0.170*	−0.199*	0.512***
	（−2.01）	（−2.34）	（4.29）

续表

变量	随机效应	随机效应	固定效应
	ln*trade*	ln*export*	ln*import*
_cons	-58.09**	-36.84*	-108.3***
	(-3.21)	(-2.11)	(-9.96)
n	120	120	120

注：括号内为统计量，"*""**""***"分别表示在5%、1%和1‰的水平上显著。

表5.8 稳健性检验（发展中经济体样本）

变量	随机效应	随机效应	固定效应
	ln*trade*	ln*export*	ln*import*
ln*agdp*	0.896***	0.486***	1.367***
	(11.84)	(5.02)	(8.20)
ln*pop*	0.981***	1.517***	1.339***
	(12.49)	(3.35)	(7.35)
ln*cpop*	4.628***	3.248	4.518
	(3.87)	(1.70)	(1.76)
ln*dis*	-0.402	0	-0.611
	(-1.12)	(.)	(-0.73)
ln*dagdp*	-0.00185	0.0162	0.0509
	(-0.06)	(0.46)	(0.71)
iva	-0.0783	-0.00272	0.142
	(-0.76)	(-0.02)	(0.62)
wto	0.176	0.0485	0.235
	(1.24)	(0.32)	(0.77)
fta	0.578***	0.450*	2.181***
	(3.52)	(2.29)	(6.07)
_cons	-38.93***	-30.83*	-44.32*
	(-4.35)	(-2.43)	(-2.28)
n	340	340	340

注：括号内为统计量，"*""**""***"分别表示在5%、1%和1‰的水平上显著。

表5.9 稳健性检验（转型经济体样本）

变量	固定效应	固定效应	固定效应
	ln*trade*	ln*export*	ln*import*
ln*agdp*	0.682***	0.717***	0.473*
	(4.39)	(4.16)	(2.08)
ln*pop*	-2.099*	-1.871*	-4.113***
	(-2.56)	(-2.05)	(-3.41)

变量	固定效应 ln*trade*	固定效应 ln*export*	固定效应 ln*import*
ln*cpop*	11.68***	7.295***	17.70***
	(6.92)	(3.89)	(7.15)
ln*dis*	0	0	0
	(.)	(.)	(.)
wto	−0.238	0.0286	−0.589*
	(−1.32)	(0.14)	(−2.22)
fta	0.0643	0.143	0.160
	(0.34)	(0.68)	(0.57)
apec	0	0	0
	(.)	(.)	(.)
bou	0	0	0
	(.)	(.)	(.)
_*cons*	−85.54***	−55.25***	−124.7***
	(−7.29)	(−4.24)	(−7.24)
n	170	170	170

注：括号内为统计量，"*""**""***"分别表示在5%、1%和1‰的水平上显著。

第三节　按产品部门分别实证回归

在上一节中，我们将共建"一带一路"国家按照经济类型分成发达经济体、发展中经济体和转型经济体三大类，并对每一类型国家同中国的双边及进出口贸易影响因素进行了研究。

在这一节中，我们从另外一个角度——贸易产品的结构对中国同共建"一带一路"国家的贸易进行深入分析。通过对所有贸易产品按照技术附加值的高低划分部门，分析每个部门的贸易影响因素，进而可以看出中国同共建"一带一路"国家不同技术附加值产品的贸易所受各影响因素的大小。对贸易产品分部门进行研究，是对中国同共建"一带一路"国家贸易在结构层次上的深入探析，笔者力求通过分析不同技术附加值产品的贸易影响因素，为我国同共建"一带一路"国家贸易政策的制定提供更为详细的实证支持。

一、部门分类方法介绍和描述性统计

（一）部门分类方法介绍

要分析贸易产品的结构，首先应找到一个合适的方法将所有的贸易产品按照一定的规则进行分类。我们对贸易产品分类时，一般关心的是贸易产品技术附加值的高低。正如本章第一节所述，按技术附加值对产品分类的方法有许多，早期的静态分类方法有诸多缺陷，近期的动态分类方法在一定程度上弥补了静态分类方法的不足。但是，一些研究中的动态分类方法计算过于烦琐，且不容易被理解，而我们根据研究内容的实际情况分析发现，并非越晦涩难懂的方法越完善，逻辑和原理显而易见的方法反而更容易被大多数人接受，且更适用于本问题的研究。因此，我们参照关志雄（2002）和拉尔等（Lall 等，2005）的研究方法，在细节处理上根据实际问题进行一些改进，形成了本书对贸易产品分类的方法。我们将中国同共建"一带一路"国家 2012—2021 年的所有贸易产品分为高技术附加值产品、中高技术附加值产品、中等技术附加值产品、中低技术附加值产品和低技术附加值产品五大类。

根据国际贸易比较优势理论，出口产品可以真实反映一国的技术结构。正如拉尔等（Lall 等，2005）的研究认为，一国出口产品同该国的人均收入水平高度相关，因为嵌入更高工资水平的产品若能在国际市场上参与竞争，必然拥有更高的生产效率。因此，拉尔等（Lall 等，2005）、关志雄（2002）将出口国人均 GDP 作为权重加权该国出口产品所占世界份额，计算特定产品的技术附加值，以此衡量该国的出口贸易结构。苏振东和周玮庆（2009）[①]采用该方法，计算了 2001—2005 年中国出口产品的技术附加值。本书在该方法的基础上根据实际研究对象做相应调整，定义产品技术附加值如下：

$$P_a = \sum_j \left(\frac{E_{aj}}{\sum_j E_{aj}} \cdot agdp_j \right) \tag{5.1}$$

其中，a 表示产品，j 表示共建"一带一路"国家，P_a 表示第 a 种产品的技术附加值，E_{aj} 表示 j 国对世界第 a 种产品的出口额，$\sum_j E_{aj}$ 表示共建

---

① 苏振东，周玮庆. 我国对东盟的出口贸易结构及其变迁——基于产品技术附加值分布的贸易结构分析法和变系数面板数据模型的动态分析[J]. 国际贸易问题，2009（3）：41-51.

"一带一路"所有国家第 a 种产品的出口额，$agdp_j$ 表示 j 国的人均国内生产总值。

技术附加值 P_i 越大，表示该种产品的技术含量越高。从一般意义上讲，资源类产品和初级制造产品的技术附加值相对较低，高新技术产品的技术附加值较高。将纳入统计范围的产品按照技术附加值从低到高的顺序排列，依次为低技术附加值产品、中低技术附加值产品、中等技术附加值产品、中高技术附加值产品和高技术附加值产品，再分为 5 个部门，可清晰地看到每个部门所包含的产品种类。将中国同共建"一带一路"国家每个部门产品的双边贸易额、进口额和出口额加总，就得到按照技术附加值分类的各部门产品的双边贸易额、进口额和出口额。

需要说明的是，按照上述方法对产品分类时，各年份中每个部门所包含的子产品种类不一定是固定不变的，而是处于动态变化之中。例如，第 i 类产品在 2012 年属于中等偏上附加值产品，但在 2013 年却属于中等附加值产品。这是因为产品生产国在国际分工中的地位不断变化，某些产品起初只在特定国家进行生产，但是随着世界整体技术水平不断进步及技术外溢等，越来越多的国家掌握了生产该产品的关键技术，进而产品生产国数量不断增加，而最早生产该产品的国家可能由于研究出了更先进的技术而放弃了该产品的生产，因此，产品的生产国便发生了改变（一般是由发达经济体向发展中经济体转移，即由人均国内生产总值高的国家向人均国内生产总值低的国家转移）。这样，随着产品进入其生命周期的不同阶段，技术附加值也在不断改变之中。

具体而言，本书通过以下方法计算中国对共建"一带一路"国家出口产品的技术附加值：首先，在联合国《国际贸易标准分类》第四次修订的标准三位数水平下确定了 259 种子产品的范围（具体参见联合国贸易和发展会议数据库中的详细分类），并查找出中国在 2012—2021 年同共建"一带一路"国家在该 259 种产品上的双边贸易和进出口数额及各国相应年份的人均国内生产总值。其次，按照公式（5.1）所示方法，将具体数值代入并计算，得到 259 种产品的技术附加值。再次，将所有子产品按照技术附加值从小到大的顺序排列，并分为 5 个部门，其中第一个部门包含51 种产品，其他 4 个部门包含 52 种产品。最后，依次将各部门命名为"低技术附加值产品""中低技术附加值产品""中等技术附加值产品""中高技术附加值产品"和"高技术附加值产品"。

本书后续实证研究所涉及的产品分类均是根据上述方法获得，其后不再赘述。

（二）描述性统计

在前文中，对于中国同共建"一带一路"国家双边及进出口贸易的数据，我们按照技术附加值分部门后分别计算了统计范围内各年份各部门的双边贸易额及进出口额。从各部门的贸易数据中，我们可以清晰地看到中国同共建"一带一路"国家的贸易结构及其演变趋势。

从图 5.1 中可以看出，总体来看，中国同共建"一带一路"国家各部门的双边贸易量均呈现上升的趋势，但在上升过程中有所波动，各部门在各年份的变化均有所差异。在 5 个部门中，高技术附加值产品和中高技术附加值产品的双边贸易量一直占据最大比例，且明显高于其他几个部门。2012—2015 年，高技术附加值产品双边贸易量居首位；2016 年以后，中高技术附加值产品双边贸易量跃升为第一。技术附加值较低的 3 个部门贸易规模相差较小，总体呈缓慢上升趋势。

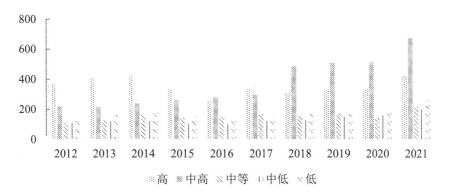

图 5.1 2012—2021 年中国同共建"一带一路"国家各部门产品双边贸易额（单位：十亿美元）

资料来源：联合国贸易和发展会议数据库。

我们接下来考察各部门双边贸易量在总贸易量中所占的比例及其变化趋势。如图 5.2 所示，在中国同共建"一带一路"国家的双边贸易量中，各部门贸易占比长期维持在一个比较均衡的水平。其中，高技术附加值和中高技术附加值产品的总占比在60%以上，但从内部结构上看，高技术附加值产品比例不断下降，中高技术附加值产品比例不断上升。

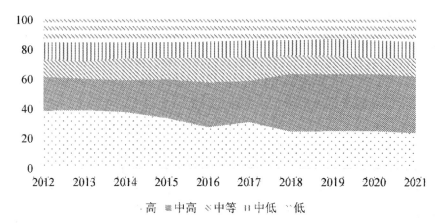

图 5.2　2012—2021 年中国同共建"一带一路"国家各部门产品双边贸易占比
（单位：%）

资料来源：联合国贸易和发展会议数据库。

在考察了各部门的双边贸易规模和贸易占比之后，我们将继续考察各部门的出口和进口情况。

从图 5.3 中可以看出 2012—2021 年中国对共建"一带一路"国家各部门的出口规模变化情况。总体来看，与 2012 年相比，2021 年各部门产品出口均有所增加，但中高技术附加值产品的出口明显多于其他几类。高技术附加值和中等技术附加值产品出口规模接近，在统计范围内大部分年份，上述两部门的出口规模要大于中低技术附加值和低技术附加值产品的出口规模。

从图 5.4 各部门出口占比中我们可以观察到，高技术附加值产品的出口维持在 20% 左右，部分年份有短暂提升；与此相对，中高技术附加值产品的出口规模一直维持在 30% 左右，在高技术附加值产品出口占比上升期间，中高技术附加值产品的出口占比略有下降。中等技术附加值产品的出口占比约为 20%，低技术附加值产品和中低技术附加值产品的出口占比加总约为 30%。

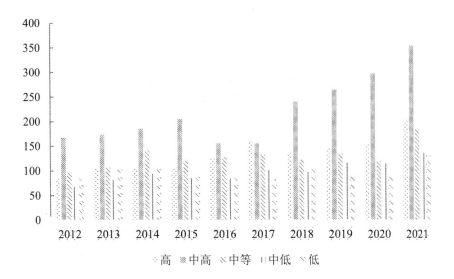

图 5.3 2012—2021 年中国对共建"一带一路"国家各部门产品的出口额
（单位：十亿美元）

资料来源：联合国贸易和发展会议数据库。

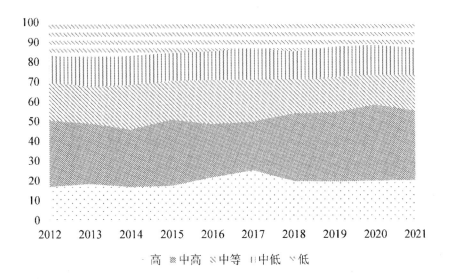

图 5.4 2012—2021 年中国对共建"一带一路"国家各部门产品的出口占比
（单位：%）

资料来源：联合国贸易和发展会议数据库。

下面考察中国从共建"一带一路"国家进口的各部门贸易规模及占比。从图 5.5 中可以看出，中国从共建"一带一路"国家进口各类产品的规模总体呈现一个"V"字形，即技术附加值高的产品和技术附加值低的产品进口量较大，而技术附加值中等的产品进口量最小。从图中我们也可以清楚地看出，2012—2014 年中国进口规模最大的部门是高技术附加值产品，而且其进口规模远超其他各部门产品，进口量排在其次的是低技术附加值产品，然后是中高技术附加值产品和中低技术附加值产品，而进口量排在最末位的是中等技术附加值产品。但 2016 年之后，中高技术附加值产品部门进口量增长迅速，从 2018 年开始已经成为进口规模最大的部门。

我们从图 5.6 中可以更加清晰地看到各类技术附加值产品的进口占比。从图中我们可以看出，高技术附加值产品的进口规模在考察期开始阶段为 60%以上，2016 年后明显下滑，至 2021 年占比约为 30%。与此相对，中高技术附加值产品的进口占比大幅提升，从 10%增长到 40%左右。低技术附加值产品进口近年来也有所增加。中等技术附加值产品进口规模最小。

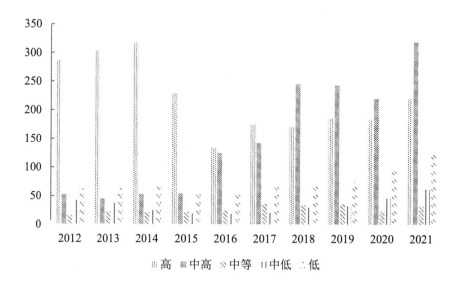

图 5.5　2012—2021 年中国从共建"一带一路"国家各部门产品进口额
（单位：十亿美元）

资料来源：联合国贸易和发展会议数据库。

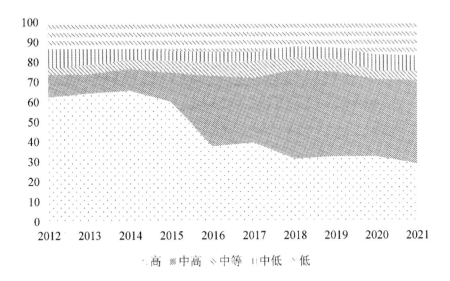

图 5.6　2012—2021 年中国对共建"一带一路"国家各部门产品进口占比

（单位：%）

资料来源：联合国贸易和发展会议数据库。

　　在分析了各类技术附加值产品的双边贸易和进出口情况之后，我们继续考察中国同共建"一带一路"国家在各类产品上的贸易顺差（逆差）情况。图 5.7 显示了各类技术附加值产品的出口减进口的差值，当数值大于 0 时，即为贸易顺差；当数值小于 0 时，即为贸易逆差。从图中我们可以看出，高技术附加值产品长期处于贸易逆差状态，且逆差的规模较大。其余 4 个部门的产品长期处于贸易顺差，但顺差的规模比较小。在 4 类顺差产品中，中等技术附加值产品和中低技术附加值产品的贸易顺差规模相对较大，低技术附加值产品的贸易顺差规模相对较小，而中高技术附加值产品的贸易顺差波动最大。

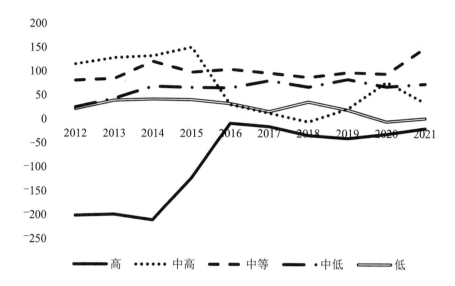

图 5.7　2012—2021 年中国同共建"一带一路"国家各部门产品顺差（逆差）

（单位：十亿美元）

资料来源：联合国贸易和发展会议数据库。

注：图中折线上各点，大于 0 即为贸易顺差，小于 0 即为贸易逆差。

综上所述，中国同共建"一带一路"国家的双边及进出口贸易在各部门产品中表现出了不同的特点和变化趋势。中国同共建"一带一路"国家的贸易中，高技术附加值和中高技术附加值产品贸易所占比重较大，进口和出口规模都排在各类产品前列。中等附加值产品出口规模占比较大，进口规模占比较小；低技术附加值产品则与之相反。中低技术附加值产品进出口规模均较小。在所有部门产品中，高技术附加值产品的贸易逆差较大，说明中国对高技术附加值产品的进口需求非常大，其余各类产品均为贸易顺差。但值得注意的是，高技术附加值产品贸易逆差近年来有明显的缩小趋势。

二、实证结果及分析

按照前文的分类方法，我们将中国同共建"一带一路"国家的所有贸易产品按照技术附加值由高到低划分为 5 个部门，依次为高技术附加值产品（L1）、中高技术附加值产品（L2）、中等技术附加值产品（L3）、中低技术附加值产品（L4）和低技术附加值产品（L5）。为了方便后续进行实证回归，我们将各类产品按照技术附加值的高低依次编号为 $L1 \sim L5$。

我们的实证回归方法仍然是按照第四章所述的方法进行，通过分析因变量发现，部分部门的进口数据存在零贸易流，但数量很少。因此，本节的回归模型将继续采用 HT 模型进行回归。我们在变量的选取方面，总结之前的研究经验，在表示制度的变量中仅保留制度环境变量 iva，而删除制度差异变量 $diva$，因为两者的相关性非常高，且中国的制度环境评分处于较低水平，所以对变量 $diva$ 没有验证的必要。而变量 fta 和 $apec$ 两个变量在之前研究中的相关性也很高，根据前面模型的经验发现，fta 变量的回归结果较好，因此仅保留 fta 作为解释变量，没有重复验证的必要。

从表 5.10 中可以看出，中国同共建"一带一路"国家各部门双边贸易所受的影响因素从总体上来看比较一致，传统的贸易引力模型包含的各因素在该模型回归结果中大都比较显著（但距离变量在许多模型中未通过显著性水平检验）。我们逐一分析各因素对不同部门贸易的影响。共建"一带一路"国家的人均国内生产总值对大多数部门的双边贸易有显著影响，也同之前的研究结果比较一致，在中高贸易附加值产品的回归模型中未通过显著性检验。其中，在通过显著性水平检验的几个模型中，该变量对高技术附加值产品的双边贸易弹性最大，约为 1.6，说明共建"一带一路"国家人均国内生产总值每变化 1%，高技术附加值产品的双边贸易量将同向变化 1.6%；而该变量对低技术附加值产品双边贸易弹性最小，约为 0.6，说明共建"一带一路"国家人均国内生产总值每变化 1%，低技术附加值的双边贸易将同向变化 0.6%。共建"一带一路"国家的人口规模对大多数部门双边贸易的影响也非常显著，弹性系数的回归值也与总贸易额比较一致，接近 1，但是，其在高技术附加值产品贸易模型中未通过显著性检验。该变量对中高技术附加值产品的双边贸易量弹性最大，约为 1.3；弹性最小的是中等技术附加值产品，约为 0.9；该变量对各部门产品双边贸易的弹性相差不大。中国的人口规模变量在中高技术附加值、中等技术附加值和中低技术附加值产品贸易模型中通过显著性检验。中高技术附加值产品的双边贸易受到中国人口规模的影响较大，弹性系数约为 18.62。从以上结果可以看出，高技术附加值产品的双边贸易受到对方国家经济发展水平的影响更大，而中高技术附加值产品受到中国自身经济规模的影响更大。

距离变量只在中低技术附加值产品的回归中通过显著性水平检验，且在 5%的显著性水平下显著。

　　人均国内生产总值差额在中高技术附加值产品和低技术附加值产品的回归中均通过不同水平的显著性检验。但是，该变量在低技术附加值产品模型中回归系数为正，同之前的理论预期不相符。该结果说明，中国更倾向于同人均国内生产总值与自身差距较大的国家进行低技术附加值产品的贸易。

　　表示国际经贸合作的变量有两个，变量 wto 在中高技术附加值产品模型中通过 5% 的显著性水平检验，但符号为负，与理论预期不符。变量 fta 在高技术附加值、中等技术附加值和中低技术附加值产品模型中均通过不同显著性水平的检验，且符号为正，说明建立自贸区可以促进上述几类产品的双边贸易增加。

　　制度变量和共同边界变量回归结果均不显著。

表 5.10　中国同共建"一带一路"国家各部门双边贸易回归结果

变量	（1）lntradeL1	（2）lntradeL2	（3）lntradeL3	（4）lntradeL4	（5）lntradeL5
lnpop	0.496	1.308***	0.922***	0.967***	0.950***
	(1.85)	(5.88)	(9.26)	(14.52)	(8.18)
ln$cpop$	0.777	18.62***	4.556***	3.431**	1.191
	(0.52)	(13.19)	(4.58)	(3.08)	(0.91)
ln$dagdp$	0.0258	−0.0995**	−0.0275	−0.0336	0.0639*
	(0.73)	(−2.94)	(−1.12)	(−1.22)	(1.96)
iva	−0.0776	0.254	0.119	0.00249	0.0660
	(−0.55)	(1.90)	(1.32)	(0.03)	(0.57)
wto	−0.149	−0.349*	0.137	0.145	0.311
	(−0.81)	(−2.01)	(1.12)	(1.13)	(1.94)
fta	0.469*	0.262	0.319*	0.622***	0.104
	(2.21)	(1.29)	(2.23)	(4.17)	(0.55)
ln$agdp$	1.616***	0.153	0.733***	0.835***	0.578***
	(13.44)	(1.34)	(8.96)	(9.31)	(5.36)
lndis	−1.543	−0.334	−0.533	−0.815*	−1.228
	(−0.92)	(−0.25)	(−0.97)	(−2.24)	(−1.92)
bou	0.965	−1.163	0.130	0.320	0.471
	(0.59)	(−0.89)	(0.24)	(0.91)	(0.76)
_cons	−8.431	−135.0***	−37.41***	−28.10***	−6.913
	(−0.48)	(−8.98)	(−4.45)	(−3.34)	(−0.65)
n	630	630	630	630	630

　　注：括号内为统计量，"*""**""***"分别表示在 5%、1% 和 1‰ 的水平上显著。$L1$～$L5$ 指技术附加值从高到低的各部门。

我们继续分析中国对共建"一带一路"国家各部门产品出口的影响因素大小。从表 5.11 中可以看出，共建"一带一路"国家的人均国内生产总值在各部门的回归中均通过了显著性水平检验。该变量对中高技术附加值产品的影响最大，弹性系数约为 0.85；对高技术附加值产品的影响最小，弹性系数约为 0.56。共建"一带一路"国家人口规模对中国向其出口的各部门产品影响均十分显著，各产品部门弹性系数相差较小，均在 1 左右，与之前的研究结果相一致。中国的人口规模对各部门出口的影响也非常显著，其中，高技术附加值产品的出口受中国人口规模影响最大，弹性系数约为 10.7；而低技术附加值产品的弹性系数为负，说明中国人口规模增长会减少对共建"一带一路"国家低技术附加值产品的出口，该结果与理论存在偏差。距离变量仅在中低技术附加值产品模型中通过 5%的显著性水平检验。

变量 *fta* 在低技术附加值产品模型中未通过显著性检验，在其他 4 个模型中均通过显著性水平不同的检验，且系数为正。这说明建立自贸区有利于促进中国对某国在除低技术附加值以外的各部门产品的出口增加。

制度变量在高技术附加值产品的回归中在 5%的水平显著，而在其他 4 个部门的回归中未能通过显著性水平检验。制度环境的变量对高技术附加值产品出口具有正向影响，中国更倾向于将高技术附加值产品出口到制度评分高的国家。

人均国内生产总值差额变量仅在中高技术附加值产品模型中通过了 5%的显著性水平检验，且符号为负，说明经济发展水平差距扩大会减少中国对共建"一带一路"国家中高技术附加值产品的出口。

加入世界贸易组织和与中国拥有共同边界并未对各部门产品的出口产生显著影响。

表 5.11　中国向共建"一带一路"国家各部门出口回归结果

变量	（1）ln*exL*1	（2）ln*exL*2	（3）ln*exL*3	（4）ln*exL*4	（5）ln*exL*5
ln*pop*	0.965***	1.007***	0.932***	0.921***	1.040***
	（9.36）	（14.93）	（10.53）	（11.24）	（9.95）
ln*cpop*	10.71***	8.348***	3.717***	6.520***	-4.363***
	（9.76）	（7.82）	（3.92）	（6.59）	（-3.36）
ln*dagdp*	-0.0197	-0.0529*	-0.0288	-0.00461	0.0377
	（-0.73）	（-2.00）	（-1.23）	（-0.19）	（1.17）

变量	（1） ln*exL*1	（2） ln*exL*2	（3） ln*exL*3	（4） ln*exL*4	（5） ln*exL*5
iva	0.232*	0.0151	0.0994	0.00304	0.0423
	（2.36）	（0.18）	（1.17）	（0.04）	（0.38）
wto	0.124	0.0505	0.0734	0.128	0.222
	（0.92）	（0.41）	（0.63）	（1.07）	（1.42）
fta	0.322*	0.549***	0.314*	0.506***	0.175
	（2.05）	（3.79）	（2.31）	（3.62）	（0.95）
ln*agdp*	0.556***	0.848***	0.766***	0.672***	0.590***
	（6.17）	（9.83）	（9.83）	（8.30）	（5.56）
ln*dis*	−0.910	−0.415	−0.628	−0.903*	−0.499
	（−1.60）	（−1.13）	（−1.29）	（−2.01）	（−0.87）
bou	−0.321	0.0930	0.0784	0.0129	0.342
	（−0.58）	（0.26）	（0.16）	（0.03）	（0.62）
_*cons*	−77.73***	−66.66***	−30.91***	−48.61***	26.56*
	（−8.56）	（−8.20）	（−3.94）	（−6.14）	（2.57）
n	630	630	630	630	630

注：括号内为统计量，"*""***""****"分别表示在5%、1%和1‰的水平上显著。

最后，我们分析中国从共建"一带一路"国家各部门产品进口受哪些因素的影响。如表 5.12 所示，各部门进口所受的各因素影响同出口及双边贸易的差别较大。共建"一带一路"国家的人均国内生产总值对中国从其进口各部门产品的影响都十分显著。其中，高技术附加值产品受到该变量的影响最大，弹性系数约为 3.3，说明共建"一带一路"国家的人均国内生产总值每扩大 1%，中国对其高技术附加值产品的进口将增加 3.3%；低技术附加值受该变量的影响最小，系数值约为 0.88。需注意的是，中高技术附加值产品模型中，该变量的回归系数符号为负，说明共建"一带一路"国家经济发展水平提升反而会降低中国从其进口中高技术附加值产品的规模。

共建"一带一路"国家人口规模对除高技术附加值产品外的各部门的影响也都比较显著，且差异比较小。影响最大的是中低技术附加值产品，系数约为 1.5。

中国的人口变量在中等技术附加值产品模型回归中未通过显著性水

平检验，在其余模型中均通过了显著性水平不同的检验。其中，中国人口规模对中国从共建"一带一路"国家进口中高技术附加值产品有显著影响，系数约为 59，对高技术附加值产品和中低技术附加值产品进口的影响符号为负，即中国人口规模增加会使其减少从共建"一带一路"国家进口上述两个部门的产品。

制度环境变量在中高技术附加值、中等技术附加值和低技术附加值产品的回归中具有显著性且符号为正，与理论预期相符。该结果说明，中国更倾向于从制度环境较好的国家进口上述 3 个部门的产品。

表示共建"一带一路"国家是否为世界贸易组织成员的变量 wto 在中等技术附加值产品的回归中在 5% 的水平上显著。这说明，加入世界贸易组织对中国从其进口中等技术附加值产品具有促进作用。

表示是否建立自由贸易区的变量 fta 在中等技术附加值产品和中低技术附加值产品的回归中比较显著，且系数符号为正，说明共建"一带一路"国家同中国建立自贸区，对中国从其进口中等技术附加值产品和中低技术附加值产品具有正向影响。

距离、人均国内生产总值差额和共同边界变量在各部门的回归中均未通过显著性水平的检验。

表 5.12　中国从共建"一带一路"国家各部门进口回归结果

变量	（1）lnimL1	（2）lnimL2	（3）lnimL3	（4）lnimL4	（5）lnimL5
lnpop	0.896	1.053*	1.471***	1.488***	1.137**
	（1.83）	（2.19）	（5.76）	（4.25）	（3.29）
ln$cpop$	−6.817*	58.92***	7.406	−15.91***	13.02***
	（−2.05）	（10.89）	（1.76）	（−3.66）	（3.56）
ln$dagdp$	−0.117	0.149	−0.0688	0.0177	0.0947
	（−1.45）	（1.11）	（−0.65）	（0.16）	（1.05）
iva	0.0937	1.115*	0.715*	0.399	0.705*
	（0.30）	（2.33）	（2.17）	（1.06）	（2.15）
wto	−0.686	0.550	1.221*	−0.377	0.0590
	（−1.67）	（0.84）	（2.52）	（−0.72）	（0.13）
fta	0.528	0.0349	2.077***	1.566*	0.511
	（1.10）	（0.05）	（3.68）	（2.56）	（0.98）
ln$agdp$	3.316***	−2.487***	1.600***	2.289***	0.883**
	（12.25）	（−5.61）	（4.74）	（6.50）	（2.95）

续表

变量	（1） lnimL1	（2） lnimL2	（3） lnimL3	（4） lnimL4	（5） lnimL5
lndis	−2.637	0.735	−0.0125	−0.809	−2.620
	（−0.92）	（0.28）	（−0.01）	（−0.42）	（−1.38）
bou	1.457	−4.524	1.150	2.560	1.091
	（0.52）	（−1.76）	（0.85）	（1.37）	（0.59）
_cons	39.72	−417.7***	−76.12*	94.36**	−86.34**
	（1.17）	（−9.48）	（−2.39）	（2.73）	（−2.85）
n	630	630	623	628	624

注：括号内为统计量，"*""**""***"分别表示在5%、1%和1‰的水平上显著。

三、内生性问题及稳健性检验

（一）内生性问题

关于模型的内生性问题，在本书的第四章中均有详细的介绍。在这里，我们应用了第四章所介绍的方法，对模型的内生性问题进行处理。我们仍旧将可能的内生变量 lnagdp 滞后一期作为其当期值的工具变量代入模型之中，发现回归结果无明显变化。具体的回归结果在此不详细列举。

（二）稳健性检验

在本章中，采用固定效应模型对上述结果进行稳健性检验。从表 5.13 至表 5.15 可以看出，固定效应模型的回归结果总体上同 HT 模型的回归结果一致，各部门双边贸易和进出口贸易影响因素的系数值和显著性均同 HT 模型相似。在传统的引力模型包含的几个变量上，两种方法回归结果的一致性更强。而在扩展的引力模型包含的变量回归结果中，两种方法有一些差异。

从双边贸易和进出口贸易的回归结果上对比，固定效应模型与 HT 模型在对影响进口的主要解释变量的回归结果上差异较大。例如，共建"一带一路"国家的人口变量在固定效应模型回归结果中，除高技术附加值产品外均未能通过显著性检验。这说明，进口模型的稳定性较双边贸易模型和出口模型偏低。

表 5.13　稳健性检验（双边贸易）

变量	（1）lntradeL1	（2）lntradeL2	（3）lntradeL3	（4）lntradeL4	（5）lntradeL5
ln$agdp$	1.496***	0.217	0.659***	0.749***	0.481***
	（11.68）	（1.78）	（7.39）	（7.50）	（4.06）
lnpop	−1.281*	2.728***	0.336	0.989*	0.264
	（−2.52）	（5.62）	（0.95）	（2.50）	（0.56）
ln$cpop$	4.231*	16.10***	5.988***	4.057**	2.874
	（2.41）	（9.60）	（4.90）	（2.97）	（1.77）
lndis	0	0	0	0	0
	（.）	（.）	（.）	（.）	（.）
ln$dagdp$	0.0214	−0.102**	−0.0334	−0.0437	0.0590
	（0.58）	（−2.89）	（−1.31）	（−1.52）	（1.73）
iva	−0.0466	0.249	0.176	0.0337	0.0856
	（−0.31）	（1.73）	（1.68）	（0.29）	（0.61）
wto	−0.0814	−0.466*	0.0832	−0.0616	0.209
	（−0.42）	（−2.54）	（0.62）	（−0.41）	（1.18）
fta	0.527*	0.179	0.274	0.500**	0.0761
	（2.37）	（0.84）	（1.77）	（2.88）	（0.37）
bou	0	0	0	0	0
	（.）	（.）	（.）	（.）	（.）
_$cons$	−41.16***	−123.7***	−50.15***	−38.57***	−26.89*
	（−3.52）	（−11.07）	（−6.16）	（−4.23）	（−2.48）
n	630	630	630	630	630

注：括号内为统计量，"*""**""***"分别表示在5%、1%和1‰的水平上显著。

表 5.14　稳健性检验（出口）

变量	（1）ln$exL1$	（2）ln$exL2$	（3）ln$exL3$	（4）ln$exL4$	（5）ln$exL5$
ln$agdp$	0.468***	0.750***	0.691***	0.593***	0.529***
	（4.76）	（7.77）	（8.13）	（6.71）	（4.57）
lnpop	0.423	1.171**	0.455	0.586	1.399**
	（1.09）	（3.06）	（1.35）	（1.68）	（3.05）
ln$cpop$	12.22***	8.874***	4.998***	7.614***	−4.473**
	（9.08）	（6.72）	（4.29）	（6.30）	（−2.82）
lndis	0	0	0	0	0
	（.）	（.）	（.）	（.）	（.）
ln$dagdp$	−0.0297	−0.0702*	−0.0364	−0.0145	0.0264
	（−1.05）	（−2.54）	（−1.50）	（−0.57）	（0.80）

续表

变量	（1）lnexL1	（2）lnexL2	（3）lnexL3	（4）lnexL4	（5）lnexL5
iva	0.327**	0.0735	0.156	0.0230	0.0581
	（2.82）	（0.65）	（1.56）	（0.22）	（0.43）
wto	0.0403	−0.185	0.00211	0.0158	0.0284
	（0.27）	（−1.28）	（0.02）	（0.12）	（0.16）
fta	0.241	0.413*	0.260	0.439**	0.105
	（1.41）	（2.46）	（1.76）	（2.86）	（0.52）
bou	0	0	0	0	0
	（.）	（.）	（.）	（.）	（.）
_cons	−94.27***	−73.16***	−43.60***	−62.57***	23.08*
	（−10.51）	（−8.31）	（−5.62）	（−7.77）	（2.19）
n	630	630	630	630	630

注：括号内为统计量，"*""**""***"分别表示在5%、1%和1‰的水平上显著。

表 5.15　稳健性检验（进口）

变量	（1）lnimL1	（2）lnimL2	（3）lnimL3	（4）lnimL4	（5）lnimL5
lnagdp	3.083***	−2.688***	1.383***	2.137***	0.705*
	（10.54）	（−5.61）	（3.52）	（5.35）	（2.14）
lnpop	−2.579*	2.374	0.0235	−0.817	−1.237
	（−2.23）	（1.25）	（0.02）	（−0.52）	（−0.95）
lncpop	−0.0498	58.46***	10.33	−11.66*	17.75***
	（−0.01）	（8.91）	（1.96）	（−2.15）	（3.93）
lndis	0	0	0	0	0
	（.）	（.）	（.）	（.）	（.）
lndagdp	−0.124	0.105	−0.0513	0.0314	0.107
	（−1.49）	（0.76）	（−0.46）	（0.28）	（1.13）
iva	0.155	1.426*	0.977*	0.477	0.843*
	（0.45）	（2.53）	（2.12）	（1.02）	（2.17）
wto	−0.557	−0.0482	1.184*	−0.316	0.0639
	（−1.27）	（−0.07）	（2.05）	（−0.53）	（0.13）
fta	0.624	−0.194	2.229***	1.730*	0.519
	（1.23）	（−0.23）	（3.34）	（2.51）	（0.91）

续表

变量	（1） lnimL1	（2） lnimL2	（3） lnimL3	（4） lnimL4	（5） lnimL5
bou	0	0	0	0	0
	(.)	(.)	(.)	(.)	(.)
_cons	−21.23	−409.3***	−91.82**	63.85	−135.5***
	(−0.80)	(−9.36)	(−2.62)	(1.77)	(−4.49)
n	630	630	623	628	624

　　注：括号内为统计量，"*""**""***"分别表示在5%、1%和1‰的水平上显著。

第四节　本章小结：分国别及分部门影响因素研究

　　我们将共建"一带一路"国家按照国家类型分成了三大类，即发达经济体、发展中经济体和转型经济体，并分别对中国同各类经济体的贸易（双边、出口、进口）进行回归。研究发现，中国同各类经济体的贸易影响因素存在较大差别。传统引力模型包含的变量一般在各模型的回归结果中比较显著；但是，共建"一带一路"国家的人口规模对中国同转型经济体之间的双边贸易和出口都没有显著的影响，对中国从发达经济体进口无显著影响；中国的人口规模对向发达经济体出口无显著影响；距离变量在各模型中回归系数大多不显著，只对中国同转型经济体双边贸易和出口有显著的负向影响。扩展引力模型包含的变量中，制度变量对中国向发达经济体出口有显著的负向影响，对中国向转型经济体出口和从发达经济体进口有显著的正向影响；建立自由贸易区对中国同发展中经济体进行各类贸易的促进作用明显，而加入 WTO 对中国从转型经济体进口有显著的负向影响。

　　我们将中国同共建"一带一路"国家的贸易产品按照技术附加值由高到低的顺序划分成 5 个部门——高技术附加值产品、中高技术附加值产品、中等技术附加值产品、中低技术附加值产品和低技术附加值产品，并分别对 5 个部门的贸易（双边、出口和进口）进行了回归。我们发现，各影响因素对不同部门产品的贸易影响也不尽相同。其中，中国对共建"一带一路"国家的高技术附加值产品出口受到对方国家经济因素（经济规模和经济发展水平）的影响较小；而进口受影响强度则相反，高技术附加值产品的进口受对方国家经济发展水平影响较大，随着技术附加值的降低，该影响呈现出逐渐变小的趋势。中国的人口规模对高技术附加值产品的出口和中高技术附加值产品进口影响是最大的。距离因素对中低技术附加值产品的双边贸易和出口均有显著的负向影响。

在计量方法的选择上，研究中国同不同类型经济体贸易的影响因素时，我们采取了 HT 模型回归结果作为分析的基础。对该结果的稳健性检验中，我们通过 F 检验和 Hausman 检验确定出混合最小二乘法、固定效应模型和随机效应模型三者之间的最优者，对数据进行回归，并以此结果作为 HT 模型稳健性检验的参照。在分部门贸易模型的回归中，我们以 HT 模型的回归结果作为分析基础，这主要是由于经前文的检验，HT 模型是适合该问题研究的模型之一，并且 HT 模型能够很好地解决内生性问题。稳健性检验通过固定效应模型进行，结果是各主要解释变量的系数值和显著性水平均无较大变化，模型相对比较稳健。进口模型的稳健性略低于双边贸易模型和出口模型。

本章的主要贡献在于对国家类型和产业部门的划分。在国家类型的划分上，之前鲜有文献按照发达经济体、发展中经济体和转型经济体的划分方式对共建"一带一路"国家进行分类，本书的划分方式较为新颖。此外，更鲜有文献对共建"一带一路"不同类型经济体的贸易进行过研究，本书尚属前沿。在产品部门的划分上，尽管之前已有较为成熟的测度产品技术附加值的方法，但是本书根据实际研究对象，对已有方法进行了改进，得到适用于本书研究对象的方法。且在此之前，也鲜有研究对共建"一带一路"国家贸易产品按照技术附加值划分部门，并进行实证回归。

本章的研究对象更加细化和具体，是对中国同共建"一带一路"国家贸易影响因素更加深入的探究，为后续贸易潜力的测算提供了基准模型。

第六章　中国同共建"一带一路" 国家贸易潜力

在前文中，我们首先通过对中国同共建"一带一路"国家的贸易现状进行描述性刻画，从宏观上对该问题有了一个初步的了解。接着，我们基于贸易引力模型测算了中国同共建"一带一路"国家的贸易影响因素，并通过对国家类型的划分及对不同技术附加值产品部门的划分，在上述两个维度上对中国同共建"一带一路"国家贸易进行了细化和深入探析。通过前面章节的研究分析，我们已经对中国同共建"一带一路"国家的贸易情况有了一个比较全面和深刻的认知，并借助实证研究得到了各因素对贸易影响程度的确切数据。但是，上述所有研究均基于对现实情况的挖掘与探索，我们研究该问题的另一个目的是探究中国同共建"一带一路"国家开展贸易合作的潜力，以为未来区域内贸易发展提供方向性指导，并为我国同共建"一带一路"国家贸易政策的制定提供有针对性和建设性的意见。

鉴于此，本章我们将在第四章和第五章实证回归的基础上，对中国同共建"一带一路"国家的贸易潜力进行测算。

第一节　研究起点和研究安排

一、研究起点

"一带一路"倡议的重点内容是国际贸易。自古以来，"丝绸之路"和"海上丝绸之路"均是我国同周边国家经贸往来的通路，通过国家相互之间的贸易往来增加了解，才有了政治、文化等各领域的交流与合作。时至今日，"一带一路"倡议仍旧将同共建"一带一路"国家的经贸合作置于核心地位，因此，对于贸易潜力的研究具有十分重要的现实意义。

具体而言，研究中国同共建"一带一路"国家的贸易潜力具有以下两个方面的意义。

第一，对贸易潜力的测算可以使人们更加深入地认识当前中国同共建"一带一路"国家的贸易现状。本书对贸易潜力的测算是以前面章节中实证模型的回归结果为基础的，模型实证回归结果直接影响着本章贸易潜力测算的最终结果。贸易潜力的测算结果，本质上是各种贸易影响因素综合作用的最终结果，是对贸易影响因素的深入研究。因此，通过基于引力模型实证回归结果的贸易潜力测算，可以更好地理解中国同共建"一带一路"国家贸易的影响因素，完善对贸易现状的刻画，也为贸易发展方向的预测提供了数据支持。

第二，对贸易潜力的测算能够为我国制定同共建"一带一路"国家贸易政策提供支持。所谓贸易潜力，实际上是探究贸易双方可开发却尚未开发的贸易规模的大小。本章对中国同共建"一带一路"国家的贸易潜力进行测算，可以非常清晰地展示出贸易双方在总体层面和部门层面合作提升的空间有多大，从而使我国在"一带一路"倡议贸易政策制定上更有针对性。

鉴于此，我们认为，在对贸易引力模型实证回归的基础上，探究中国同共建"一带一路"国家在总体和部门两个层面上的贸易潜力，能够使整个问题的研究更加完整，也具有非常重要的政策意义。

二、研究安排

本章在前面两章研究的基础上，主要解决如下问题：中国同共建"一带一路"国家的贸易合作具有多大的潜力？该问题可以从几个不同的层面进行刻画？本章延续之前的思路，拟从总体和部门两个层面进行测度与分析。

需要指出的是，本章研究的贸易潜力，其实包含了三个方面的内容——双边贸易潜力、中国对共建"一带一路"国家的出口潜力及中国从共建"一带一路"国家的进口潜力。

本章后续内容的具体安排如下：第二节是贸易潜力测算方法的介绍，主要包括基准模型的选择和计量方法的选择；第三节是贸易潜力测算结果及分析，包括总体贸易潜力测算结果和部门贸易潜力测算结果；第四节是本章小结。

第二节　贸易潜力测算方法

一、计量方法的选取

基于传统贸易引力模型测算贸易潜力的研究相对较多，一些贸易潜力测算方法也得到了广泛的应用。鲍德温（Baldwin，1994）[1]是较早使用贸易引力模型测算贸易潜力的学者，他参照西欧国家的贸易影响因素平均水平，得到了中东欧国家的双边贸易理论值，并通过实际值与理论值的比较进一步分析了欧洲一体化水平的高低。此后诸多研究均和上述研究大同小异，如尼尔森（Nilsson，2000）[2]、巴特拉（Batra，2004）[3]、普拉比尔（Prabir，2010）[4]等。国内也有许多学者运用引力模型对贸易潜力进行测算，其中最基本的方法就是用实际值和理论值的比值表示贸易潜力。例如，刘青峰和姜书竹（2002）[5]利用贸易引力模型测算了中国 2000 年双边贸易影响因素，并提出用贸易实际值与理论值比值作为贸易潜力的测度值。盛斌和廖明中（2004）[6]对中国同 40 个主要贸易伙伴的出口潜力进行了测算，结果显示中国总体上表现为"贸易过度"，但同日本等 7 个国家之间表现为"贸易不足"。毕燕茹和师博（2010）[7]对中国同中亚五国的贸易潜力进行了测算。

本书借鉴之前的研究成果，将贸易潜力的计算公式确定如下：

$$P_t = \frac{trade}{trade'} \tag{6.1}$$

[1] Baldwin R E. Towards an Integrated Europe[J]. Comparative Economic Studies, 1994, 37(2): 115-118.

[2] Nilsson L. Trade Integration and the EU Economic Membership Criteria[J]. European Journal of Political Economy, 2000 (16): 807-827.

[3] Batra A. India's Global Trade Potential: The Gravity Model Approach[J]. India Council for Research on International Economic Relations, Working Paper, 2004: 151.

[4] Prabir De. Global Economic and Financial Crisis: India's Trade Potential and Prospects, and Implications for Asian Regional Integration[J]. Journal of Economic Integration, 2010, 25(1): 32-68.

[5] 刘青峰，姜书竹. 从贸易引力模型看中国双边贸易安排[J]. 浙江社会科学，2002（6）：17-20.

[6] 盛斌，廖明中. 中国的贸易流量与出口潜力：引力模型的研究[J]. 世界经济，2004（2）：3-12.

[7] 毕燕茹，师博. 中国与中亚五国贸易潜力测算及分析——贸易互补性指数与引力模型研究[J]. 亚太经济，2010（3）：47-51.

$$P_e = \frac{export}{export'} \qquad\qquad (6.2)$$

$$P_i = \frac{import}{import'} \qquad\qquad (6.3)$$

其中，P_t、P_e、P_i 分别表示双边贸易潜力、出口潜力和进口潜力。各等式右边分子表示实际值，分母表示通过贸易引力模型测算的理论值。

关于贸易潜力的表现，国内主要有两种评价方法：第一种是以"1"为分界线，当贸易潜力的测度值小于"1"，即贸易实际值小于贸易理论值时，证明贸易还有很大的扩展空间，称为"贸易不足"；当贸易潜力的测度值大于"1"时，即贸易实际值大于理论值时，证明贸易扩展空间有限，称为"贸易过度"（盛斌和廖明中，2004；毕燕茹和师博，2010）。第二种是选取了两个分界线——0.8 和 1.2，当贸易潜力测度值小于 0.8 时，证明贸易潜力巨大，称为"潜力巨大型"；当贸易潜力测度值在 0.8～1.2 时，证明有一定的贸易潜力可以开拓，称为"潜力开拓型"；当贸易潜力测度值大于 1.2 时，证明贸易潜力已被充分发掘，称为"潜力再造型"（刘青峰和姜书竹，2002）。

本书将应用刘青峰和姜书竹（2002）对贸易潜力的评价方法，将贸易潜力划分为三类：潜力巨大型、潜力开拓型和潜力再造型，如表6.1 所示。

表 6.1　贸易潜力分类

类型	P
潜力再造型	>1.2
潜力开拓型	0.8～1.2
潜力巨大型	<0.8

二、基准模型的选取

在确定了贸易潜力的测算方法之后，我们还需要对贸易潜力测算所需要的基准模型进行明确。

第四章中，我们通过各种不同的方法对中国同共建"一带一路"国家贸易（包括双边贸易、进出口贸易）的影响因素进行了测算，各模型结果也比较一致，我们选择了 HT 模型的回归结果作为最终解释的依据。在本章中，我们将利用第四章 HT 模型的回归结果，对总体贸易潜力进行测算。

第五章中我们主要应用 HT 模型分部门测算了贸易影响因素，本章对各部门贸易潜力的测算，也将以第五章的回归结果为基础。

第三节　贸易潜力测算结果

一、总体贸易潜力测算结果

我们利用上一节的方法，对 2021 年中国同共建"一带一路"国家的总体贸易潜力进行了测算，结果如下。

从表 6.2 中可以看出，中国同共建"一带一路"国家在双边贸易、出口和进口潜力的测算中，各种不同贸易潜力类型各有分布。总体来看，同一个国家的双边贸易潜力、出口潜力和进口潜力表现比较一致，但也有少部分国家的三种贸易潜力表现相差较大。以土库曼斯坦为例，其双边贸易潜力和进口潜力均大于 1.2，为"潜力再造型"；其出口潜力的测度值为 0.22，表现为"潜力巨大型"。这说明中国产品应积极开拓土库曼斯坦市场，挖掘出口潜力；而在进口上潜力不大，双方可共同寻找新的增长点。

下面，我们分析各种贸易潜力的表现分布情况。在双边贸易潜力的测算中，有 18 个国家表现为"潜力巨大型"，13 个国家表现为"潜力开拓型"，32 个国家表现为"潜力再造型"。在出口潜力的测算中，有 14 个国家表现为"潜力巨大型"，17 个国家表现为"潜力开拓型"，32 个国家表现为"潜力再造型"。在进口潜力的测算中，有 21 个国家表现为"潜力巨大型"，7 个国家表现为"潜力开拓型"，35 个国家表现为"潜力再造型"。贸易潜力的测算结果大多在合理的数值范围内，只有个别国家的进口潜力数值较大，可能是模型尚未包含的影响因素对结果造成的影响。贸易潜力测算结果的可信度较高。

从表 6.2 中我们可以看出，各国贸易潜力的表现未呈现出较大的规律性。从距离上看，同中国贸易潜力较大的国家，既有周边的不丹、孟加拉国、尼泊尔、印度、阿富汗等，也有距离较远的波黑、克罗地亚、黑山等。从经济体的规模上看，同中国贸易潜力较大的国家既有经济体量大的国家（如印度、伊朗等），也有经济体量小的国家（如不丹、摩尔多瓦等）。从同中国的贸易规模上看，贸易规模较大的国家大部分表现出了"潜力再造型"的特点,但印度、巴基斯坦等国尽管同中国贸易规模巨大,贸易潜力的测算值仍然比较低;而贸易规模较小的国家,大部分都表现为"潜力巨大型"。

按照国家类型观察各国贸易潜力的表现,发现各类型经济体所包含的国家在潜力巨大型、潜力开拓型、潜力再造型 3 种类型上各有分布。因此,经济体类型同各国的贸易潜力表现并没有很强的相关性。

表 6.2 2021 年中国同共建"一带一路"国家总体贸易潜力

序号	双边贸易潜力		出口潜力		进口潜力	
	国家名称	P_t	国家名称	P_e	国家名称	P_i
1	不丹	0.22	波黑	0.18	不丹	0.00
2	波黑	0.23	阿富汗	0.22	叙利亚	0.01
3	阿富汗	0.24	土库曼斯坦	0.22	尼泊尔	0.03
4	阿塞拜疆	0.30	摩尔多瓦	0.31	孟加拉国	0.07
5	摩尔多瓦	0.32	叙利亚	0.35	马尔代夫	0.11
6	尼泊尔	0.32	伊朗	0.36	黎巴嫩	0.14
7	黑山	0.33	阿塞拜疆	0.40	阿富汗	0.20
8	叙利亚	0.34	印度	0.42	印度	0.21
9	印度	0.42	不丹	0.44	阿塞拜疆	0.30
10	伊朗	0.42	尼泊尔	0.46	埃及	0.31
11	孟加拉国	0.44	马其顿	0.47	黑山	0.34
12	爱沙尼亚	0.67	黑山	0.52	巴基斯坦	0.37
13	拉脱维亚	0.67	亚美尼亚	0.52	土耳其	0.42
14	巴基斯坦	0.73	孟加拉国	0.65	斯里兰卡	0.51
15	黎巴嫩	0.75	巴基斯坦	0.81	吉尔吉斯坦	0.54
16	克罗地亚	0.79	老挝	0.84	伊朗	0.59
17	马其顿	0.80	蒙古国	0.85	波兰	0.59
18	阿尔巴尼亚	0.80	罗马尼亚	0.93	克罗地亚	0.60
19	立陶宛	0.81	阿尔巴尼亚	0.96	拉脱维亚	0.68
20	罗马尼亚	0.83	塞尔维亚	1.00	立陶宛	0.69
21	巴林	0.85	保加利亚	1.02	波黑	0.80
22	格鲁吉亚	0.88	乌兹别克斯坦	1.04	爱沙尼亚	0.87
23	斯里兰卡	0.88	印度尼西亚	1.11	格鲁吉亚	0.96
24	乌兹别克斯坦	0.91	白俄罗斯	1.11	摩尔多瓦	0.96
25	塞尔维亚	0.93	黎巴嫩	1.13	约旦	0.99

续表

序号	双边贸易潜力		出口潜力		进口潜力	
	国家名称	P_t	国家名称	P_e	国家名称	P_t
26	白俄罗斯	0.98	拉脱维亚	1.14	罗马尼亚	1.05
27	土耳其	0.99	爱沙尼亚	1.15	乌兹别克斯坦	1.08
28	埃及	1.03	乌克兰	1.16	巴林	1.13
29	马尔代夫	1.05	埃及	1.17	阿尔巴尼亚	1.28
30	保加利亚	1.07	斯里兰卡	1.18	斯洛文尼亚	1.34
31	哈萨克斯坦	1.16	格鲁吉亚	1.20	塔吉克斯坦	1.35
32	老挝	1.22	克罗地亚	1.21	以色列	1.37
33	蒙古国	1.25	土耳其	1.27	塞尔维亚	1.48
34	以色列	1.34	卡塔尔	1.27	白俄罗斯	1.50
35	亚美尼亚	1.40	俄罗斯	1.28	菲律宾	1.63
36	土库曼斯坦	1.44	伊拉克	1.28	捷克	2.05
37	菲律宾	1.45	文莱	1.31	俄罗斯	2.16
38	塔吉克斯坦	1.48	哈萨克斯坦	1.35	哈萨克斯坦	2.23
39	波兰	1.52	立陶宛	1.38	印度尼西亚	2.29
40	印度尼西亚	1.63	阿曼	1.42	保加利亚	2.33
41	俄罗斯	1.67	巴林	1.45	匈牙利	3.01
42	乌克兰	1.71	科威特	1.45	乌克兰	3.66
43	约旦	1.72	缅甸	1.52	柬埔寨	3.71
44	东帝汶	1.78	沙特阿拉伯	1.64	泰国	3.80
45	捷克	1.99	东帝汶	1.69	马其顿	3.91
46	缅甸	2.01	塔吉克斯坦	1.73	沙特阿拉伯	4.64
47	匈牙利	2.09	菲律宾	1.74	阿联酋	5.12
48	文莱	2.13	斯洛伐克	1.77	越南	5.36
49	卡塔尔	2.19	以色列	1.99	新加坡	5.40
50	泰国	2.37	马尔代夫	2.02	缅甸	5.45
51	斯洛文尼亚	2.44	约旦	2.15	也门	5.55
52	斯洛伐克	2.51	波兰	2.30	老挝	5.93
53	沙特阿拉伯	2.54	泰国	2.35	卡塔尔	6.65
54	伊拉克	3.17	匈牙利	2.43	斯洛伐克	7.05
55	柬埔寨	3.30	也门	2.64	东帝汶	7.23
56	科威特	3.38	捷克	2.70	土库曼斯坦	7.54
57	越南	3.49	越南	3.92	蒙古国	8.12
58	也门	3.81	柬埔寨	4.20	亚美尼亚	8.59

序号	双边贸易潜力		出口潜力		进口潜力	
	国家名称	P_t	国家名称	P_e	国家名称	P_t
59	阿联酋	3.95	斯洛文尼亚	4.42	伊拉克	9.43
60	新加坡	3.95	马来西亚	5.21	科威特	11.72
61	吉尔吉斯斯坦	5.27	阿联酋	5.40	马来西亚	12.22
62	马来西亚	6.18	新加坡	6.38	文莱	12.75
63	阿曼	6.24	吉尔吉斯斯坦	7.75	阿曼	27.24

注："出口潜力"指中国对共建"一带一路"国家出口的潜力，"进口潜力"指中国从共建"一带一路"国家进口的潜力。

二、分部门贸易潜力测算结果

接下来，我们测算中国同共建"一带一路"国家各部门的贸易潜力。

此处我们只报告出口潜力的测算结果，原因有两点：第一，出口潜力是我们研究国际贸易问题时比较关心的问题，因为出口潜力的测定可以为贸易政策的制定提供重要的事实依据，所以出口潜力是三种贸易潜力中最具有研究价值的；而进口潜力的大小受对方国家各类因素的影响比较大，对我国贸易政策的指导意义比较小，因此不是我们关心的主要问题。第二，本书第五章中通过对模型的稳健性检验发现，进口模型的稳健性低于出口模型和双边贸易模型。我们用第五章进口模型回归的数据进行进口潜力的测算发现，异常值占比较大，该结果的可信度和指导意义大大降低。因此，我们在此不报告分部门进口潜力的测算结果。

表 6.3 为中国对共建"一带一路"国家的出口潜力测算结果。从表中我们可以看出，在各部门贸易中，高技术附加值产品表现为"潜力巨大型"国家有 20 个，"潜力拓展型"有 16 个，"潜力再造型"有 27 个；中高技术附加值产品出口潜力表现为"潜力巨大型"的国家有 16 个，"潜力拓展型"有 19 个，"潜力再造型"有 28 个；中等技术附加值产品上，"潜力巨大型"国家有 15 个，"潜力拓展型"有 13 个，"潜力再造型"有 35 个；中低技术附加值产品中，"潜力巨大型"国家有 21 个，"潜力拓展型"有 11 个，"潜力再造型"有 31 个；低技术附加值产品表现为"潜力巨大型"的国家有 19 个，"潜力拓展型"有 12 个，"潜力再造型"有 32 个。因此，从各部门产品出口潜力的比较上看，中等技术附加值产品的出口潜力最小，高技术附加值和中高技术附加值产品的出口潜力较大。

表 6.3　2021 年中国同共建"一带一路"国家各部门出口潜力

国家名称	P_e1	P_e2	P_e3	P_e4	P_e5
阿富汗	0.27	0.29	0.29	0.76	0.13
阿尔巴尼亚	0.68	0.84	1.25	1.14	1.33
亚美尼亚	1.14	0.56	0.67	0.46	0.43
阿塞拜疆	0.49	0.50	0.53	0.52	0.46
巴林	1.44	1.67	1.84	1.31	1.12
孟加拉国	0.75	0.71	0.73	0.77	1.89
白俄罗斯	1.13	1.47	1.37	0.81	1.42
不丹	0.13	2.53	0.12	0.09	0.11
波黑	0.31	0.19	0.20	0.15	0.23
文莱	1.66	0.83	0.92	0.91	1.41
保加利亚	1.15	0.90	0.85	1.36	0.93
柬埔寨	1.79	2.47	4.27	2.91	11.78
克罗地亚	0.96	1.07	1.16	1.10	1.23
捷克	2.07	4.62	2.05	0.83	0.89
埃及	0.77	1.32	1.28	1.47	1.04
爱沙尼亚	1.18	1.46	0.99	0.65	0.87
格鲁吉亚	0.76	0.74	1.09	0.84	1.11
匈牙利	1.93	3.72	1.58	0.84	1.04
印度	0.87	0.68	0.48	0.30	0.12
印度尼西亚	0.85	0.78	0.84	0.88	0.94
伊朗	0.59	0.52	0.52	0.42	0.26
伊拉克	0.86	1.30	2.30	2.33	2.31
以色列	1.78	1.35	1.60	2.04	2.95
约旦	1.93	1.81	2.56	2.27	5.76
哈萨克斯坦	1.08	1.11	1.49	1.18	4.10
科威特	0.91	1.09	1.82	1.95	2.06
吉尔吉斯斯坦	2.57	4.01	5.70	3.74	44.80
老挝	0.67	0.97	0.85	0.50	0.25
拉脱维亚	2.59	1.11	1.06	0.72	0.79
黎巴嫩	1.06	0.99	1.84	1.76	1.89
立陶宛	1.67	1.38	1.25	1.25	1.24
马来西亚	4.36	2.72	3.05	2.91	5.48
马尔代夫	0.59	1.20	1.41	1.94	1.30
摩尔多瓦	0.39	0.41	0.28	0.24	0.29
蒙古国	1.13	1.88	1.51	0.74	0.60
黑山	0.52	0.42	0.48	0.80	0.47

国家名称	P_e1	P_e2	P_e3	P_e4	P_e5
缅甸	1.57	1.05	1.72	1.42	1.39
尼泊尔	0.51	0.62	0.44	0.38	1.02
马其顿	0.71	0.55	0.40	0.36	0.29
阿曼	1.61	1.04	1.61	1.64	2.14
巴基斯坦	1.11	0.66	0.61	0.63	0.51
菲律宾	1.56	1.12	1.88	1.75	2.42
波兰	2.33	2.44	2.82	1.69	1.94
卡塔尔	1.29	1.16	1.04	1.57	0.98
罗马尼亚	0.63	0.99	0.97	0.80	0.67
俄罗斯	1.93	1.12	1.20	0.87	1.32
沙特阿拉伯	0.74	1.15	1.67	2.23	2.49
塞尔维亚	2.10	1.34	0.97	0.82	0.77
新加坡	16.39	3.98	2.67	1.77	3.64
斯洛伐克	0.60	3.18	1.28	0.51	0.50
斯洛文尼亚	4.78	3.95	4.46	2.35	3.40
斯里兰卡	0.83	1.18	1.40	1.64	1.83
叙利亚	0.53	0.37	0.75	0.58	0.78
塔吉克斯坦	1.66	2.06	2.97	2.16	3.25
泰国	2.57	1.92	2.21	1.74	2.22
东帝汶	1.43	1.52	2.13	1.68	3.32
土耳其	1.58	1.33	0.94	1.21	0.88
土库曼斯坦	0.33	0.24	0.32	0.34	0.23
乌克兰	1.13	1.17	1.68	1.24	1.19
阿联酋	6.53	5.53	4.81	5.38	7.96
乌兹别克斯坦	1.52	1.78	1.92	1.56	1.36
越南	6.57	3.70	3.49	2.23	3.79
也门	1.19	2.62	3.82	6.48	5.07

注：P_e1：中国对共建"一带一路"国家高技术附加值产品的出口潜力；P_e2：中国对共建"一带一路"国家中高技术附加值产品的出口潜力；P_e3：中国对共建"一带一路"国家中等技术附加值产品的出口潜力；P_e4：中国对共建"一带一路"国家中低技术附加值产品的出口潜力；P_e5：中国对共建"一带一路"国家低技术附加值产品的出口潜力。

第四节　本章小结：从贸易潜力到未来发展方向

本章在前面两章的基础上，对中国同共建"一带一路"国家的贸易潜力进行了测算。

在贸易潜力测算的方法选择上，我们综合考虑了之前诸多相关研究，并结合本书前面章节的研究内容，最终确定了一个应用范围广且简单易懂的测算方法，即使用贸易真实值与理论值的比值来测度贸易潜力。该方法简单，但是被许多研究贸易潜力的学者使用后，反而使公式复杂化，而看似更优的方法使用得却较少。贸易潜力测度的基础在于实证模型的选取，我们选择了第四章和第五章的贸易引力模型回归结果作为潜力测算的模型支撑，这是由于前面两章已经通过严密的逻辑论证和实证检验，证明模型回归结果的可信度较高。

对于贸易潜力的评价标准，我们参照了刘青峰和姜书竹（2002）的方法，按照贸易潜力的测算值将国家划分为三个类型：潜力巨大型（$P<0.8$）、潜力开拓型（$0.8<P<1.2$）和潜力再造型（$P>1.2$）。

关于总体贸易潜力的研究发现，中国同共建"一带一路"国家在双边贸易、出口和进口潜力的测算中，不同贸易潜力类型各有分布。从总体看，同一个国家的双边贸易潜力、出口潜力和进口潜力表现比较一致，但也有少部分国家的三种贸易潜力表现相差较大，各国贸易潜力的表现未呈现出较大的规律性。从距离上看，同中国贸易潜力较大的国家，既有周边国家，也有距离较远国家。从经济体的规模上看，同中国贸易潜力较大的国家既有经济体量较大的国家，也有经济体量较小的国家。从同中国的贸易规模上看，贸易规模较大的国家，大部分表现出了"潜力再造型"的特点，但印度、巴基斯坦等国家尽管同中国贸易规模巨大，贸易潜力的测算值仍然比较低；而贸易规模较小的国家，大部分都表现为"潜力巨大型"。

我们分部门进行贸易潜力测算时，比较关注的是出口潜力的大小。在各部门贸易中，高技术附加值产品和中高技术附加值产品的出口潜力较大，因此，中国应积极拓展对共建"一带一路"国家上述两类技术附加值产品的出口规模。中等技术附加值产品的出口潜力较小，应寻找新的贸易增长点，以谋求贸易再造。

第七章　主要结论和政策建议

本书基于贸易引力模型，研究了中国同共建"一带一路"国家的贸易影响因素及贸易潜力，力图以严谨的逻辑分析和恰当的实证研究，对问题既进行宏观的把握，又进行细致的剖析。本书的结构安排是层层递进、不断深入的，因此，各章的研究结果间也是一种继承和深入的关系。在本章，我们将归纳总结前文的研究成果，并在此基础上，提出合理的政策建议。

第一节　本书的主要结论

一、中国同共建"一带一路"国家的贸易影响因素

在对中国同共建"一带一路"国家贸易现状进行分析的基础上，我们利用国际贸易研究中比较常用的模型——贸易引力模型，对影响中国同共建"一带一路"国家贸易的因素进行了分析。

通过对各种不同的方法进行详细比较，从而确定了 HT 模型作为最终研究方法，并通过混合最小二乘法、固定效应模型和随机效应模型，对HT 模型的回归结果进行多重检验。

研究结果表明，基本引力模型的几个主要解释变量回归结果与预期相符，也与先前的研究结果比较一致。共建"一带一路"国家的人口规模、人均国内生产总值和中国的人口规模对双边贸易和进出口贸易有非常显著的正向影响；距离对双边贸易和中国对共建"一带一路"国家的出口具有负效应，而对进口影响不显著。对于扩展引力模型中的变量，回归结果部分与预期不相符。人均国内生产总值差额、制度环境、加入世界贸易

组织对各类贸易无显著性影响，制度环境差异影响出口，对双边贸易和中国从共建"一带一路"国家进口影响不显著。建立自由贸易区、加入亚太经合组织能显著提高双边贸易和进出口贸易，但与中国拥有共同边界均不会对贸易产生显著影响。

具体到各类型贸易的研究结果如下。

（一）对双边贸易的影响

共建"一带一路"国家的人均国内生产总值对中国同这些国家的双边贸易有正向影响。这是因为，共建"一带一路"国家的人均国内生产总值越高，该国经济发展水平越高，而经济发展水平越高的国家越有动机参与到国际贸易之中。经济发展水平的高低代表了一国产品生产的专业化程度，专业化程度高的国家，其在国际贸易中处于优势地位，能够在国际贸易中获得更大的收益，因此，也更有意愿参与全球专业化分工。

中国和共建"一带一路"国家的人口规模，都会对双边贸易产生正效应。在之前的研究中，对于人口变量的影响方向没有定论。人口变量的影响应看其对供给和需求双方面影响的叠加，即对出口和进口的双重影响。一方面，进口国人口越多，对贸易的潜在需求越大；另一方面，进口国人口越多，规模经济使其国内贸易量增加，进口需求减少。对于出口国，出口国人口增多，出口国国内需求量增加，国家间贸易转为国内贸易的可能性增加，与此同时，出口国也可能由于规模经济而增加出口。因此，进出口国的人口对双边货物贸易流量的影响具有不确定性。之前的一些研究成果表明，人口变量对进口和出口的影响是相反的。人口因素对进出口的影响，主要体现在国内市场需求的扩张和产品生产规模的扩张孰大孰小上。对于出口产品而言，当国内市场需求扩张大于产品生产扩张规模时，表现为出口减少；反之，则表现为出口增加。对于进口产品而言，当国内市场的需求扩张大于产品生产规模扩张时，表现为进口增加；反之，则表现为进口减少。就本书的研究结果来看，人口对双边贸易的影响显著为正。

距离对中国同共建"一带一路"国家双边贸易有负效应，这既是引力模型构建的依据，也是许多先前研究早已证明的事实。通常来看，两地空间距离的大小对运输成本有着直接的影响，空间距离越大，运输成本越高。在国际贸易，特别是国际货物贸易中，运输成本对于双边贸易量来说是一个重要的负相关因素。另外，空间距离还同历史文化差异化程度、信息交流通畅性等相关。一般来说，两地的空间距离越远，历史文化差异化程度越大，商品需求的差异性越明显，进行双边贸易的阻力就越大。空间距离还会造成信息交流障碍，同样阻碍了双边贸易的开展。但是，近年来的研究发现，距离对双边贸易流量的阻碍作用呈现出逐渐减小的趋势。分析其原因，主要是科技的进步促进了运输业的发展，运输成本在贸易总成本中的比重不断下降。通信技术的发展和全球信息网络的建设也削弱了距离产生的阻碍作用，扩大了双边贸易流量。但距离变量在扩展的引力模型中未通过显著性水平检验。

（二）对出口和进口的影响

共建"一带一路"国家的人口和人均国内生产总值对中国向其出口均有显著正向影响，中国人口变量弹性在 6 左右且符号为正，距离对中国向共建"一带一路"国家出口具有负向效应。加入亚太经合组织和建立自由贸易区均能促进中国对共建"一带一路"国家出口。制度评分差异对中国出口有正向影响。

共建"一带一路"国家的人口和人均国内生产总值对中国从其进口影响非常显著，弹性均在 1 左右。而中国的人口变量弹性显著增大，中国的人口变化对中国从共建"一带一路"国家进口的影响要远大于出口。这也可以理解为，中国市场规模增大时，进口需求的增加要远大于出口供给的增加。距离对中国同共建"一带一路"国家的进出口贸易影响是不同的，对中国出口贸易的影响更显著。建立自由贸易区能够增加中国从共建"一带一路"国家的进口额。而其他解释变量，在进口模型的回归结果中均不显著。

二、中国同共建"一带一路"不同类型国家的贸易影响因素

在研究该问题时，我们将共建"一带一路"国家按照国家类型分为三大类，即发达经济体、发展中经济体和转型经济体，并分别对中国同各类型经济体的贸易（双边、出口、进口）进行回归。

通过延续之前的研究方法，在该问题研究的实证回归阶段，我们采用了 HT 模型回归结果作为分析的基础。对该结果的稳健性检验中，我们通过 F 检验和 Hausman 检验确定出混合最小二乘法、固定效应模型和随机效应模型三者之间的最优者，对数据进行回归，并以此结果作为 HT 模型稳健性检验的参照。

研究发现，中国同各类经济体的贸易影响因素存在较大差别。传统引力模型包含的变量一般在各模型的回归结果中比较显著；但是，共建"一带一路"国家的人口规模对中国同转型经济体之间的双边贸易和出口

都没有显著影响，对中国从发达经济体进口无显著影响；中国的人口规模对向发达经济体出口无显著影响；距离变量在各模型中的回归系数大多不显著，只有对中国同转型经济体双边贸易和出口有显著的负向影响。扩展引力模型包含的变量中，制度变量对中国向发达经济体出口有显著的负向影响，对中国向转型经济体出口和从发达经济体进口有显著的正向影响；建立自由贸易区对中国同发展中经济体各类贸易促进作用明显；而加入WTO对中国从转型经济体进口有显著的负向影响。

三、中国同共建"一带一路"不同部门的贸易影响因素

为了使研究更加深入和细化，我们将中国同共建"一带一路"国家的贸易产品按照技术附加值由高到低的顺序划分成 5 个部门：高技术附加值产品、中高技术附加值产品、中等技术附加值产品、中低技术附加值产品和低技术附加值产品，并分别对 5 个部门的贸易（双边、出口和进口）进行了回归。

由于分部门后统计的贸易量出现了部分零贸易流，我们在 Tobit 模型和 HT 模型中进行选择。但经对数据分析发现，零贸易流占比较少，因此使用 HT 模型更为合适。这主要是由于经前文检验，HT 模型是适合该问题研究的模型之一，并且 HT 模型能够很好地解决内生性问题。我们使用固定效应模型进行稳健性检验，结果是各主要解释变量的系数值和显著性水平均无较大变化，模型相对比较稳健。进口模型的稳健性略低于双边贸易模型和出口模型。

研究发现，各影响因素对不同部门产品的贸易影响也不尽相同。其中，中国对共建"一带一路"国家的高技术附加值产品出口受到对方国家经济因素（经济规模和经济发展水平）的影响较小；而进口所受影响强度则相反，高技术附加值产品的进口受对方国家经济发展水平影响较大，随着技术附加值的降低，该影响有逐渐变小的趋势。中国的人口规模对高技术附加值产品出口和中高技术附加值产品进口的影响是最大的。距离因素对中低技术附加值产品的双边贸易和出口均有显著的负向影响。

四、中国同共建"一带一路"国家的贸易潜力

在该问题的研究上，本书首先确定了测度贸易潜力的方法，并以前几章研究为基础，确定了贸易潜力计算的基础模型。在对贸易潜力表现的刻画上，我们将所有国家分为三个类型：潜力巨大型（$P<0.8$）、潜力开拓

型（0.8<*P*<1.2）和潜力再造型（*P*>1.2）。

对于贸易潜力的测度，我们仍旧延续着之前的研究思路，从总体贸易潜力和分部门贸易潜力两个方面进行研究。我们分别测算了中国同共建"一带一路"国家在双边贸易、出口和进口 3 个方面的贸易潜力，发现大部分国家的双边贸易潜力、出口潜力和进口潜力类型比较一致。在距离、经济体规模两个层面观察各国贸易潜力表现，未发现较大规律性。从同中国的贸易规模层面观察，发现同中国贸易规模较大的国家，大部分为"潜力再造型"，但印度、巴基斯坦等国家是例外；而同中国贸易规模较小的国家，大部分为"潜力巨大型"。

我们报告了分部门出口贸易潜力测算值。研究发现，出口潜力巨大的产品集中在高技术附加值和中高技术附加值两个部门，未来我国在上述两个部门的产品出口上具有广阔空间。而出口潜力最小的是中等技术附加值产品，该部门产品出口时应寻找新的贸易增长点。

通过对贸易潜力进行测算，我们可以直观地看到中国同共建"一带一路"国家在双边、出口和进口贸易的合作增长空间，也能更加细化地看到各部门贸易潜力的不同表现。因此，贸易潜力的测算为今后在"一带一路"倡议下贸易政策的制定提供了详细的数据参考，也为共建"一带一路"国家贸易的开展提供了方向性指导。

第二节　本书的政策建议

结合本书的研究成果，运用现代国家治理模式的分析框架，我们提出了一些适合我国国情并有助于推动中国同共建"一带一路"国家贸易发展的政策建议[①]。

一、对政府层面的建议

"一带一路"倡议是由政府主导的新时期对外开放策略，因此，政府在推动中国同共建"一带一路"国家贸易发展中应发挥重要和关键作用。本书对政府层面的政策建议概括为以下几点。

---

① 景维民，倪沙. 中国国家治理的本质要求及其内在逻辑——国家治理的政治经济学分析[J]. 经济学动态，2016（8）：13-18.

第一，坚持对外开放，实现互利共赢。近年来，国际上不断出现"去全球化"声音，贸易保护主义盛行且势头愈发猛烈。但是，经济全球化的趋势是不可逆的，随着世界各国经济在新冠疫情后逐渐复苏，各国相互之间的依存度也在不断提高。在全球化和逆全球化思潮激烈碰撞的当下，我们应尊重事物发展的客观规律，认识到经济全球化是未来世界经济发展的必然趋势，并积极参与和主动引领全球经济治理，提升在国际舞台上的话语权，从"被动治理"逐步迈向"主动治理"。现阶段，我们的任务是顺应经济社会发展潮流，抓住传统国际规则打破和重塑的有利时机，争取更多的规则制定权。坚持对外开放，使中国经济发展深度融入世界经济发展趋势，积极扩大同世界各国的经贸交流，扩大在重点行业和重点领域的开放合作。中国是"一带一路"倡议的发起国，在同共建"一带一路"国家进行贸易合作时，应着力实现各方互利共赢，这不仅是"一带一路"长远发展的要求，也是中国由贸易大国向贸易强国转变的诉求。根据已有结论，中国同共建"一带一路"不同类型国家应采取不同贸易策略，针对不同部门贸易特点也应实施不同措施。例如，研究表明，建立自由贸易区可以促进中国产品向共建"一带一路"国家出口，我们应利用此优势，积极推动各类自由贸易区谈判进程，扩大对相关国家的出口规模。

第二，提高经济发展质量。中国经济由高速增长转向高质量发展，对中国对外贸易影响巨大。经济高质量发展，既要保证经济增长速度，又要重视经济发展质量。因此，大力发展经济建设，持续扩大经济规模，增强进口需求和出口供给能力，仍具有重要意义。在经济发展质量上，要重视高新技术产业发展，发展环境友好型产业，逐渐淘汰落后产能，争取国际价值链上的地位提升。另外，扩大对相关国家的投资规模，帮助其提升自身经济水平。具体而言，应从基础设施建设开始对共建"一带一路"国家有选择性地投资，进而扩展到制造业和服务业领域，一方面提升对方国家的贸易实力，另一方面也能合理消化中国过剩产能，实现共赢。

第三，挖掘贸易潜力，分类制定政策。我们应立足各国、各部门贸易潜力的不同表现，做好分类工作，制定有针对性的、能实现贸易潜力的措施。对于贸易潜力已被充分开发的国家，要扩大贸易合作范围，寻找新的贸易增长点。积极开展同贸易潜力巨大国家的经贸往来，挖掘贸易潜力，特别是印度、巴基斯坦等贸易大国，同中国的贸易基数大，贸易潜力的绝对值大，挖掘其贸易潜力有着重要的意义。从部门层面制定政策，中国政府应鼓励高技术附加值产品的出口，从税收、金融服务等方面予以支持；加强高新技术产业园区的建设，加大科研技术人员的培养力度，争取更大限度地实现高技术附加值产品的贸易潜力。

第四，尽快实现交通设施的互联互通。距离是阻碍中国同共建"一带一路"国家贸易的一个重要因素。空间地理上的距离无法通过人为因素改变，因此只能在固定的距离内寻求最便捷、高效的交通方式。交通运输自古以来就对国际贸易的开展起着至关重要的作用。随着科技发展，各种交通设施建设和运输工具发明极大地降低了国际贸易的运输成本。我国应加大同共建"一带一路"国家的海陆交通网络对接，使货物运输向着便捷化、高效化方向发展。

第五，立足贸易互补，推进产业转型。我国同共建"一带一路"国家在贸易结构上有着一定的互补性。例如，中东国家有着丰富的石油资源，但是由于经济结构比较单一，缺乏食品、服装、机械设备的生产。我国可充分利用这一互补优势，针对上述产品扩大贸易规模，加大对石油等资源型产品的进口，促进本国经济建设。另外，现阶段我国正处于产业结构转型的关键期，一些夕阳产业的产能短时期内不可能大幅削减，而共建"一带一路"部分国家经济发展比较落后，我国可将过剩的产能出口到这类国家，为产业转型创造一个缓冲区域。

第六，依托自由贸易区建设，加强交流合作。在"一带一路"沿线已有许多区域贸易合作组织，如中国-东盟自由贸易区、中国-巴基斯坦自由贸易区、APEC、RCEP 等。这些区域贸易合作组织紧密程度各异，涵盖范围也有所不同。中国应充分利用在区域贸易合作上已取得的成就，进一步加深、加强同相关国家重点领域的合作。应重点关注"一带一路"沿线经济走廊建设，打通中蒙俄经济走廊、新亚欧大陆桥经济走廊、中国-中亚-西亚经济走廊、中国-中南半岛经济走廊、中巴经济走廊和中印缅孟经济走廊六大经济走廊，使共建"一带一路"国家的贸易往来和交流合作更加畅通。

第七，加深文化交流，增强政治互信。由于"一带一路"沿线涉及国家众多，风土人情、历史文化差异巨大，中国应在尊重各国、各民族文化的基础上，加深文化领域的交流沟通，增进彼此了解，提高政治互访频率，增强政治互信。

二、对市场层面的建议

对于市场层面的政策建议，主要是把企业打造成为一个现代化市场主体，使其借助市场成为国际贸易的主力军。

第一，借助良好的贸易环境，拓展企业的发展空间。中国企业实施"走出去"战略已久，国家也在财政、税收、金融等方面提供了许多便利条件。在"一带一路"倡议下，国家对符合条件的企业进行对外投资和开展国际贸易，营造了更加良好的条件，也提出了更高的期许。在这种大环境下，企业自身应抓住发展机遇，重新制定企业发展规划，积极拓展国际市场，走出一条国际化和现代化发展之路。企业可着眼于当前中国同共建"一带一路"国家签订的贸易协定，时刻关注国际市场动态和国家战略发展方向，充分利用贸易条款，增加国际市场份额，提高企业的国际市场地位。

第二，提升创新能力，促进企业转型。企业应借助"一带一路"倡议，在开展国际贸易的同时，学习和借鉴国外先进技术，提升创新能力。企业的创新可分为 3 个层面：战略创新、科研创新和营销创新。首先，企业应积极学习先进管理经验，结合自身发展定位，在战略规划的制定上，以"一带一路"倡议相关内容为指导，在激烈的市场竞争中谋求创新发展之路。其次，企业应加大技术和研发投入，注重科研团队建设，培养优秀创新型人才，使产品和服务达到行业领先水平。由于中国在高技术附加值产品的出口上具有巨大潜力，企业的研发投入能够更快、更多地得到回报，能够更大规模地促进其对共建"一带一路"国家的出口。最后，企业应创新商业模式，制定新型营销策略。传统的营销策略已暴露出许多问题，不能跟上经济飞速发展的脚步，也不能很好地满足消费者的需求变化。在"一带一路"背景下，企业应积极适应不同国家营商环境，迅速建立起创新型商业模式，制定适应当地市场的营销策略。随着互联网和无线电技术的发展，传统行业和互联网的融合是一个必然趋势，且"一带一路"涉及地理范围较广，借助互联网平台是企业增加知名度和曝光率的最有效途径。企业可以积极发展电子商务，利用跨境电商平台更好地开展国际贸易。创新是企业转型的核心动能，在中国经济全面推进产业结构转型的大背景下，企业也应抓住机会，搭乘国内经济转型和对外开拓市场的"顺风车"，以创新推动转型，走出适合自身发展的国际化道路。

第三，重视企业信誉，实施品牌战略。以往部分企业只重"量"不重"质"的经营理念，使其在国际市场的激烈竞争中节节败退。信息化时代，企业更应重视自身产品和服务质量，积极打造和维护企业信誉，树立良好形象，才能在激烈的市场竞争中脱颖而出。在进入共建"一带一路"

国家市场的过程中，企业应实施品牌战略，着力打造符合当地消费者需求的知名品牌，以品牌作为企业的核心竞争力，从而获得市场竞争优势。企业在打造自身品牌时，应做好对当地市场的调研工作，充分了解当地风土民情、文化历史，以及消费者的生活习惯、消费需求等，有针对性地做好品牌定位，从而更好地推广自身产品和服务。企业还应重视品牌形象的维护，积极参与当地公益事业，加大品牌形象树立和维护方面的投资。

第四，熟悉海外环境，加强风险防范。企业在共建"一带一路"国家开展国际贸易时，首先应注意的是防范东道国的政治风险。共建"一带一路"国家以发展中国家居多，其中部分国家国内政治环境动荡，经常爆发各类政治冲突，企业在这些国家开展国际贸易时，应充分了解该国的政治动态，并加大相关保险费用的投入，以避免或减轻因政治环境恶化造成的损失。其次还应熟悉东道国的法律法规。共建"一带一路"国家适用的法律体系不同，我国企业走出国门之前，应对东道国的法律有充分了解。最后应深入了解东道国的文化习俗。一方面，对东道国文化习俗的了解可以帮助企业迅速找到自身的市场定位，窥见商机；另一方面，对共建"一带一路"国家文化习俗，特别是宗教习俗的了解，可以使企业避免因文化冲突导致的损失。

三、对社会层面的建议

除政府的主导作用和企业自身发展需求外，社会对于促进中国同共建"一带一路"国家贸易发展也有着不可忽视的作用。

第一，行业协会做好引导和服务工作。行业协会应积极发挥主观能动性，在政府和企业间发挥桥梁作用，为企业开拓共建"一带一路"国家市场保驾护航。首先，行业协会应加强对会员企业的监督和管理，鼓励公平竞争，打击各种违法违规行为，维护行业信誉，为整个行业在海外发展营造良好口碑。其次，行业协会应重视信息披露，定期发布行业相关数据，对共建"一带一路"国家的政策法规变动做到及时通报。再次，行业协会应做好人员的培训和考核工作，重视对行业内优秀人才的挖掘和培养，定期组织相关技能培训、考试，优化行业人才队伍。最后，行业协会应同共建"一带一路"国家相关机构加强合作，通过组织国际会议、展览等增进沟通和交流。

第二，其他各类单位、团体之间加强交流合作。高校可扩大共建"一带一路"国家留学生规模，开展学术交流合作。旅游机构可大力推广共建"一带一路"国家相关旅游产品，加强相互之间的旅游合作，扩大旅游规模。文化、艺术团体可以通过举办文化年、艺术节等活动，增进双方在文化、艺术领域上的沟通。其他各类民间组织，也可以通过互派人员、联合举办活动、共享信息等多种方式加强同共建"一带一路"国家的交流合作。

　　总而言之，我们应充分发挥政府、市场和社会在各自权力范围内的积极作用，多方位、全角度地推进中国同共建"一带一路"国家的贸易发展。

参考文献

[1] 白洁，梁丹旎，王悦. 中国与中东欧国家贸易的竞争互补关系及动态变化[J]. 财经科学，2020，388（7）：92-105.

[2] 鲍晓华. 食品安全标准促进还是抑制了我国谷物出口贸易？——基于重力模型修正贸易零值的实证研究[J]. 财经研究，2011（3）：60-70.

[3] 毕燕茹，师博. 中国与中亚五国贸易潜力测算及分析——贸易互补性指数与引力模型研究[J]. 亚太经济，2010（3）：47-51.

[4] 陈虹，刘纪媛."一带一路"沿线国家基础设施建设对中国对外贸易的非线性影响——基于面板门槛模型的研究[J]. 国际商务（对外经济贸易大学学报），2020，195（4）：48-63.

[5] 陈丽丽，龚静. 区域服务贸易协定、制度因素与服务贸易促进体系研究——基于 49 国之间双边服务贸易流量面板数据的实证分析[J]. 国际贸易问题，2014（11）：132-143.

[6] 陈强. 高级计量经济学及 Stata 应用（第二版）[M]. 北京：高等教育出版社，2014.

[7] 陈昭玲，袁珠盈. 中国与东盟的贸易密集度分析[J]. 中国市场，2014（22）：103-104.

[8] 楚建英."一带一路"倡议下中国与西亚贸易潜力研究——基于引力模型的实证分析[J]. 工业技术经济，2022，41（3）：19-24.

[9] 丛海彬，邹德玲，高博，等."一带一路"沿线国家新能源汽车贸易网络格局及其影响因素[J]. 经济地理，2021，41（7）：109-118.

[10] 刁莉，邓春慧，李利宇."一带一路"背景下中国对西亚贸易潜力研究[J]. 亚太经济，2019，213（2）：61-67，150-151.

[11] 董桂才. 引力模型在我国农产品出口市场多元化中的应用研究[J]. 国际商务（对外经济贸易大学学报），2009（3）：16-20，24.

[12] 杜修立，王维国. 中国出口贸易的技术结构及其变迁：1980—

2003[J]. 经济研究, 2007 (7): 137-151.

[13] 樊纲, 关志雄, 姚枝仲. 国际贸易结构分析: 贸易品的技术分布[J]. 经济研究, 2006 (8): 70-80.

[14] 樊增强, 尚涛, 陈静. 中国与"一带一路"沿线国家制造业比较优势研究[J]. 亚太经济, 2021, 229 (6): 60-70.

[15] 方英, 马芮. 中国与"一带一路"沿线国家文化贸易潜力及影响因素: 基于随机前沿引力模型的实证研究[J]. 世界经济研究, 2018, 287 (1): 112-121, 136.

[16] 谷克鉴. 国际经济学对引力模型的开发与应用[J]. 世界经济, 2001 (2): 14-25.

[17] 关志雄. 从美国市场看"中国制造"的实力——以信息技术产品为中心[J]. 国际经济评论, 2002 (4): 5-12.

[18] 郭孟珂. "一带一路"战略下四大领域发展机遇研究[J]. 现代管理科学, 2016 (6): 45-47.

[19] 韩宏钻, 胡晓丹. "一带一路"交通基建项目带来了沿线地区出口贸易增长吗?——基于三元边际视角[J]. 投资研究, 2020, 39 (12): 102-119.

[20] 韩永辉, 邹建华. "一带一路"背景下的中国与西亚国家贸易合作现状和前景展望[J]. 国际贸易, 2014 (8): 21-28.

[21] 行伟波, 李善同. 本地偏好、边界效应与市场一体化——基于中国地区间增值税流动数据的实证研究[J]. 经济学 (季刊), 2009 (4): 1455-1474.

[22] 行伟波, 李善同. 引力模型、边界效应与中国区域间贸易: 基于投入产出数据的实证分析[J]. 国际贸易问题, 2010 (10): 32-41.

[23] 侯梦薇, 万月, 孙铭壕. "一带一路"倡议下中国区域经济合作研究——基于贸易摩擦视角[J]. 商业经济研究, 2019, 768 (5): 122-125.

[24] 胡俊超, 王丹丹. "一带一路"沿线国家国别风险研究[J]. 经济问题, 2016 (5): 1-6, 43.

[25] 胡再勇, 付韶军, 张璐超. "一带一路"沿线国家基础设施的国际贸易效应研究[J]. 数量经济技术经济研究, 2019, 36 (2): 24-44.

[26] 黄晓勇. 以"一带一路"促进亚洲共同能源安全[J]. 人民论坛, 2015 (22): 65-67.

[27] 姜安印，刘博."一带一路"中亚地区能源消费与经济增长关系研究——基于中亚五国数据 PVAR 模型的实证测度[J].河北经贸大学学报，2020，41（4）：80-88.

[28] 姜书竹，张旭昆.东盟贸易效应的引力模型[J].数量经济技术经济研究，2003（10）：53-57.

[29] 蒋殿春，张庆昌.美国在华直接投资的引力模型分析[J].世界经济，2011（5）：26-41.

[30] 蒋冠宏，蒋殿春.中国对外投资的区位选择：基于投资引力模型的面板数据检验[J].世界经济，2012（9）：21-40.

[31] 金缀桥，杨逢珉，郑旗."一带一路"合作框架下食品安全标准对我国果蔬产品出口影响的研究[J].国际经济合作，2020，403（1）：104-116.

[32] 金哲松.国际贸易结构与流向[M].北京：中国计划出版社，2000.

[33] 景维民，倪沙.中国国家治理的本质要求及其内在逻辑——国家治理的政治经济学分析[J].经济学动态，2016（8）：13-18.

[34] 康志勇.出口贸易与自主创新——基于我国制造业企业的实证研究[J].国际贸易问题，2011（2）：35-45.

[35] 李丹，崔日明."一带一路"战略与全球经贸格局重构[J].经济学家，2015（8）：62-70.

[36] 李金锴，杨宗辉，韩晨雪，等.我国对"一带一路"国家的农产品出口研究——基于随机前沿贸易引力模型的实证分析[J].中国农业资源与区划，2020，41（8）：135-144.

[37] 李秀敏，李淑艳.东北亚国家贸易引力模型实证检验及潜力分析[J].东北亚论坛，2006（2）：28-32.

[38] 李燕云，林发勤，纪斑.合作与争端：中国与"一带一路"国家间贸易政策协调[J].国际贸易，2019，448（4）：18-27.

[39] 李玉举.区域贸易安排与出口潜力：引力模型结论的调适[J].财经研究，2005（6）：86-95.

[40] 李卓然.西方对"一带一路"认知改变与我国引导策略[J].湖南社会科学，2019，196（6）：163-168.

[41] 林玲，王炎.贸易引力模型对中国双边贸易的实证检验和政策含义[J].世界经济研究，2004（7）：54-58.

[42] 刘灿雷，张静，李计广."低端锁定"还是"协同发展"？——关于

我国与"一带一路"沿线国家产品结构升级的考察[J]. 南开经济研究，2022，234（12）：133-149.

[43] 刘华芹，李钢. 建设"丝绸之路经济带"的总体战略与基本架构[J]. 国际贸易，2014（3）：4-9.

[44] 刘力，李钧. 泛珠三角区域合作背景下的资本流动效应分析[J]. 国际经贸探索，2006（6）：41-43，84.

[45] 刘青峰，姜书竹. 从贸易引力模型看中国双边贸易安排[J]. 浙江社会科学，2002（6）：16-19.

[46] 刘文革，黄玉. 地缘政治风险与贸易流动：理论机理与实证研究[J]. 国际经贸探索，2020，36（3）：46-59.

[47] 刘志彪，吴福象. 贸易一体化与生产非一体化——基于经济全球化两个重要假说的实证研究[J]. 中国社会科学，2006（2）：80-92，206-207.

[48] 卢锋. 产品内分工[J]. 经济学（季刊），2004（4）：55-82.

[49] 鲁晓东，赵奇伟. 中国的出口潜力及其影响因素——基于随机前沿引力模型的估计[J]. 数量经济技术经济研究，2010（10）：21-35.

[50] 骆许蓓. 论双边贸易研究中重力模型的距离因素[J]. 世界经济文汇，2003（2）：45-60.

[51] 马琳，李文强. 基于贸易引力模型的中国大陆水产品出口市场布局优化研究[J]. 安徽农业科学，2008（22）：9750-9752，9785.

[52] 孟祺，朱雅雯. "一带一路"倡议赋能共同富裕——基于构建人类命运共同体的视角[J]. 经济学家，2023，290（2）：90-100.

[53] 倪沙，王永兴，景维民. 中国对"一带一路"沿线国家直接投资的引力分析[J]. 现代财经（天津财经大学学报），2016（5）：3-14.

[54] 倪中新，卢星，薛文骏. "一带一路"战略能够化解我国过剩的钢铁产能吗——基于时变参数向量自回归模型平均的预测[J]. 国际贸易问题，2016（3）：161-174.

[55] 庞卫东. 中国与东盟贸易互补性与竞争性分析：2002—2009年[J]. 东南亚纵横，2011（5）：30-35.

[56] 彭徽. 国际贸易理论的演进逻辑：贸易动因、贸易结构和贸易结果[J]. 国际贸易问题，2012（2）：169-176.

[57] 邵敏，黄玖立. 外资与我国劳动收入份额——基于工业行业的经验研究[J]. 经济学（季刊），2010，9（4）：1189-1210.

[58] 申现杰，肖金成. 国际区域经济合作新形势与我国"一带一路"合作战略[J]. 宏观经济研究，2014（11）：30-38.

[59] 盛斌，廖明中. 中国的贸易流量与出口潜力：引力模型的研究[J]. 世界经济，2004（2）：3-12.

[60] 盛清. CEPA 框架下我国中部六省与香港地区贸易的引力模型分析[J]. 企业技术开发，2007（11）：54-56.

[61] 史朝兴，顾海英. 贸易引力模型研究新进展及其在中国的应用[J]. 财贸研究，2005（3）：27-32.

[62] 苏振东，周玮庆. 我国对东盟的出口贸易结构及其变迁——基于产品技术附加值分布的贸易结构分析法和变系数面板数据模型的动态分析[J]. 国际贸易问题，2009（3）：41-51.

[63] 孙乾坤，李大夜，寇埻. "一带一路"国家的开放战略及对我国的启示[J]. 现代管理科学，2016（9）：45-47.

[64] 孙玉琴，卫慧妮. "一带一路"背景下中国与中东欧国家开展数字贸易的思考[J]. 国际贸易，2022，481（1）：76-87.

[65] 汤春玲，邵敬岚，李若昕，等. 中国对"一带一路"沿线国家货物出口贸易潜力[J]. 经济地理，2018，38（9）：30-37.

[66] 田晖，孟彩霞. 中国文化产品在六大经济走廊的贸易竞争力研究[J]. 亚太经济，2019，213（2）：51-60.

[67] 田原，张滔. "一带一路"倡议下中国与中亚国家经贸合作现状及展望[J]. 国际贸易，2019，452（8）：72-78.

[68] 王发龙，和春红. 中国对外投资的非传统政治风险——基于"一带一路"建设的分析[J]. 经济问题探索，2022，479（6）：149-164.

[69] 王方，胡求光. "一带一路"沿线国家机电产品贸易网络结构分析[J]. 亚太经济，2019，216（5）：49-58，150.

[70] 王铠磊. 国际贸易流量的影响因素——基于贸易引力模型和中国数据的实证分析[J]. 世界经济情况，2007（12）：20-23.

[71] 王领，陈珊. 孟中印缅经济走廊的贸易效率及潜力研究——基于随机前沿引力模型分析[J]. 亚太经济，2019，215（4）：47-54，150-151.

[72] 王晔倩，林理升. 引力模型与边界效应分析——以长三角和珠三角服务贸易为例[J]. 上海经济研究，2006（8）：38-44.

[73] 王镝，杨娟. "一带一路"沿线国家风险评级研究[J]. 北京工商大学

学报（社会科学版），2018，33（4）：117-126.

[74] 吴丹. 东亚双边进口贸易流量与潜力：基于贸易引力模型的实证研究[J]. 国际贸易问题，2008（5）：32-36，42.

[75] 吴丹. 制度因素与东亚双边贸易：贸易引力模型的实证分析[J]. 经济经纬，2008（3）：47-49.

[76] 吴凤娇，陈炳华. 海峡两岸贸易流量和流向的引力模型分析[J]. 亚太经济，2007（3）：88-92.

[77] 伍泽君. 中国对欧盟农产品出口贸易的引力模型——基于欧盟东扩前后的比较[J]. 现代经济信息，2008（10）：111-112.

[78] 郗笃刚，刘建忠，周桥，等."一带一路"建设在印度洋地区面临的地缘风险分析[J]. 世界地理研究，2018，27（6）：14-23.

[79] 徐俊，李金叶. 东道国交通基础设施质量对双边贸易合作的影响——基于"一带一路"沿线国家的实证分析[J]. 国际商务研究，2020，41（5）：5-14.

[80] 薛力. 东亚国家如何看待"一带一路"——基于对东亚八国精英的访谈[J]. 东南亚研究，2019（5）：124-137，157-158.

[81] 闫强明，李宁静，张辉."一带一路"倡议下中国对外投资对东道国价值链地位的影响效应[J]. 南开经济研究，2023，237（3）：39-57.

[82] 杨小凯，张永生. 新兴古典经济学与超边际分析[M].北京：社会科学文献出版社，2003.

[83] 杨玉文，董婉璐，杨军. 中国与"一带一路"沿线国家农产品贸易特征演变[J]. 云南社会科学，2021，239（1）：67-73.

[84] 姚铃."一带一路"战略下的中国与中东欧经贸合作[J]. 国际商务财会，2015（2）：13-15.

[85] 尹翔硕，郎永峰. 中国与 FTA 伙伴国/地区贸易密集度及互补性分析[J]. 南开学报（哲学社会科学版），2011（4）：9-18.

[86] 余长林，孟祥旭."一带一路"倡议如何促进中国企业创新[J]. 国际贸易问题，2022，480（12）：130-147.

[87] 于津平，顾威."一带一路"建设的利益、风险与策略[J]. 南开学报（哲学社会科学版），2016（1）：65-70.

[88] 余晓钟，白龙，罗霞."一带一路"绿色低碳化能源合作内涵、困境与路径[J]. 亚太经济，2021，226（3）：17-24.

[89] 余燕，赵明正，赵翠萍. 中国与"一带一路"沿线国家粮食生产合

作潜力研究[J].区域经济评论，2021，54（6）：115-124.

[90] 袁波，王蕊，朱思翘，等.新形势下推动"一带一路"经济走廊高质量发展的思考建议[J].国际贸易，2021，478（10）：4-12.

[91] 袁德胜，朱小明，曹亮.中国农产品出口增长的二元边际——基于引力模型的实证研究[J].宏观经济研究，2014（7）：42-50，66.

[92] 袁佳."一带一路"基础设施资金需求与投融资模式探究[J].国际贸易，2016（5）：52-56.

[93] 袁培."丝绸之路经济带"框架下中亚国家能源合作深化发展问题研究[J].开发研究，2014（1）：51-54.

[94] 袁新涛."一带一路"建设的国家战略分析[J].理论月刊，2014（11）：5-9.

[95] 翟崑."一带一路"建设的战略思考[J].国际观察，2015（4）：49-60.

[96] 张丹蕾.全球能源治理变局下"一带一路"能源合作机制构建的探讨[J].国际经贸探索，2023，39（2）：106-120.

[97] 张方波."一带一路"战略助力"中国式"输出[J].金融与经济，2016（1）：28-33.

[98] 张海伟.贸易引力模型的扩展及应用综述[J].商业经济，2010（2）：68-70.

[99] 张鸿，彭璟，王悦.中日韩区域贸易潜力分析——基于贸易引力模型的角度[J].国际商务研究，2009（4）：70-77.

[100] 张猛，丁振辉.上海合作组织自由贸易区：构想及其意义[J].国际经贸探索，2013（2）：22-33.

[101] 张鹏飞.基础设施建设对"一带一路"亚洲国家双边贸易影响研究：基于引力模型扩展的分析[J].世界经济研究，2018，292（6）：70-82，136.

[102] 张曦，王根厚，肖楠."一带一路"战略构想下广西与东盟矿业合作分析[J].中国矿业，2015（S2）：55-59.

[103] 张晓磊，张二震."一带一路"战略的恐怖活动风险及中国对策[J].国际贸易，2016（3）：27-32.

[104] 张玉杰."一带一路"是中国建设大棋局中的棋眼[J].中国党政干部论坛，2014（12）：17-19.

[105] 赵蓓文，王跃."一带一路"倡议下中国OFDI的母国就业效应研究

[J]. 世界经济研究, 2023, 351 (5): 3-16, 135.

[106] 赵琼. 中国-东盟经贸合作面临的问题及其发展前景[J]. 经济问题, 2004 (8): 19-21.

[107] 赵翊."一带一路"战略与中国对阿拉伯国家出口潜力分析[J]. 阿拉伯世界研究, 2014 (3): 58-67.

[108] 赵予新."一带一路"框架下中国参与区域粮食合作的机遇与对策[J]. 农村经济, 2016 (1): 14-19.

[109] 赵雨霖, 林光华. 中国与东盟 10 国双边农产品贸易流量与贸易潜力的分析——基于贸易引力模型的研究[J]. 国际贸易问题, 2008 (12): 69-77.

[110] 郑玮琨. 我国与"一带一路"发达经济体国家贸易的竞争性与互补性研究[J]. 资源节约与环保, 2016 (3): 155-157.

[111] 郑昭阳, 孟猛. 中国对外贸易的相对技术水平变化分析[J]. 世界经济研究, 2009 (10): 45-52, 88.

[112] 周建军, 于爱芝, 李一丁."一带一路"倡议对中国双边贸易发展的影响[J]. 中国流通经济, 2020, 34 (7): 97-109.

[113] 周五七."一带一路"沿线直接投资分布与挑战应对[J]. 改革, 2015 (8): 39-47.

[114] 朱廷珺, 刘子鹏. 中国内陆运输距离与进出口贸易: 引力模型拓展与实证[J]. 世界经济研究, 2019, 304 (6): 58-70, 135.

[115] 朱彤, 王金凤. APEC 促进区内贸易作用的测量与分析[J]. 南开经济研究, 2004 (3): 54-58.

[116] 庄丽娟, 姜元武, 刘娜. 广东省与东盟农产品贸易流量与贸易潜力分析——基于引力模型的研究[J]. 国际贸易问题, 2007 (6): 81-86.

[117] 宗会明, 郑丽丽."一带一路"背景下中国与东南亚国家贸易格局分析[J]. 经济地理, 2017, 37 (8): 1-9.

[118] Abrams R K. International Trade Flows under Flexible Exchange Rates[J]. Economic Review, 1980, 65: 3-10.

[119] Amita Batra. India's Global Trade Potential: The Gravity Model Approach[J]. Global Economic Review, 2006, 35 (3): 327-361.

[120] Anderson J E. A Theoretical Foundation for the Gravity Equation[J]. American Economic Review, 1979, 69 (1): 106-116.

[121] Anderson J E, Wincoop E V. Gravity with Gravitas: A Solution to the Border Puzzle[J]. Social Science Electronic Publishing, 2000, 93 (1): 170-192.

[122] Anderson M, Stephen Smith. Do National Borders Really Matter? Canada–US Regional Trade Reconsidered[J]. Review of International Economics, 1999, 7 (2): 219–227.

[123] Anderson J E, Wincoop E V. Borders, Trade, and Welfare[J]. Boston College Working Papers in Economics, 2001 (1): 207-243.

[124] Anderson J E, Marcouiller D. Insecurity and the Pattern of Trade: An Empirical Investigation[J]. Review of Economics & Statistics, 2006, 84 (2): 342-352.

[125] Anderson J E, Wincoop E V. Trade Costs[J]. Journal of Economic Literature, 2004, 42 (3): 691-751.

[126] Antonuccia D, Manzocchib S. Does Turkey Have A Special Trade Relation With the EU?: A Gravity Model Approach[J]. Economic Systems, 2006, 30 (2): 157-169.

[127] Baier S L, Bergstrand J H. The Growth of World Trade: Tariffs, Transport Costs, and Income Similarity[J]. Journal of International Economics, 2001, 53 (1): 1-27.

[128] Balassa B. Comparative Advantage, Trade Policy and Economic Development[M]. New York: New York University Press, 1989.

[129] Baldwin R E, Taglioni D. Gravity for Dummies and Dummies for Gravity Equations[J]. Cepr Discussion Papers, 2006.

[130] Balistreri E J, Hillberry R H. Trade Frictions and Welfare in the Gravity Model: How Much of the Iceberg Melts?[J]. Canadian Journal of Economics/Revue Canadienne D'économique, 2006, 39 (1): 247-265.

[131] Baldwin R E. Towards An Integrated Europe[J]. International Affairs, 1994, 70 (4): 806.

[132] Bayoumi T, Eichengreen B. Restraining Yourself: The Implications of Fiscal Rules for Economic Stabilization[J]. IMF Economic Review, 1995, 42 (1): 32-48.

[133] Beckerman W. Distance and the Pattern of Intra-European Trade[J]. Review of Economics & Statistics, 1956, 38 (1): 31-40.

［134］Bergstrand J H. The Generalized Gravity Equation, Monopolistic Competition, and the Factor-Proportions Theory in International Trade[J]. Review of Economics & Statistics, 1989, 71 (1): 143-153.

［135］Bergstrand J H. The Gravity Equation in International Trade: Some Microeconomic Foundations and Empirical Evidence[J]. Review of Economics & Statistics, 1985, 67 (3): 474-481.

［136］Brada J C, Méndez J A. Economic Integration among Developed, Developing and Centrally Planned Economies: A Comparative Analysis[J]. Review of Economics & Statistics, 1985, 67 (4): 549-556.

［137］Brander J, Krugman P. A "Reciprocal Dumping" Model of International Trade[J]. Journal of International Economics, 1980, 15 (3): 313-321.

［138］Cairncross F. The Death of Distance 2.0: How the Communications Revolution Will Change Our Lives [M]. London: Texere, 2001.

［139］Carrère C, Schiff M. On the Geography of Trade: Distance is Alive and Well[J]. Ssrn Electronic Journal, 2004, 56 (6): 1249-1274.

［140］Casetti E. Generating Models by the Expansion Method: Applications to Geographical Research[J]. Geographical Analysis, 1972, 4 (1): 81-91.

［141］Ceglowski J. Has the Border Narrowed?[C]. Federal Reserve Bank of Philadelphia, 1998: 61-75 (15).

［142］Chaney T. Distorted Gravity: the Intensive and Extensive Margins of International Trade[J]. 2008, 98 (4): 1707-1721.

［143］Chen N. Intra-national Versus International Trade in the European Union: Why do National Borders Matter?[J]. Journal of International Economics, 2002, 63 (1): 93-118.

［144］Cheptea A. Border Effects and East-West Integration[J]. Working Papers Smart - Lereco, 2010.

［145］Cooper R N. Regional Trading Blocs in the World Trading System[J]. Foreign Affairs, 1998, 77 (2): 713.

［146］De P. Global Economic and Financial Crisis: India's Trade Potential and Prospects, and Implications for Asian Regional Integration[J]. Journal of Economic Integration, 2010, 25 (1): 32-68.

［147］Deardoff A V. Determinants of Bilateral Trade: Does Gravity Work in a Classical World?[M]. Comparative Advantage, Growth, And The Gains

From Trade And Globalization: A Festschrift in Honor of Alan V Deardorff. 1995: 267-293.

[148] Decreuse B, Maarek P. FDI and the Labor Share in Developing Countries: A Theory and Some Evidence[C]. HAL, 2008.

[149] Dell'Ariccia G. Exchange Rate Fluctuations and Trade Flows: Evidence from the European Union[J]. IMF Economic Review, 1999, 46 (3): 315-334.

[150] Eaton J, Kortum S. Technology, Geography, and Trade[J]. Econometrica, 2002, 70 (5): 1741-1779.

[151] Egger P, Pfaffermayr M. The Proper Panel Econometric Specification of the Gravity Equation: A Three-way Model with Bilateral Interaction Effects[J]. Empirical Economics, 2003, 28 (3): 571-580.

[152] Eichengreen B J, Irwin D A. Trade Blocs, Currency Blocs and the Reorientation of World Trade in the 1930s[J]. Journal of International Economics, 1995, 38 (1-2): 1-24.

[153] Eichengreen B J, Irwin D A. Role of History in Bilateral Trade Flows[J]. Nber Working Papers, 1996.

[154] Engel C, Rogers J H. How Wide is the Border?[J]. American Economic Review, 1996, 86 (5): 1112-1125.

[155] Evans C L. The Economic Significance of National Border Effects[J]. American Economic Review, 2003, 93 (4): 1291-1312.

[156] Evenett S J, Hutchinson W K. The Gravity Equation in International Economics: Theory and Evidence[J]. Scottish Journal of Political Economy, 2002, 49 (5): 489-490.

[157] Feenstra R C, Markusen J R, Rose A K. Using the Gravity Equation to Differentiate among Alternative Theories of Trade[J]. Canadian Journal of Economics, 2001, 34 (2): 430-447.

[158] Frankel J A. Is Japan Creating a Yen Bloc in East Asia and the Pacific[J]. Nber Working Paper, 1992.

[159] Frankel J A, Wei S J. The New Regionalism and Asia: Impact and Options[J]. Pacific Basin Working Paper, 1995 (26): 9-29.

[160] Frankel J A, Stein E, Wei S J. Trading Blocs and the Americas: The Natural, the Unnatural, and the Super-natural[J]. Journal of Development

Economics, 1995, 47 (1): 61-95.

[161] Frankel J A, Stein E, Wei S J. Regional Trading Arrangements: Natural or Supernatural?[J]. American Economic Review, 1996, 86 (2): 52-56.

[162] Frankel, J A. The Regionalization of the World Economy[M]. Chicago: University of Chicago Press, 1998.

[163] Frankel J A, Romer D H. Does Trade Cause Growth?[J]. American Economic Review, 1999, 89 (3): 379-399.

[164] Fukao K, Okubo T, Fukao K. Why Has the Border Effect in the Japanese Market Declined?[J]. Toshihiro Okubo, 2004, 53 (3): 503-537.

[165] Groot H L F D. The Institutional Determinants of Bilateral Trade Patterns[J]. Kyklos, 2004, 57 (1): 103-123.

[166] Grubel H G, Lloyd P J. Intra-industry Trade: The Theory and Measurement of International Trade in Differentiated Products[J]. Journal of International Economics, 1975, 85 (339): 312-314.

[167] Grunfeld L, Moxnes A. The Intangible Globalisation: Explaining Patterns of International Trade in Services[J]. Norwegian Institute of International Affairs Paper, 2003, 657: 7.

[168] Harrigan J. Specialization and the Volume of Trade: do the Data Obey the Laws?[C]. Federal Reserve Bank of New York, 2001.

[169] Hasson J A, Tinbergen J. Shaping the World Economy: Suggestions for an International Economic Policy[J]. Economica, 1964, 31 (123): 327.

[170] Hausman J, Taylor W. Panel Data and Unobservable Individual Effects[J]. Econometrica, 1981, 49 (6): 1377-1398.

[171] Head K. Gravity for Beginners[J]. University of British Columbia, 2003.

[172] Head K, Mayer T. Non-Europe: The Magnitude and Causes of Market Fragmentation in the EU[J]. Review of World Economics, 2000, 136 (2): 284-314.

[173] Helliwell J F. National Borders, Trade and Migration[J]. Pacific Economic Review, 1997, 2 (3): 165-185.

[174] Helliwell J F. Do National Borders Matter for Quebec's Trade?[J]. Canadian Journal of Economics, 1996, 29 (3): 507-522.

[175] Helpman E, Krugman P. Market Structure and Foreign Trade: Increasing Returns, Imperfect Competition, and the International Economy[M].

Cambrige: MIT Press, 1985.

[176] Helpman E. Imperfect Competition and International Trade: Evidence from Fourteen Industrial Countries[J]. Journal of the Japanese & International Economies, 1987, 1 (1): 62-81.

[177] Helpman E, Melitz M, Rubinstein Y. Estimating Trade Flows: Trading Partners and Trading Volumes[J]. Quarterly Journal of Economics, 2008, 123 (2): 441-487.

[178] Holst D R, Weiss J. ASEAN and China: Export Rivals or Partners in Regional Growth?[J]. World Economy, 2004, 27 (8): 1255-1274.

[179] Huang R R. Distance and Trade: Disentangling Unfamiliarity Effects and Transport Cost Effects[J]. European Economic Review, 2007, 51 (1): 161-181.

[180] Isard W, Peck M J. Location Theory and International and Interregional Trade Theory[J]. Quarterly Journal of Economics, 1954, 68 (1): 97-114.

[181] Jie L I, Qiu L D, Sun Q. Interregional Protection: Implications of Fiscal Decentralization and Trade Liberalization[J]. China Economic Review, 2003, 14 (3): 227-245.

[182] Krugman P. Scale Economies, Product Differentiation, and the Pattern of Trade[J]. American Economic Review, 1980, 70 (5): 950-959.

[183] Krugman P, Cooper R N, Srinivasan T N. Growing World Trade: Causes and Consequences[J]. Brookings Papers on Economic Activity, 1995, 1995 (1): 327-377.

[184] Lall S, Weiss J, Zhang J. The "Sophistication" of Exports: A New Measure of Product Characteristics. [J]. Qeh Working Papers, 2005, 34 (2): 222-237.

[185] Leamer E E, Stern R M. Quantitative International Economics[J]. Prod, 1977, 4 (2): 403-424.

[186] Leamer E. The Commodity Composition of International Trade in Manufactures: an Empirical Analysis[J]. Oxford Economic Papers, 1974, 26 (3): 350-374.

[187] Leamer E E. Access to Western Markets, and Eastern Effort Levels[M]. Berlin: Springer Netherlands, 1997: 503-526.

[188] Linder S B. An Essay on Trade and Transformation[J]. Journal of Political

Economy, 1962, 70(5): 171-172.

[189] Linders G J, De Groot H L F. Estimation of the Gravity Equation in the Presence of Zero Flows[J]. SSRN Electronic Journal, 2006, 82 (2): 283-299.

[190] Linnemann H. An Econometric Study of International Trade Flows[J]. Journal of the Royal Statistical Society, 1967, 33 (4): 633-634.

[191] Melitz M J. The Impact of Trade on Intra-Industry Reallocations and Aggregate Industry Productivity[J]. Econometrica, 2003, 71 (6): 1695-1725.

[192] McCallum J. National Borders Matter: Canada-U.S. Regional Trade Patterns[J]. American Economic Review, 1995, 85 (3): 615-623.

[193] Nilsson L. Trade Integration and the EU Economic Membership Criteria [J]. European Journal of Political Economy, 2000, 16 (4): 807-827.

[194] Nitsch V. National Borders and International Trade: Evidence From the European Union[J]. Canadian Journal of Economics, 2000, 33 (4): 1091-1105.

[195] Obstfeld M, Rogoff K. The Six Major Puzzles in International Macroeconomics: Is There a Common Cause?[J]. NBER Macroeconomics Annual, 2000, 15 (15): 339-390.

[196] Okubo T. The Border Effect in the Japanese Market: A Gravity Model Analysis[J]. Journal of the Japanese & International Economies, 2003, 18 (1): 1-11.

[197] Park D, Park I, Estrada G E B. Prospects for ASEAN-China Free Trade Area: A Qualitative and Quantitative Analysis[J]. China & World Economy, 2009, 17 (4): 104-120.

[198] P Pyhnen. A Tentative Model for the Volume of Trade between Countries[J]. Weltwirtschaf Tliches Archiv, 1963, 90: 93-100.

[199] Rahman, Atiq, Alam, et al. Mainstreaming Adaptation to Climate Change in Least Developed Countries (LDCS)[J]. Working Paper2: Bangladesh Country Case Study, 2003.

[200] Rauch J E. Networks Versus Markets in International Trade[J]. Journal of International Economics, 1999, 48 (1): 7-35.

[201] Redding S, Venables A J. Economic Geography and International

Inequality[J]. Journal of International Economics, 2000, 62 (1): 53-82.

[202] Rodríguez F, Rodrik D. Trade Policy and Economic Growth: A Skeptic's Guide to the Cross-National Evidence[J]. NBER Macroeconomics Annual, 2000, 15 (15): 261-325.

[203] Rogers J H, Smith H P. Border Effects Within the NAFTA Countries[J]. SSRN Electronic Journal, 2001.

[204] Rose A K. One Money, one Market: the Effect of Common Currencies on Trade[J]. Economic Policy, 2000, 15 (30): 7-46.

[205] Sanjaya Lall. The Technological Structure and Performance of Developing Country Manufactured Exports, 1985-1998[J]. Oxford Development Studies, 2010, 28 (3): 337-369.

[206] Savage I R, Deutsch K W. A Statistical Model of the Gross Analysis of Transaction Flows[J]. Econometrica, 1960, 28 (3): 551-572.

[207] Silva J M C S, Tenreyro S. The Log of Gravity[J]. Review of Economics & Statistics, 2006, 88 (4): 641-658.

[208] Simon J. Evenett, Keller W. On Theories Explaining the Success of the Gravity Equation[J]. Journal of Political Economy, 2002, 110 (2): 281-316.

[209] Sohn C. Does the Gravity Model Explain South Korea's Trade Flows?[J]. The Japanese Economic Review, 2005, 56 (4): 417-430.

[210] Soloaga I, Winters L A. Regionalism in the Nineties: What Effect on Trade?[J]. North American Journal of Economics & Finance, 2001, 12 (1): 1-29.

[211] Thursby J G, Thursby M C. Bilateral Trade Flows, the Linder Hypothesis, and Exchange Risk[J]. Review of Economics & Statistics, 1987, 69 (3): 488-495.

[212] Victor Oguledo, Craig R Macphee. Gravity Models: A Reformulation and an Application to Discriminatory Trade Arrangements[J]. Applied Economics, 1994, 26 (2): 107-120.

[213] Wall H J. Gravity Model Specification and the Effects of the Canada-U. S. Border[J]. SSRN Electronic Journal, 2000.

[214] Walsh K. Trade in Services: Does Gravity Hold? A Gravity Model Approach to Estimating Barriers to Services Trade[J]. SSRN Electronic

Journal, 2006, 42.

[215] Wei S J. Intra-National Versus International Trade: How Stubborn are Nations in Global Integration?[C]. National Bureau of Economic Research, Inc, 1996.

附　录

附录 A：共建"一带一路"国家 GDP、人均GDP、人口和进出口额（发达经济体）

国家名称	年份	GDP（十亿美元）	人均 GDP（美元）	人口（百万）	进口（十亿美元）	出口（十亿美元）
保加利亚	2012	54.30	7251.15	7.49	32.71	26.69
保加利亚	2013	55.81	7510.45	7.43	34.31	29.58
保加利亚	2014	57.08	7743.02	7.37	34.65	29.25
保加利亚	2015	50.78	6947.64	7.31	29.21	25.37
保加利亚	2016	53.95	7445.88	7.25	28.93	26.57
保加利亚	2017	59.20	8242.46	7.18	34.18	31.44
保加利亚	2018	66.36	9323.85	7.12	37.86	33.62
保加利亚	2019	68.91	9771.56	7.05	37.66	33.34
保加利亚	2020	70.24	10 064.07	6.98	35.06	31.95
保加利亚	2021	84.06	12 207.26	6.89	46.21	41.16
克罗地亚	2012	57.37	13 244.40	4.33	20.83	12.37
克罗地亚	2013	59.03	13 700.18	4.31	22.01	12.67
克罗地亚	2014	58.42	13 637.81	4.28	22.81	13.84
克罗地亚	2015	50.24	11 808.45	4.25	20.57	12.93
克罗地亚	2016	52.40	12 405.44	4.22	21.90	13.81
克罗地亚	2017	56.32	13 434.53	4.19	24.83	16.07
克罗地亚	2018	62.32	14 978.26	4.16	28.20	17.40
克罗地亚	2019	62.33	15 092.43	4.13	28.16	17.18

国家名称	年份	GDP（十亿美元）	人均GDP（美元）	人口（百万）	进口（十亿美元）	出口（十亿美元）
克罗地亚	2020	57.47	14 028.28	4.10	26.83	17.19
克罗地亚	2021	68.96	16 983.45	4.06	34.53	21.88
捷克	2012	208.86	19 870.27	10.51	141.41	157.04
捷克	2013	211.69	20 132.63	10.51	144.34	162.32
捷克	2014	209.36	19 906.36	10.52	154.24	175.02
捷克	2015	188.03	17 867.41	10.52	141.36	157.88
捷克	2016	196.27	18 643.59	10.53	143.04	162.69
捷克	2017	218.63	20 759.91	10.53	163.35	182.14
捷克	2018	249.00	23 636.47	10.53	184.66	202.24
捷克	2019	252.55	23 968.04	10.54	179.04	199.13
捷克	2020	245.97	23 357.29	10.53	171.10	191.91
捷克	2021	281.78	26 808.54	10.51	211.97	226.56
爱沙尼亚	2012	23.02	17 404.39	1.32	18.09	16.09
爱沙尼亚	2013	25.11	19 050.80	1.32	18.46	16.32
爱沙尼亚	2014	26.60	20 234.41	1.31	18.30	16.04
爱沙尼亚	2015	22.88	17 404.96	1.31	14.52	12.84
爱沙尼亚	2016	24.06	18 281.03	1.32	14.96	13.17
爱沙尼亚	2017	26.92	20 435.21	1.32	16.67	14.56
爱沙尼亚	2018	30.62	23 162.85	1.32	19.14	17.02
爱沙尼亚	2019	31.08	23 422.00	1.33	18.03	16.10
爱沙尼亚	2020	31.37	23 596.63	1.33	17.32	16.34
爱沙尼亚	2021	37.19	27 990.62	1.33	23.60	21.52
匈牙利	2012	128.81	12 982.53	9.92	95.18	103.57
匈牙利	2013	135.68	13 712.91	9.89	100.12	107.50
匈牙利	2014	141.03	14 292.18	9.87	104.90	110.62
匈牙利	2015	125.17	12 715.47	9.84	91.97	98.52
匈牙利	2016	128.61	13 103.26	9.82	93.88	101.92
匈牙利	2017	143.11	14 619.78	9.79	107.52	113.81
匈牙利	2018	160.56	16 423.77	9.78	120.74	124.70
匈牙利	2019	163.99	16 781.83	9.77	120.59	123.80
匈牙利	2020	157.18	16 120.29	9.75	116.02	120.65
匈牙利	2021	181.85	18 728.32	9.71	142.92	141.83
以色列	2012	258.42	34 037.62	7.59	75.39	63.14
以色列	2013	294.17	38 071.65	7.73	74.86	66.61

国家名称	年份	GDP（十亿美元）	人均GDP（美元）	人口（百万）	进口（十亿美元）	出口（十亿美元）
以色列	2014	310.95	39 541.09	7.86	71.48	68.51
以色列	2015	300.08	37 473.35	8.01	62.07	64.06
以色列	2016	319.02	39 100.90	8.16	65.81	60.57
以色列	2017	355.28	42 756.83	8.31	69.13	61.15
以色列	2018	373.64	44 184.01	8.46	76.60	61.95
以色列	2019	397.93	46 228.90	8.61	76.59	58.51
以色列	2020	407.10	46 486.03	8.76	69.26	50.15
以色列	2021	481.59	54 111.02	8.90	92.16	60.16
拉脱维亚	2012	28.18	13 719.92	2.05	17.23	14.11
拉脱维亚	2013	30.20	14 866.40	2.03	17.87	14.48
拉脱维亚	2014	31.35	15 586.54	2.01	17.96	14.71
拉脱维亚	2015	27.25	13 681.10	1.99	14.72	12.29
拉脱维亚	2016	28.06	14 220.86	1.97	14.43	12.29
拉脱维亚	2017	30.48	15 593.84	1.95	17.03	14.13
拉脱维亚	2018	34.43	17 786.99	1.94	19.68	16.17
拉脱维亚	2019	34.34	17 919.63	1.92	18.96	15.70
拉脱维亚	2020	34.60	18 239.74	1.90	18.44	16.34
拉脱维亚	2021	39.85	21 267.46	1.87	24.45	20.83
立陶宛	2012	42.94	14 018.50	3.06	31.96	29.61
立陶宛	2013	46.51	15 360.49	3.03	34.82	32.61
立陶宛	2014	48.57	16 218.94	2.99	34.36	32.32
立陶宛	2015	41.42	13 975.09	2.96	28.15	25.39
立陶宛	2016	43.02	14 663.56	2.93	27.38	25.01
立陶宛	2017	47.76	16 443.30	2.90	32.26	29.90
立陶宛	2018	53.75	18 688.81	2.88	36.50	33.34
立陶宛	2019	54.75	19 217.24	2.85	35.76	33.15
立陶宛	2020	56.85	20 156.47	2.82	33.36	32.85
立陶宛	2021	66.45	23 844.13	2.79	44.49	40.71
波兰	2012	495.23	12 821.21	38.63	199.06	185.37
波兰	2013	515.76	13 359.17	38.61	207.66	205.03
波兰	2014	539.08	13 972.38	38.58	223.56	220.05
波兰	2015	477.11	12 375.42	38.55	196.47	199.12
波兰	2016	470.02	12 198.26	38.53	199.51	203.82
波兰	2017	524.64	13 615.44	38.53	233.81	234.36

国家名称	年份	GDP（十亿美元）	人均GDP（美元）	人口（百万）	进口（十亿美元）	出口（十亿美元）
波兰	2018	588.78	15 284.46	38.52	268.96	263.57
波兰	2019	596.06	15 484.61	38.49	265.28	266.60
波兰	2020	599.44	15 598.97	38.43	261.63	273.83
波兰	2021	679.44	17 736.42	38.31	342.12	340.63
罗马尼亚	2012	179.13	8895.66	20.14	70.21	57.84
罗马尼亚	2013	189.79	9457.99	20.07	73.50	65.85
罗马尼亚	2014	199.71	9987.77	20.00	77.75	69.72
罗马尼亚	2015	177.88	8936.16	19.91	69.82	60.59
罗马尼亚	2016	185.29	9358.99	19.80	74.56	63.53
罗马尼亚	2017	210.15	10 667.99	19.70	85.49	70.76
罗马尼亚	2018	243.32	12 409.79	19.61	97.75	79.66
罗马尼亚	2019	251.02	12 856.74	19.52	96.54	76.87
罗马尼亚	2020	251.36	12 928.82	19.44	92.13	70.72
罗马尼亚	2021	284.09	14 697.75	19.33	116.20	87.39
斯洛伐克	2012	94.63	17 493.84	5.41	77.40	80.61
斯洛伐克	2013	98.91	18 266.27	5.41	81.78	85.77
斯洛伐克	2014	101.30	18 691.92	5.42	81.55	86.23
斯洛伐克	2015	88.87	16 382.35	5.42	72.84	75.15
斯洛伐克	2016	89.89	16 550.96	5.43	74.68	77.06
斯洛伐克	2017	95.65	17 584.60	5.44	81.62	83.41
斯洛伐克	2018	106.14	19 486.49	5.45	92.90	93.43
斯洛伐克	2019	105.72	19 384.27	5.45	90.00	89.51
斯洛伐克	2020	106.70	19 553.43	5.46	84.39	86.64
斯洛伐克	2021	116.53	21 390.45	5.45	103.89	103.89
斯洛文尼亚	2012	46.58	22 509.66	2.07	32.03	32.16
斯洛文尼亚	2013	48.40	23 355.77	2.07	33.37	34.01
斯洛文尼亚	2014	49.93	24 063.94	2.07	33.93	35.96
斯洛文尼亚	2015	43.09	20 707.85	2.08	29.82	31.93
斯洛文尼亚	2016	44.74	21 404.74	2.09	30.54	32.92
斯洛文尼亚	2017	48.59	23 155.40	2.10	36.08	38.44
斯洛文尼亚	2018	54.18	25 726.42	2.11	42.27	44.20
斯洛文尼亚	2019	54.33	25 714.21	2.11	44.01	44.94
斯洛文尼亚	2020	53.71	25 361.62	2.12	42.22	44.83
斯洛文尼亚	2021	61.75	29 134.80	2.12	57.56	57.35

附录 B：共建"一带一路"国家 GDP、人均 GDP、人口和进出口额（发展中经济体）

国家名称	年份	GDP（十亿美元）	人均 GDP（美元）	人口（百万）	进口（十亿美元）	出口（十亿美元）
阿富汗	2012	19.14	628.12	30.47	9.07	0.43
阿富汗	2013	19.62	622.10	31.54	8.55	0.51
阿富汗	2014	19.55	597.58	32.72	7.73	0.57
阿富汗	2015	18.71	554.40	33.75	7.72	0.57
阿富汗	2016	18.02	520.25	34.64	6.53	0.60
阿富汗	2017	18.90	530.15	35.64	7.07	0.72
阿富汗	2018	18.42	502.06	36.69	7.41	0.88
阿富汗	2019	18.90	500.52	37.77	6.78	0.86
阿富汗	2020	20.14	516.87	38.97	6.54	0.78
阿富汗	2021	14.94	372.55	40.10	5.55	1.04
巴林	2012	30.75	25 102.75	1.22	10.89	19.77
巴林	2013	32.54	25 790.80	1.26	10.00	21.93
巴林	2014	33.39	25 464.74	1.31	12.22	20.13
巴林	2015	31.05	22 795.45	1.36	12.41	16.54
巴林	2016	32.24	22 867.28	1.41	11.58	12.79
巴林	2017	35.47	24 349.84	1.46	13.15	15.38
巴林	2018	37.80	25 415.75	1.49	14.87	18.04
巴林	2019	38.65	25 869.21	1.49	13.26	18.12
巴林	2020	34.72	23 501.92	1.48	12.68	14.07
巴林	2021	38.87	26 562.97	1.46	14.19	22.37
孟加拉国	2012	143.65	944.50	152.09	34.17	25.13
孟加拉国	2013	174.19	1130.87	154.03	37.09	29.11
孟加拉国	2014	199.96	1282.11	155.96	41.12	30.41
孟加拉国	2015	228.78	1449.56	157.83	42.05	32.38
孟加拉国	2016	263.92	1651.72	159.78	44.77	34.89
孟加拉国	2017	288.96	1785.96	161.79	52.84	35.85
孟加拉国	2018	316.21	1931.81	163.68	60.50	39.25
孟加拉国	2019	349.47	2111.42	165.52	59.09	39.34
孟加拉国	2020	373.56	2231.27	167.42	52.80	33.61
孟加拉国	2021	414.91	2449.91	169.36	80.45	44.22

国家名称	年份	GDP（十亿美元）	人均GDP（美元）	人口（百万）	进口（十亿美元）	出口（十亿美元）
不丹	2012	1.78	2470.07	0.72	0.99	0.54
不丹	2013	1.76	2409.43	0.73	0.91	0.54
不丹	2014	1.91	2589.89	0.74	0.93	0.58
不丹	2015	2.00	2695.64	0.74	1.06	0.55
不丹	2016	2.16	2879.55	0.75	1.00	0.52
不丹	2017	2.45	3240.71	0.76	1.03	0.57
不丹	2018	2.45	3210.71	0.76	1.05	0.61
不丹	2019	2.54	3303.98	0.77	0.98	0.67
不丹	2020	2.32	2997.31	0.77	0.90	0.65
不丹	2021	2.38	3062.91	0.78	1.22	0.78
文莱	2012	19.05	46 844.20	0.41	3.57	13.00
文莱	2013	18.09	43 949.64	0.41	3.61	11.45
文莱	2014	17.10	41 035.76	0.42	3.60	10.51
文莱	2015	12.93	30 681.45	0.42	3.23	6.35
文莱	2016	11.40	26 761.57	0.43	2.68	4.88
文莱	2017	12.13	28 186.95	0.43	3.08	5.57
文莱	2018	13.57	31 240.44	0.43	4.16	6.57
文莱	2019	13.47	30 748.34	0.44	5.10	7.04
文莱	2020	12.01	27 179.28	0.44	5.34	6.61
文莱	2021	14.01	31 448.91	0.45	8.57	11.06
柬埔寨	2012	14.04	949.40	14.79	11.35	7.84
柬埔寨	2013	15.45	1030.00	15.00	9.56	6.67
柬埔寨	2014	16.78	1103.02	15.21	10.69	6.85
柬埔寨	2015	18.05	1170.74	15.42	13.26	8.54
柬埔寨	2016	20.02	1281.11	15.62	12.37	10.07
柬埔寨	2017	22.18	1400.90	15.83	14.28	11.28
柬埔寨	2018	24.57	1533.32	16.03	17.49	12.70
柬埔寨	2019	27.10	1671.91	16.21	20.28	14.82
柬埔寨	2020	25.29	1542.44	16.40	19.11	17.72
柬埔寨	2021	26.67	1607.66	16.59	28.58	19.31
埃及	2012	276.54	3030.85	91.24	69.20	29.41
埃及	2013	270.78	2899.86	93.38	66.18	29.02
埃及	2014	300.95	3148.26	95.59	66.79	26.85
埃及	2015	317.74	3251.46	97.72	63.57	21.35
埃及	2016	270.26	2708.40	99.78	55.79	25.47

国家名称	年份	GDP（十亿美元）	人均GDP（美元）	人口（百万）	进口（十亿美元）	出口（十亿美元）
埃及	2017	195.14	1917.05	101.79	61.63	25.60
埃及	2018	249.75	2407.45	103.74	72.00	27.62
埃及	2019	317.35	3004.65	105.62	70.99	29.00
埃及	2020	371.53	3457.21	107.47	59.95	27.08
埃及	2021	425.91	3898.02	109.26	73.40	40.80
印度	2012	1860.88	1460.10	1274.49	489.69	296.83
印度	2013	1917.05	1484.79	1291.13	465.40	314.85
印度	2014	2042.94	1562.78	1307.25	462.91	322.69
印度	2015	2146.76	1622.81	1322.87	394.13	267.95
印度	2016	2290.59	1711.14	1338.64	361.65	264.54
印度	2017	2624.33	1937.92	1354.20	449.92	299.24
印度	2018	2763.20	2018.40	1369.00	514.46	324.78
印度	2019	2850.73	2061.10	1383.11	486.06	324.34
印度	2020	2672.20	1913.66	1396.39	373.20	276.41
印度	2021	3201.47	2274.48	1407.56	573.09	395.43
印度尼西亚	2012	917.87	3668.21	250.22	191.69	190.03
印度尼西亚	2013	912.52	3602.89	253.28	186.63	182.55
印度尼西亚	2014	890.81	3476.62	256.23	178.18	176.29
印度尼西亚	2015	860.85	3322.58	259.09	142.69	150.37
印度尼西亚	2016	931.88	3558.82	261.85	135.65	144.49
印度尼西亚	2017	1015.62	3839.79	264.50	156.93	168.81
印度尼西亚	2018	1042.27	3902.66	267.07	188.71	180.12
印度尼西亚	2019	1119.10	4151.23	269.58	171.28	167.68
印度尼西亚	2020	1058.69	3894.27	271.86	141.62	163.31
印度尼西亚	2021	1186.09	4332.71	273.75	196.19	231.51
伊朗	2012	648.49	8386.56	77.32	57.29	108.34
伊朗	2013	577.54	7360.99	78.46	46.57	90.77
伊朗	2014	472.39	5907.77	79.96	55.11	95.16
伊朗	2015	417.21	5100.94	81.79	44.94	70.28
伊朗	2016	466.08	5594.82	83.31	43.08	72.90
伊朗	2017	503.71	5960.71	84.51	49.50	92.76
伊朗	2018	526.37	6147.87	85.62	49.35	103.42
伊朗	2019	519.36	5999.66	86.56	41.83	65.72
伊朗	2020	543.65	6228.13	87.29	38.76	46.92
伊朗	2021	594.89	6766.02	87.92	48.98	71.65

续表

国家名称	年份	GDP（十亿美元）	人均GDP（美元）	人口（百万）	进口（十亿美元）	出口（十亿美元）
伊拉克	2012	218.00	6437.46	33.86	59.01	94.39
伊拉克	2013	234.64	6612.90	35.48	65.10	93.07
伊拉克	2014	228.42	6215.99	36.75	59.99	88.11
伊拉克	2015	166.77	4416.94	37.76	58.52	57.58
伊拉克	2016	166.60	4305.20	38.70	44.12	46.83
伊拉克	2017	187.22	4725.19	39.62	48.51	63.60
伊拉克	2018	227.37	5601.47	40.59	56.88	92.83
伊拉克	2019	233.64	5621.18	41.56	72.28	88.90
伊拉克	2020	180.92	4251.34	42.56	54.72	50.61
伊拉克	2021	204.00	4686.13	43.53	66.22	86.30
约旦	2012	31.63	4386.46	7.21	20.75	7.89
约旦	2013	34.45	4477.62	7.69	21.55	7.92
约旦	2014	36.85	4255.89	8.66	22.93	8.38
约旦	2015	38.59	4064.25	9.49	20.47	7.83
约旦	2016	39.89	4003.40	9.96	19.32	7.55
约旦	2017	41.41	4053.54	10.22	20.50	7.51
约旦	2018	42.93	4104.49	10.46	20.31	7.75
约旦	2019	44.50	4159.65	10.70	19.17	8.32
约旦	2020	43.70	3998.38	10.93	17.23	7.94
约旦	2021	45.24	4058.35	11.15	21.54	9.36
科威特	2012	174.05	51 270.83	3.39	27.26	118.91
科威特	2013	174.17	47 762.72	3.65	29.30	115.10
科威特	2014	162.66	43 241.42	3.76	31.02	102.11
科威特	2015	114.58	29 314.94	3.91	30.96	54.12
科威特	2016	109.41	27 026.65	4.05	30.82	46.27
科威特	2017	120.69	29 258.29	4.12	33.57	55.02
科威特	2018	138.20	32 012.14	4.32	35.86	71.94
科威特	2019	136.19	30 666.22	4.44	33.57	64.48
科威特	2020	105.95	24 297.70	4.36	27.74	40.12
科威特	2021	136.64	32 150.18	4.25	31.89	63.13
老挝	2012	10.19	1565.78	6.51	3.06	2.27
老挝	2013	11.94	1809.23	6.60	3.08	2.26
老挝	2014	13.27	1982.89	6.69	4.27	2.66
老挝	2015	14.39	2120.16	6.79	5.68	3.65
老挝	2016	15.81	2293.55	6.89	5.37	4.24

国家名称	年份	GDP（十亿美元）	人均GDP（美元）	人口（百万）	进口（十亿美元）	出口（十亿美元）
老挝	2017	17.07	2439.46	7.00	5.67	4.87
老挝	2018	18.14	2553.36	7.11	6.31	5.41
老挝	2019	18.74	2598.51	7.21	6.27	5.81
老挝	2020	19.12	2611.69	7.32	5.37	6.11
老挝	2021	19.07	2568.92	7.43	6.28	7.69
黎巴嫩	2012	44.02	8500.18	5.18	21.95	5.62
黎巴嫩	2013	46.88	8255.21	5.68	22.02	5.17
黎巴嫩	2014	48.10	7665.38	6.27	22.08	4.55
黎巴嫩	2015	49.93	7802.75	6.40	18.97	3.98
黎巴嫩	2016	51.15	8172.30	6.26	19.37	3.93
黎巴嫩	2017	53.03	8679.90	6.11	19.91	4.03
黎巴嫩	2018	54.90	9225.85	5.95	20.40	3.83
黎巴嫩	2019	52.02	8997.36	5.78	19.64	4.83
黎巴嫩	2020	39.05	6895.23	5.66	11.35	4.08
黎巴嫩	2021	37.94	6784.80	5.59	13.86	4.59
马来西亚	2012	314.44	10 601.51	29.66	196.39	227.54
马来西亚	2013	323.28	10 727.67	30.13	205.90	228.33
马来西亚	2014	338.07	11 045.58	30.61	208.85	233.93
马来西亚	2015	301.35	9699.58	31.07	175.97	199.95
马来西亚	2016	301.26	9555.65	31.53	168.68	189.74
马来西亚	2017	319.11	9979.70	31.98	195.42	218.13
马来西亚	2018	358.79	11 073.98	32.40	217.60	247.46
马来西亚	2019	365.28	11 135.19	32.80	205.00	238.20
马来西亚	2020	337.01	10 150.83	33.20	190.86	234.77
马来西亚	2021	372.70	11 100.94	33.57	238.24	299.42
马尔代夫	2012	2.89	7447.42	0.39	1.55	0.31
马尔代夫	2013	3.30	8222.56	0.40	1.73	0.33
马尔代夫	2014	3.70	8872.01	0.42	1.99	0.30
马尔代夫	2015	4.11	9434.31	0.44	1.90	0.24
马尔代夫	2016	4.38	9640.32	0.45	2.13	0.26
马尔代夫	2017	4.75	10 063.00	0.47	2.36	0.32
马尔代夫	2018	5.30	10 823.61	0.49	2.96	0.34
马尔代夫	2019	5.61	11 118.53	0.50	2.89	0.36
马尔代夫	2020	3.75	7282.37	0.51	1.84	0.29
马尔代夫	2021	5.41	10 366.29	0.52	2.57	0.29

国家名称	年份	GDP（十亿美元）	人均GDP（美元）	人口（百万）	进口（十亿美元）	出口（十亿美元）
蒙古国	2012	12.29	4402.30	2.79	6.74	4.38
蒙古国	2013	12.58	4422.29	2.85	6.35	4.27
蒙古国	2014	12.23	4211.95	2.90	5.24	5.77
蒙古国	2015	11.62	3919.35	2.96	3.80	4.67
蒙古国	2016	11.18	3690.76	3.03	3.36	4.92
蒙古国	2017	11.48	3708.25	3.10	4.34	6.20
蒙古国	2018	13.18	4165.02	3.16	5.88	7.01
蒙古国	2019	14.21	4394.95	3.23	6.13	7.62
蒙古国	2020	13.31	4041.17	3.29	5.30	7.58
蒙古国	2021	15.10	4509.86	3.35	6.85	9.24
缅甸	2012	65.03	1295.00	50.22	9.20	8.88
缅甸	2013	66.02	1303.55	50.65	12.04	11.23
缅甸	2014	70.09	1372.27	51.07	16.46	11.45
缅甸	2015	63.84	1239.90	51.48	16.89	11.43
缅甸	2016	66.97	1290.57	51.89	15.70	11.83
缅甸	2017	68.21	1304.48	52.29	19.25	13.88
缅甸	2018	73.62	1397.81	52.67	19.33	16.61
缅甸	2019	74.28	1400.37	53.04	18.59	18.00
缅甸	2020	78.32	1465.99	53.42	17.95	16.69
缅甸	2021	58.58	1088.93	53.80	14.33	15.15
尼泊尔	2012	20.64	755.16	27.33	6.07	0.91
尼泊尔	2013	20.96	765.54	27.38	6.57	0.88
尼泊尔	2014	22.43	816.78	27.46	7.59	0.89
尼泊尔	2015	23.67	857.19	27.61	6.65	0.72
尼泊尔	2016	24.29	871.77	27.86	8.93	0.70
尼泊尔	2017	29.44	1044.69	28.18	10.35	0.74
尼泊尔	2018	31.73	1113.14	28.51	12.71	0.79
尼泊尔	2019	34.27	1188.53	28.83	12.34	0.97
尼泊尔	2020	32.86	1119.61	29.35	9.86	0.86
尼泊尔	2021	36.21	1205.50	30.03	15.89	1.68
阿曼	2012	87.41	24 722.62	3.54	28.64	52.14
阿曼	2013	89.94	23 563.97	3.82	34.33	55.50
阿曼	2014	92.70	23 121.21	4.01	29.30	50.72
阿曼	2015	78.71	18 777.45	4.19	29.01	31.93
阿曼	2016	75.13	17 082.23	4.40	23.15	30.01

国家名称	年份	GDP（十亿美元）	人均GDP（美元）	人口（百万）	进口（十亿美元）	出口（十亿美元）
阿曼	2017	80.86	17 802.55	4.54	26.43	32.90
阿曼	2018	91.51	19 887.59	4.60	25.77	41.76
阿曼	2019	88.06	19 132.17	4.60	23.51	38.72
阿曼	2020	75.91	16 707.62	4.54	28.51	33.48
阿曼	2021	88.19	19 509.47	4.52	30.99	44.59
巴基斯坦	2012	230.42	1139.54	202.21	44.10	24.57
巴基斯坦	2013	239.28	1165.28	205.34	44.65	25.12
巴基斯坦	2014	273.65	1314.02	208.25	47.59	24.73
巴基斯坦	2015	297.02	1407.88	210.97	44.17	22.09
巴基斯坦	2016	312.35	1462.85	213.52	46.85	20.38
巴基斯坦	2017	337.14	1558.08	216.38	57.75	21.57
巴基斯坦	2018	321.69	1464.02	219.73	60.08	23.43
巴基斯坦	2019	291.92	1307.33	223.29	50.33	23.33
巴基斯坦	2020	293.75	1292.94	227.20	45.84	21.98
巴基斯坦	2021	342.50	1480.11	231.40	72.49	28.32
菲律宾	2012	261.92	2671.78	98.03	65.84	52.10
菲律宾	2013	283.90	2847.57	99.70	65.74	56.70
菲律宾	2014	297.48	2935.93	101.33	68.70	62.10
菲律宾	2015	306.45	2974.30	103.03	74.75	58.83
菲律宾	2016	318.63	3038.15	104.88	85.94	56.31
菲律宾	2017	328.48	3077.43	106.74	101.90	68.71
菲律宾	2018	346.84	3194.67	108.57	115.12	67.49
菲律宾	2019	376.82	3413.85	110.38	112.91	70.33
菲律宾	2020	361.75	3224.42	112.19	90.75	63.88
菲律宾	2021	394.09	3460.53	113.88	124.37	74.62
卡塔尔	2012	186.83	98 041.36	1.91	30.79	132.96
卡塔尔	2013	198.73	97 630.83	2.04	27.03	136.86
卡塔尔	2014	206.22	93 126.15	2.21	30.45	131.59
卡塔尔	2015	161.74	66 984.91	2.41	32.61	77.97
卡塔尔	2016	151.73	58 467.24	2.60	32.06	57.31
卡塔尔	2017	161.10	59 407.70	2.71	29.90	67.50
卡塔尔	2018	183.33	66 264.08	2.77	31.70	84.90
卡塔尔	2019	176.37	62 827.40	2.81	29.18	72.93
卡塔尔	2020	144.41	52 315.66	2.76	25.83	51.50
卡塔尔	2021	179.57	66 798.77	2.69	27.99	87.20

国家名称	年份	GDP（十亿美元）	人均 GDP（美元）	人口（百万）	进口（十亿美元）	出口（十亿美元）
沙特阿拉伯	2012	735.97	23 878.59	30.82	155.59	388.40
沙特阿拉伯	2013	746.65	23 716.26	31.48	168.16	375.87
沙特阿拉伯	2014	756.35	23 543.57	32.13	173.83	342.43
沙特阿拉伯	2015	654.27	19 977.79	32.75	174.68	203.55
沙特阿拉伯	2016	644.94	19 300.05	33.42	140.17	183.58
沙特阿拉伯	2017	688.59	20 138.15	34.19	134.52	221.83
沙特阿拉伯	2018	816.58	23 318.74	35.02	137.06	294.37
沙特阿拉伯	2019	803.62	22 430.24	35.83	153.16	261.60
沙特阿拉伯	2020	703.37	19 539.56	36.00	138.00	173.85
沙特阿拉伯	2021	833.54	23 185.87	35.95	152.85	276.18
新加坡	2012	295.09	54 839.73	5.38	379.72	408.39
新加坡	2013	307.58	56 147.00	5.48	373.02	410.25
新加坡	2014	314.86	56 523.38	5.57	377.91	415.38
新加坡	2015	308.00	54 512.84	5.65	297.09	351.59
新加坡	2016	318.82	55 816.78	5.71	283.34	330.48
新加坡	2017	343.19	59 534.72	5.76	327.92	373.45
新加坡	2018	376.99	64 835.17	5.81	370.88	412.95
新加坡	2019	375.48	64 005.84	5.87	359.27	390.76
新加坡	2020	345.29	58 425.24	5.91	329.83	362.53
新加坡	2021	396.99	66 821.72	5.94	406.23	457.36
斯里兰卡	2012	68.43	3256.12	21.02	19.19	9.38
斯里兰卡	2013	74.32	3516.88	21.13	18.00	10.21
斯里兰卡	2014	79.36	3736.28	21.24	19.42	11.30
斯里兰卡	2015	80.60	3777.72	21.34	18.93	10.55
斯里兰卡	2016	82.40	3845.93	21.43	19.18	10.31
斯里兰卡	2017	87.43	4065.14	21.51	20.98	11.36
斯里兰卡	2018	87.96	4076.00	21.58	22.23	11.89
斯里兰卡	2019	83.90	3875.47	21.65	19.94	11.94
斯里兰卡	2020	80.97	3728.73	21.72	16.06	10.05
斯里兰卡	2021	85.31	3918.02	21.77	20.64	12.50
叙利亚	2012	46.84	2071.97	22.61	12.58	3.06
叙利亚	2013	27.02	1256.81	21.50	8.85	1.71
叙利亚	2014	23.43	1167.53	20.07	10.22	1.16
叙利亚	2015	19.97	1039.64	19.21	6.27	0.89
叙利亚	2016	13.29	700.79	18.96	4.93	0.71

国家名称	年份	GDP（十亿美元）	人均 GDP（美元）	人口（百万）	进口（十亿美元）	出口（十亿美元）
叙利亚	2017	16.88	889.40	18.98	6.15	0.71
叙利亚	2018	22.09	1142.71	19.33	7.57	0.63
叙利亚	2019	26.60	1323.33	20.10	6.61	0.52
叙利亚	2020	23.21	1117.25	20.77	5.33	0.90
叙利亚	2021	19.72	924.71	21.32	6.49	0.76
泰国	2012	397.56	5748.63	69.16	249.12	229.11
泰国	2013	420.33	6041.13	69.58	250.41	228.50
泰国	2014	407.34	5822.38	69.96	227.75	227.46
泰国	2015	401.30	5708.79	70.29	202.65	214.31
泰国	2016	413.37	5854.46	70.61	194.20	215.39
泰国	2017	456.36	6436.79	70.90	221.52	236.63
泰国	2018	506.75	7124.56	71.13	248.20	252.96
泰国	2019	544.08	7630.04	71.31	236.26	246.27
泰国	2020	500.23	6998.54	71.48	206.16	231.63
泰国	2021	505.98	7066.68	71.60	266.88	272.01
东帝汶	2012	1.16	1019.96	1.14	0.66	0.03
东帝汶	2013	1.40	1201.42	1.16	0.84	0.02
东帝汶	2014	1.45	1221.53	1.18	0.86	0.02
东帝汶	2015	1.59	1322.27	1.21	0.58	0.02
东帝汶	2016	1.65	1347.93	1.22	0.55	0.02
东帝汶	2017	1.62	1299.52	1.24	0.55	0.02
东帝汶	2018	1.58	1255.21	1.26	0.52	0.05
东帝汶	2019	2.05	1599.40	1.28	0.59	0.15
东帝汶	2020	1.90	1463.20	1.30	0.63	0.26
东帝汶	2021	2.00	1517.22	1.32	0.87	0.62
土耳其	2012	880.56	11 697.47	75.28	236.55	152.46
土耳其	2013	957.80	12 507.80	76.58	251.66	151.80
土耳其	2014	938.93	12 020.35	78.11	251.14	166.50
土耳其	2015	864.31	10 851.92	79.65	213.62	150.98
土耳其	2016	869.68	10 734.26	81.02	202.19	149.25
土耳其	2017	858.99	10 464.01	82.09	238.72	164.49
土耳其	2018	778.48	9400.84	82.81	231.15	177.17
土耳其	2019	759.93	9103.01	83.48	210.35	180.83
土耳其	2020	720.29	8561.06	84.14	219.52	169.64
土耳其	2021	819.03	9661.23	84.78	271.43	225.21

国家名称	年份	GDP（十亿美元）	人均GDP（美元）	人口（百万）	进口（十亿美元）	出口（十亿美元）
阿联酋	2012	374.59	43 230.47	8.66	256.53	359.73
阿联酋	2013	390.11	44 574.31	8.75	270.58	374.21
阿联酋	2014	403.14	45 624.65	8.84	276.03	343.04
阿联酋	2015	358.13	40 163.62	8.92	263.42	300.48
阿联酋	2016	357.05	39 696.99	8.99	266.58	295.03
阿联酋	2017	385.61	42 522.38	9.07	257.73	313.60
阿联酋	2018	422.22	46 193.35	9.14	244.69	387.96
阿联酋	2019	417.22	45 292.13	9.21	288.45	389.43
阿联酋	2020	357.22	38 463.16	9.29	246.96	335.30
阿联酋	2021	405.47	43 295.39	9.37	347.53	425.16
越南	2012	195.59	2190.23	89.30	113.78	114.53
越南	2013	213.71	2367.50	90.27	132.03	132.03
越南	2014	233.45	2558.78	91.24	147.85	150.22
越南	2015	239.26	2595.23	92.19	165.61	162.06
越南	2016	257.10	2760.72	93.13	174.80	176.58
越南	2017	281.35	2992.07	94.03	212.92	215.01
越南	2018	310.11	3267.23	94.91	236.86	243.70
越南	2019	334.37	3491.09	95.78	253.39	264.27
越南	2020	346.62	3586.35	96.65	262.70	282.63
越南	2021	366.14	3756.49	97.47	331.58	335.93
也门	2012	32.07	1223.14	26.22	11.26	7.06
也门	2013	34.76	1288.00	26.98	13.27	7.13
也门	2014	33.22	1197.12	27.75	12.04	2.42
也门	2015	24.82	870.33	28.52	6.57	0.51
也门	2016	18.73	639.77	29.27	3.08	0.41
也门	2017	18.39	612.35	30.03	3.09	0.42
也门	2018	26.67	866.23	30.79	3.31	0.57
也门	2019	12.98	411.46	31.55	4.72	0.65
也门	2020	9.42	291.68	32.28	4.68	0.40
也门	2021	9.95	301.59	32.98	5.24	0.66

注：该处统计未包含巴勒斯坦。

附录 C：共建"一带一路"国家 GDP、人均 GDP、人口和进出口额（转型经济体）

国家名称	年份	GDP（十亿美元）	人均 GDP（美元）	人口（百万）	进口（十亿美元）	出口（十亿美元）
阿尔巴尼亚	2012	12.32	4259.67	2.89	4.88	1.97
阿尔巴尼亚	2013	12.78	4425.43	2.89	4.90	2.33
阿尔巴尼亚	2014	13.23	4586.61	2.88	5.22	2.43
阿尔巴尼亚	2015	11.39	3950.39	2.88	4.30	1.92
阿尔巴尼亚	2016	11.86	4117.01	2.88	4.61	1.96
阿尔巴尼亚	2017	13.02	4521.75	2.88	5.27	2.29
阿尔巴尼亚	2018	15.16	5268.12	2.88	5.93	2.87
阿尔巴尼亚	2019	15.40	5359.24	2.87	5.90	2.72
阿尔巴尼亚	2020	15.13	5278.22	2.87	5.57	2.51
阿尔巴尼亚	2021	18.26	6396.46	2.85	7.72	3.56
亚美尼亚	2012	10.62	3643.72	2.91	4.26	1.38
亚美尼亚	2013	11.12	3833.16	2.90	4.48	1.48
亚美尼亚	2014	11.61	4017.23	2.89	4.40	1.52
亚美尼亚	2015	10.55	3666.14	2.88	3.24	1.49
亚美尼亚	2016	10.55	3679.95	2.87	3.27	1.79
亚美尼亚	2017	11.53	4042.00	2.85	4.19	2.25
亚美尼亚	2018	12.46	4391.92	2.84	4.96	2.41
亚美尼亚	2019	13.62	4828.50	2.82	5.51	2.64
亚美尼亚	2020	12.64	4505.87	2.81	4.56	2.54
亚美尼亚	2021	13.86	4966.52	2.79	5.36	3.02
阿塞拜疆	2012	69.68	7345.88	9.49	10.42	32.63
阿塞拜疆	2013	74.16	7713.42	9.61	10.32	31.78
阿塞拜疆	2014	75.24	7723.33	9.74	9.19	28.26
阿塞拜疆	2015	53.08	5381.09	9.86	9.22	16.59
阿塞拜疆	2016	37.87	3795.72	9.98	8.49	13.11
阿塞拜疆	2017	40.87	4057.62	10.07	8.78	15.48

国家名称	年份	GDP（十亿美元）	人均GDP（美元）	人口（百万）	进口（十亿美元）	出口（十亿美元）
阿塞拜疆	2018	47.11	4640.47	10.15	11.47	20.32
阿塞拜疆	2019	48.17	4707.85	10.23	13.67	19.64
阿塞拜疆	2020	42.69	4151.02	10.28	10.73	13.73
阿塞拜疆	2021	54.62	5296.44	10.31	11.71	22.21
白俄罗斯	2012	65.69	6776.11	9.69	46.40	46.06
白俄罗斯	2013	75.53	7793.46	9.69	42.95	37.56
白俄罗斯	2014	78.81	8130.30	9.69	40.50	36.08
白俄罗斯	2015	56.45	5819.71	9.70	29.94	26.76
白俄罗斯	2016	47.72	4915.84	9.71	27.46	23.41
白俄罗斯	2017	54.73	5637.22	9.71	34.23	29.27
白俄罗斯	2018	60.03	6191.59	9.70	38.41	33.73
白俄罗斯	2019	64.41	6658.09	9.67	39.48	32.96
白俄罗斯	2020	61.37	6370.49	9.63	32.77	29.18
白俄罗斯	2021	68.21	7121.00	9.58	41.39	39.76
波黑	2012	17.23	4688.35	3.67	10.02	5.16
波黑	2013	18.18	5025.24	3.62	10.30	5.69
波黑	2014	18.56	5196.97	3.57	10.99	5.89
波黑	2015	16.21	4599.92	3.52	8.99	5.10
波黑	2016	16.91	4858.67	3.48	9.15	5.33
波黑	2017	18.08	5255.95	3.44	10.50	6.40
波黑	2018	20.18	5936.15	3.40	11.63	7.18
波黑	2019	20.20	6011.42	3.36	11.16	6.58
波黑	2020	19.95	6012.17	3.32	9.87	6.16
波黑	2021	23.37	7143.28	3.27	13.03	8.61
格鲁吉亚	2012	16.49	4334.20	3.80	8.04	2.38
格鲁吉亚	2013	17.19	4540.39	3.79	8.02	2.91
格鲁吉亚	2014	17.63	4670.45	3.77	8.60	2.86
格鲁吉亚	2015	14.95	3965.30	3.77	7.30	2.20
格鲁吉亚	2016	15.14	4015.16	3.77	7.34	2.12
格鲁吉亚	2017	16.24	4306.23	3.77	8.06	2.75
格鲁吉亚	2018	17.60	4665.45	3.77	9.36	3.38
格鲁吉亚	2019	17.48	4634.81	3.77	9.52	3.80
格鲁吉亚	2020	15.85	4207.85	3.77	8.05	3.34
格鲁吉亚	2021	18.70	4975.12	3.76	10.10	4.24

国家名称	年份	GDP（十亿美元）	人均 GDP（美元）	人口（百万）	进口（十亿美元）	出口（十亿美元）
哈萨克斯坦	2012	208.00	12 161.62	17.10	46.36	86.45
哈萨克斯坦	2013	236.63	13 642.24	17.35	48.81	84.70
哈萨克斯坦	2014	221.42	12 585.94	17.59	41.30	79.46
哈萨克斯坦	2015	184.39	10 338.04	17.84	30.57	45.96
哈萨克斯坦	2016	137.28	7593.44	18.08	24.99	36.69
哈萨克斯坦	2017	166.81	9107.70	18.31	29.27	48.30
哈萨克斯坦	2018	179.34	9674.13	18.54	32.53	60.96
哈萨克斯坦	2019	181.67	9686.72	18.75	37.76	57.31
哈萨克斯坦	2020	171.08	9014.18	18.98	37.22	46.45
哈萨克斯坦	2021	193.02	10 054.89	19.20	41.17	60.62
吉尔吉斯斯坦	2012	6.61	1172.80	5.63	5.37	1.89
吉尔吉斯斯坦	2013	7.34	1282.45	5.72	6.07	2.06
吉尔吉斯斯坦	2014	7.47	1284.41	5.81	5.73	1.90
吉尔吉斯斯坦	2015	6.68	1129.03	5.91	4.07	1.44
吉尔吉斯斯坦	2016	6.81	1132.06	6.02	4.00	1.57
吉尔吉斯斯坦	2017	7.70	1258.39	6.12	4.49	1.76
吉尔吉斯斯坦	2018	8.27	1329.01	6.22	5.29	1.84
吉尔吉斯斯坦	2019	8.87	1402.83	6.32	4.99	1.99
吉尔吉斯斯坦	2020	7.78	1211.05	6.42	3.72	1.97
吉尔吉斯斯坦	2021	8.74	1339.01	6.53	5.58	2.75
摩尔多瓦	2012	8.71	2483.22	3.51	5.21	2.16
摩尔多瓦	2013	9.50	2779.64	3.42	5.49	2.43
摩尔多瓦	2014	9.51	2848.78	3.34	5.32	2.34
摩尔多瓦	2015	7.75	2363.24	3.28	3.99	1.97
摩尔多瓦	2016	8.07	2502.69	3.23	4.02	2.04
摩尔多瓦	2017	9.67	3040.32	3.18	4.83	2.43
摩尔多瓦	2018	11.46	3646.73	3.14	5.76	2.71
摩尔多瓦	2019	11.97	3849.94	3.11	5.84	2.78
摩尔多瓦	2020	11.86	3844.51	3.08	5.42	2.47
摩尔多瓦	2021	13.68	4468.42	3.06	7.18	3.14
黑山	2012	4.09	6457.28	0.63	2.34	0.47
黑山	2013	4.46	7042.44	0.63	2.35	0.50
黑山	2014	4.59	7232.79	0.63	2.37	0.44
黑山	2015	4.05	6393.22	0.63	2.04	0.35

续表

国家名称	年份	GDP（十亿美元）	人均GDP（美元）	人口（百万）	进口（十亿美元）	出口（十亿美元）
黑山	2016	4.37	6906.99	0.63	2.29	0.36
黑山	2017	4.86	7679.19	0.63	2.61	0.42
黑山	2018	5.51	8720.98	0.63	3.01	0.47
黑山	2019	5.54	8791.59	0.63	2.91	0.46
黑山	2020	4.78	7600.02	0.63	2.40	0.42
黑山	2021	5.81	9252.31	0.63	2.96	0.52
马其顿	2012	9.75	4641.76	2.10	6.52	4.02
马其顿	2013	10.82	5145.86	2.10	6.62	4.30
马其顿	2014	11.36	5397.00	2.11	7.30	4.97
马其顿	2015	10.06	4774.52	2.11	6.43	4.54
马其顿	2016	10.67	5057.57	2.11	6.76	4.79
马其顿	2017	11.31	5353.78	2.11	7.72	5.67
马其顿	2018	12.68	6001.00	2.11	9.05	6.91
马其顿	2019	12.61	5962.77	2.11	9.47	7.19
马其顿	2020	12.11	5738.55	2.11	8.72	6.64
马其顿	2021	13.88	6599.62	2.10	11.39	8.19
俄罗斯	2012	2208.30	15 374.96	143.63	335.45	529.26
俄罗斯	2013	2292.47	15 924.70	143.96	341.27	521.84
俄罗斯	2014	2059.24	14 272.04	144.29	307.88	496.81
俄罗斯	2015	1363.48	9424.88	144.67	193.02	341.42
俄罗斯	2016	1276.79	8798.80	145.11	191.49	281.71
俄罗斯	2017	1574.20	10 822.77	145.45	238.38	352.94
俄罗斯	2018	1657.33	11 378.67	145.65	248.86	443.91
俄罗斯	2019	1693.12	11 617.18	145.74	253.88	419.72
俄罗斯	2020	1489.36	10 227.92	145.62	239.64	333.37
俄罗斯	2021	1778.78	12 258.77	145.10	303.99	493.82
塞尔维亚	2012	49.47	5261.55	9.40	18.92	11.23
塞尔维亚	2013	55.13	5881.95	9.37	20.55	14.61
塞尔维亚	2014	54.13	5806.54	9.32	20.60	14.85
塞尔维亚	2015	45.95	4952.17	9.28	17.88	13.38
塞尔维亚	2016	47.37	5124.49	9.24	19.25	14.87
塞尔维亚	2017	51.36	5584.69	9.20	21.95	16.99
塞尔维亚	2018	58.52	6399.92	9.14	25.88	19.23
塞尔维亚	2019	59.41	6537.63	9.09	26.73	19.63

国家名称	年份	GDP（十亿美元）	人均GDP（美元）	人口（百万）	进口（十亿美元）	出口（十亿美元）
塞尔维亚	2020	61.07	6763.93	9.03	26.23	19.50
塞尔维亚	2021	72.48	8090.41	8.96	33.80	25.56
塔吉克斯坦	2012	7.70	967.64	7.96	3.78	1.36
塔吉克斯坦	2013	8.65	1063.54	8.14	4.15	1.16
塔吉克斯坦	2014	9.48	1138.29	8.33	4.30	0.98
塔吉克斯坦	2015	8.27	970.36	8.52	3.44	0.89
塔吉克斯坦	2016	6.99	801.39	8.73	3.03	0.90
塔吉克斯坦	2017	7.54	844.37	8.93	2.77	1.20
塔吉克斯坦	2018	7.77	850.67	9.13	3.15	1.07
塔吉克斯坦	2019	8.30	889.02	9.34	3.35	1.17
塔吉克斯坦	2020	8.13	852.33	9.54	3.15	1.41
塔吉克斯坦	2021	8.75	897.05	9.75	4.21	2.15
土库曼斯坦	2012	35.16	6441.90	5.46	9.90	16.50
土库曼斯坦	2013	39.20	7049.80	5.56	10.00	16.80
土库曼斯坦	2014	43.52	7685.51	5.66	10.00	17.50
土库曼斯坦	2015	36.05	6251.98	5.77	7.00	10.00
土库曼斯坦	2016	36.17	6163.25	5.87	4.99	6.96
土库曼斯坦	2017	40.22	6738.44	5.97	4.57	7.46
土库曼斯坦	2018	42.23	6962.97	6.07	2.39	9.76
土库曼斯坦	2019	45.94	7459.53	6.16	2.99	10.55
土库曼斯坦	2020	46.13	7381.05	6.25	3.24	6.54
土库曼斯坦	2021	53.95	8507.67	6.34	4.04	9.35
乌克兰	2012	175.78	3871.29	45.41	84.64	68.53
乌克兰	2013	183.31	4045.95	45.31	76.79	64.34
乌克兰	2014	133.50	2957.02	45.15	54.43	53.90
乌克兰	2015	91.03	2023.69	44.98	37.52	38.13
乌克兰	2016	93.36	2082.28	44.83	39.25	36.36
乌克兰	2017	112.09	2510.02	44.66	49.61	43.27
乌克兰	2018	130.89	2944.88	44.45	57.19	47.34
乌克兰	2019	153.88	3480.64	44.21	60.80	50.05
乌克兰	2020	156.62	3566.82	43.91	54.34	49.19
乌克兰	2021	200.09	4596.35	43.53	72.84	68.07
乌兹别克斯坦	2012	67.91	2301.95	29.50	12.03	11.21
乌兹别克斯坦	2013	73.18	2442.33	29.96	13.14	12.00

续表

国家名称	年份	GDP（十亿美元）	人均GDP（美元）	人口（百万）	进口（十亿美元）	出口（十亿美元）
乌兹别克斯坦	2014	80.85	2655.32	30.45	13.92	11.50
乌兹别克斯坦	2015	86.20	2785.07	30.95	11.46	9.44
乌兹别克斯坦	2016	86.14	2738.59	31.45	11.33	8.97
乌兹别克斯坦	2017	62.08	1943.34	31.95	12.04	10.08
乌兹别克斯坦	2018	52.63	1622.00	32.45	17.31	10.92
乌兹别克斯坦	2019	59.91	1816.65	32.98	21.87	14.02
乌兹别克斯坦	2020	59.89	1786.47	33.53	19.93	13.10
乌兹别克斯坦	2021	69.24	2031.57	34.08	23.74	14.08

后记

这本书在我博士毕业论文的基础上形成的，是对博士毕业论文的深化和升华，也是我多年从事国际经济学研究的一个阶段性成果。本书的撰写和出版得到了景维民教授的指导和帮助，在此特别表示感谢！王卓、黄语涵对初稿的完成做出了一定贡献。

感谢天津市哲学社会科学规划项目"'一带一路'视域下天津对外贸易潜力实现路径研究"对本书的资助。同时，本书的形成离不开大量的国内外相关论著作为前期研究基础，主要参考文献已在书后列出，在此向各位同行所做的贡献表示感谢。

最后，请大家对书中存在的遗漏和不足给予批评指正。

倪沙

2023 年 8 月